AF610943

L'ART

ET

LA CRITIQUE EN FRANCE

DEPUIS 1822

PAR

PIERRE PETROZ

> Tout réel n'est pas beau; mais il n'y a de beau, même idéal, que dans le réel.
>
> É. LITTRÉ

PARIS

LIBRAIRIE GERMER BAILLIÈRE

RUE DE L'ÉCOLE-DE-MÉDECINE, 17

1875

L'ART

ET

LA CRITIQUE EN FRANCE

PARIS. — IMP. SIMON RAÇON ET COMP., RUE D'ERFURTH, 1.

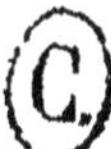

L'ART

ET

LA CRITIQUE EN FRANCE

DEPUIS 1822

PAR

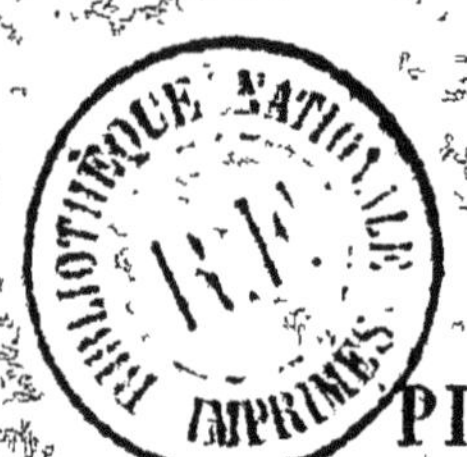

PIERRE PETROZ

> Tout réel n'est pas beau ; mais il n'y a de beau, même idéal, que dans le réel.
>
> É. LITTRÉ.

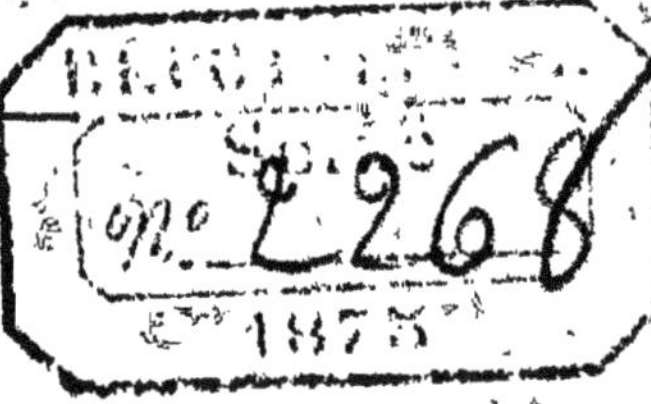

PARIS

LIBRAIRIE GERMER BAILLIÈRE

RUE DE L'ÉCOLE-DE-MÉDECINE, 17

1875

a.

Les Études qui composent ce volume ont déjà paru dans un recueil périodique[1]. Publiées séparément et à d'assez longues intervalles, elles se rattachent néanmoins les unes aux autres par des liens étroits, et ne forment, à bien prendre, qu'une longue étude, divisée en un certain nombre de chapitres. Ces divisions étaient nécessaires pour mettre un peu d'ordre et de clarté dans l'exposition des faits; mais elles étaient indiquées par le sujet lui-même et ne détruisent nullement l'unité de celui-ci.

L'analyse plus ou moins rationnelle des mo-

[1] *La Philosophie positive.* Revue dirigée par MM. É. Littré et G. Wyrouboff.

II

difications que le mouvement des idées modernes a apportées dans l'invention artistique était le principal objet de ces Études. La question d'exécution, quelle que soit son importance en peinture et en sculpture, n'y arrivait qu'en seconde ligne. Si, comme l'a dit le plus éminent esthéticien de l'Allemagne, la complète harmonie de la forme et de la pensée est le dernier mot de l'art, c'est à celle-ci de commander, à celle-là d'obéir. Tant vaut la conception, tant vaut l'œuvre. Fût-elle irréprochable au point de vue matériel, une composition dénuée de sens ou d'une signification vague et banale ne saurait être placée au même rang que celle qui, étant peut-être d'une facture moins régulière et moins parfaite, a, en revanche, une réelle et sérieuse portée intellectuelle ou morale. Un peintre ou un sculpteur dépourvu d'imagination peut être un praticien d'une habileté rare, d'une adresse extrême, mais il n'est qu'un praticien ; il n'est pas un artiste dans la bonne et véritable acception du mot.

A une époque de transition, telle que celle dont il s'agit ici, alors que les notions anciennes du beau et du laid, du vrai et du faux, ont, en partie, perdu leur efficacité, et que les notions nouvelles sont encore loin d'être précises et définies, les esprits actifs, inquiets, aventureux, voire même chimériques, sont les plus dignes d'attention. N'ayant pas la prétention d'écrire une histoire de l'art au dix-neuvième siècle, c'est de ceux-là seuls que je me suis occupé.

Parmi les artistes de l'école traditionnelle, si quelques-uns ont essayé d'accomplir les réformes que comportait leur doctrine esthétique, la plupart se sont docilement conformés aux préceptes mis en pratique par leurs devanciers. Un examen, même sommaire, d'œuvres estimables, mais n'ayant pas de caractère qui leur soit propre, m'a semblé au moins inutile. Dans l'école révolutionnaire, il y a eu également plus d'une production qui se distinguait de tentatives antérieures par une technique brillante et personnelle, mais non par la nature de la conception ou du sentiment, et qu'il n'y avait, en conséquence, aucun inconvénient à négliger.

Il devait forcément en être de même pour ceux qui ont écrit sur l'art et les artistes de notre temps. Beaucoup l'ont fait une seule fois, en quelque sorte par hasard, jugeant les choses en littérateurs et en curieux, et leurs *Salons*, signés souvent de noms illustres, dénotent, en général, une assez médiocre connaissance des conditions, des exigences de la peinture et de la sculpture. Plusieurs se sont bornés à répéter ce qui avait été dit avant eux, et ils l'ont répété en moins bons termes. Il y en a qui, usant envers tout le monde d'une indulgence très-voisine de la complaisance, de l'indifférence ou du dédain, ont mieux aimé décrire qu'analyser et discuter, et une description, si admirable soit-elle, ne peut être considérée comme un véritable et sérieux document d'histoire artistique. On chercherait en vain dans les comptes rendus des uns et des autres des renseignements exacts et précis sur les impressions et appréciations du public éclairé. On n'en rencontre guère que dans ceux des hommes qui ont suivi d'une façon attentive et continue les diverses transformations de l'art contemporain, c'est-à-dire des critiques qui n'ont été et n'ont voulu être que des critiques.

C'est à peu près uniquement de ces derniers que j'ai eu à parler. Leurs écrits et les œuvres qu'ils expliquent, interprètent ou commentent jouent, dans l'art, un rôle analogue à celui des faits et des phénomènes dans les sciences d'observation. Aussi j'ai cru opportun de multiplier les citations. Je me proposais, en effet, bien moins d'exprimer une opinion personnelle, que d'exposer celles qui se sont succédé pendant une période déterminée, remarquable par l'activité des intelligences et l'ardeur des convictions.

L'art étant ce que j'avais surtout en vue dans ces Études, je me suis abstenu de résumer les différentes phases par lesquelles la critique a passé depuis une cinquantaine d'années, comme je l'ai essayé pour la peinture et la sculpture.

Cela n'était possible et n'aurait offert quelque intérêt qu'à la condition de toucher certaines questions de politique et de philosophie, et les développements, dans lesquels il aurait été nécessaire d'entrer, eussent démesurément grossi ce volume qui peut-être n'est déjà que trop gros.

Février 1875.

L'ART

ET

LA CRITIQUE EN FRANCE

INTRODUCTION

L'art ne brille pas aujourd'hui d'un très-vif éclat, Peintres et sculpteurs suivent tant bien que mal les voies frayées par les chefs de l'école française pendant la première moitié du dix-neuvième siècle, et la dextérité de la main, la connaissance plus ou moins approfondie des recettes ne dissimulent qu'imparfaitement l'engourdissement de la pensée, la pauvreté du sentiment, l'absence d'originalité. Il y a quelques exceptions, cela est vrai; mais les exceptions, disent les bonnes gens, confirment la règle.

Le silence s'est fait, la lutte a brusquement cessé,

la torpeur est venue[1]. A quoi bon troubler la quiétude d'artistes qui travaillent sans grand souci des théories, des principes, ni de l'art lui-même, et ne s'inquiètent guère que de plaire à la foule ou d'obtenir des récompenses et des commandes officielles? Ne vaut-il pas mieux demander au passé l'explication du présent, rechercher les causes du mouvement artistique qui s'est produit il y a une cinquantaine d'années, le prendre à ses débuts, le suivre dans toutes ses transformations, examiner si, comme on l'a prétendu, le malaise actuel de l'art en est la conséquence naturelle et fatale?

Les romantiques et les classiques sont maintenant presque oubliés; mais les questions qu'ils ont jadis posées et discutées avec tant d'ardeur n'ont pas été définitivement résolues. Si modifiées soient-elles, elles seront de nouveau posées et discutées le jour où l'activité intellectuelle renaîtra en France, et alors il sera peut-être de quelque utilité aux nouvelles générations de savoir ce que signifiaient les mots progrès et liberté de l'art sous la Restauration et la Monarchie de juillet.

Dès les premières années de la Restauration, des forces vives, longtemps comprimées, se manifestèrent dans toutes les directions, en art aussi bien qu'en politique, en histoire, en philosophie, en littérature. L'autorité académique, qui, jusqu'alors,

[1] Cette introduction a été publiée avant la chute de l'empire, ainsi que les trois premières Études.

avait dominé l'école à peu près sans conteste, fut bientôt méconnue. De jeunes artistes, cédant à l'entraînement général vers les idées d'affranchissement et de progrès, entreprirent de renouveler le fond et la forme de l'art. Au Salon de 1822 ils étaient déjà assez nombreux et firent preuve d'assez de talent pour qu'il fallût compter avec eux. La passion dont ils étaient animés contre les vieilles doctrines systématiques, ils l'inspirèrent à la portion la plus vivace de l'école qui ne tarda pas à prendre une part active à la lutte. Leurs adversaires parvinrent à entraver, mais ne purent arrêter ce mouvement que la situation intellectuelle et morale n'avait pas peu contribué à déterminer, et qui, s'il changea plus tard de caractère, ne cessa réellement que lorsque des circonstances extérieures très-différentes y mirent de sérieux obstacles. L'impulsion donnée en 1822 se faisait encore sentir dans l'art trente ans après; en 1855 elle était complétement épuisée. C'est la période comprise entre ces deux dates qui sera l'objet de ces études.

On aurait une idée incomplète de cette époque féconde en tentatives de tout genre, si l'on se contentait d'étudier isolément les œuvres des cinq ou six artistes qui y ont le plus marqué dans la peinture et la sculpture. Autour d'eux se groupaient des hommes d'une valeur très-réelle quoique d'une notoriété moindre. Ceux-ci ont été autre chose que de simples imitateurs, des artistes à la suite; ils ont eu, eux aussi, une part d'influence sur l'art de leur temps, et il importe de connaître leurs travaux, intéressants à plus d'un titre. Il faut d'autant plus tenir compte des uns et des autres, que cette révolution artistique, cette renaissance en miniature, comme on l'a appelée non sans raison, n'a pas été accomplie par un petit nombre de brillantes individualités unies pour le triomphe d'une certaine doctrine, mais par tous ceux qui, quelles que fussent leurs tendances, avaient un sentiment personnel et l'enthousiasme de l'art.

Peu d'entre eux se sont enfermés dans une des spécialités de l'art ; la plupart ont traité des sujets fort divers ; classer leurs œuvres par genres, conformément à l'usage traditionnel, ne serait guère praticable ou du moins nécessiterait des répétitions infinies, passablement fastidieuses. Ce qui les distingue, ce ne sont pas tant les genres auxquels elles appartiennent que les principes dont elles procèdent. Il semble, en conséquence, plus simple et aussi plus logique de les classer suivant ces principes, et d'étudier chacun de ceux-ci aux différentes phases et dans l'ensemble de son développement.

Il est difficile, quand on parle du mouvement artistique de 1822 à 1855, de ne pas s'occuper de la critique en même temps que des ouvrages qu'elle avait à apprécier. Romantique, classique ou éclectique, elle représente avec ses nuances variées l'opinion, sinon de la foule, au moins du public éclairé, qui, à cette époque d'effervescence intellectuelle, s'intéressait aux querelles d'école presque autant que les artistes eux-mêmes. Si l'on ne consultait avec soin les principaux comptes rendus des Salons, on risquerait fort de laisser passer inaperçus des faits transitoires, des aberrations du goût, de fausses interprétations de quelques points de doctrine qui ont eu de l'influence sur la marche ultérieure de l'art et qu'il est indispensable de connaître pour s'expliquer le succès d'œuvres tombées dans l'oubli ou qui nous paraissent aujourd'hui au-dessous du médiocre. C'est là qu'au milieu de dissertations techniques, parfois erronées, souvent justes et ingénieuses, on trouve, sur l'art, sa mission, son avenir, des considérations générales, des formules qui composent le fonds des idées esthétiques du temps.

Mais d'abord il faut jeter un coup d'œil sur l'état de l'art à la fin du dix-huitième siècle et au commencement du dix-neuvième.

Le grand art était en pleine décadence lorsque mourut Louis XV. La royauté et la religion, auxquelles sous le règne précédent il avait dû ses meilleures inspirations, avaient beaucoup perdu de leur prestige. Les idées qu'elles représentaient n'avaient plus d'empire sur les âmes. Un roi égoïste, insouciant et blasé, des gens de cour libertins et frivoles, des abbés sceptiques et mondains ne pouvaient guère croire, ne croyaient, en effet, qu'au plaisir, et qui pis est qu'au plaisir des sens. Il en était de même de la plupart des artistes, qui, eux aussi, n'apercevaient rien au-dessus, rien au-delà. L'amour ou pour mieux dire la galanterie était, semble-t-il, leur principale préoccupation, leur unique idéal. Une telle disposition d'esprit leur permettait, à la rigueur, d'imaginer des pastorales, des allégories, des fantaisies mythologiques plus ou moins attrayantes ; mais elle devait nécessairement les amener à commettre de singulières erreurs, d'absurdes et ridicules contre-sens, dès qu'il leur fallait traiter des sujets empruntés à l'histoire sacrée ou même à l'histoire profane. Tout d'ailleurs contribuait à les égarer : ils dédaignaient la nature, qu'ils trouvaient vulgaire et dénuée d'agrément ; ils n'admiraient que les choses factices, les mises en scène théâtrales, les formes arrondies, les attitudes et les gestes affectés. Ils n'aimaient que le joli, et s'efforçaient de l'enjoliver encore ; ils ne comprenaient que les élégances outrées, les grâces minaudières, et donnaient volontiers aux saints et aux saintes du paradis, de même qu'aux dieux et aux déesses de l'Olympe, les allures prétentieuses, coquettes ou voluptueuses des héros et des nymphes d'Opéra.

Les peintres de grandes machines, comme on disait alors, n'avaient aucun motif de changer ou de modifier en quoi que ce fût leur manière. Grâce précisément à ce qu'elle avait de faux et de monotone, elle plaisait aux classes élevées qui dispensaient les faveurs, et n'exigeait de la part de ceux qui la pratiquaient ni études très-savantes, ni recherches très-approfondies. Quelques-uns d'entre eux avaient, malgré leurs défauts, une certaine entente de l'ordonnance pittoresque ; mais comment auraient-ils songé à abandonner leurs vieux errements et à adopter un autre style ? Parmi les idées qui s'agitaient autour d'eux, en était-il quelqu'une qui pût servir de point de départ à une réforme artistique sérieuse, et en même temps satisfaire à ce qu'ils considéraient comme la condition première, essentielle de l'art décoratif, lequel était à leurs yeux l'art par excellence ?

Le parti philosophique avait fait une guerre active aux superstitions, aux préjugés de tout genre. Les dogmes religieux aussi bien que les dogmes sociaux avaient été discutés, analysés, soumis à une critique incessante et passionnée. Pas un n'avait été épargné, pas un n'était demeuré intact. Néanmoins aucune doctrine précise, définie, capable de s'imposer aux artistes ainsi qu'à la foule et de créer un idéal nouveau, vraiment fécond, ne s'y était substituée. Les chefs du parti avaient un but commun : porter les derniers coups à la foi chrétienne déjà fort chancelante, et protester contre les abus de l'autorité royale et féodale. Ils l'avaient poursuivi avec un remarquable ensemble. Mais ils étaient d'opinions diverses sur quelques questions dont la solution leur paraissait indispensable à toute réorganisation intellectuelle et morale, telle, par exemple, que l'origine et la fin des choses. Celui-ci niait qu'il y eût rien en dehors de la matière et des lois qui la régissent; celui-là doutait de tout ce qui n'est pas rationnellement démontré ou avoué par le bon sens; cet autre ne voyait dans les phénomènes de l'univers qu'un moyen d'arriver à la notion d'un Être suprême les ayant réglés et ordonnés. La négation, le doute sont de nulle valeur poétique; de vagues aspirations sont de pauvres ressources pour l'art, qui vit de réalités non d'abstractions. Indifférents aux splendeurs du catholicisme et aux fastes de la monarchie, les peintres de grandes machines devaient être médiocrement impressionnés par les phrases éloquentes de la profession de foi du Vicaire savoyard, et les trouver, en tant que source d'inspiration, très-inférieures aux brillants récits de la fable. Ayant à opter entre deux fictions, ils préféraient, avec quelque raison, la fiction mythologique qui s'adresse à l'imagination et motive d'agréables combinaisons pittoresques, à la fiction métaphysique qui est sèche, morne, glacée, frappée d'avance de stérilité artistique.

Diderot était peut-être le seul des penseurs de ce temps qui eût l'amour sincère et éclairé des arts plastiques. Il en avait certainement plus que tout autre la pleine et nette compréhension. Pour lui la nature était le vrai, l'unique principe de l'art, rien que la nature, mais la nature en son entier, vivante, agissante, complexe, avec « ses êtres animés et inanimés, » avec ses oppositions, ses contradictions et ses anomalies, avec son infinie variété d'expressions, de sentiments et de passions. Ses idées étaient trop simples, trop justes, trop différentes des idées reçues ; elles avaient fort peu de partisans à l'Académie royale, dont faisaient alors partie tous les artistes de quelque talent, et n'y étaient acceptées, ou du moins mises en pratique, que par un petit nombre de peintres de genre, de paysage et de portrait. En dépit de son génie sympathique, si profondément humain, dans la plus large et la plus noble acception du mot, en dépit de sa fougue entraînante et de sa verve intarissable, il ne convainquit personne, pas même ceux qui voulaient sortir de l'ornière académique.

La nature étant le type de l'art, celui-ci doit la reproduire « scrupuleusement. » Suivant quelles lois ? Celles qui règlent les rapports des choses et des êtres dans la nature elle-même, qui ne sont et ne seront probablement jamais formulées d'une façon très-positive relativement aux beaux-arts, et que l'observation constante, l'étude attentive de la réalité peuvent seules indiquer. Voilà ce qu'impliquait le principe posé par Diderot. C'était beaucoup demander à un artiste tel que Vien, qui le premier essaya de réformer le style dans la peinture d'histoire ; beaucoup plus qu'il n'était en sa puissance de donner. Il avait l'esprit sensé, mais peu étendu, et manquait d'imagination. Tant qu'il n'avait songé qu'à s'affranchir de la manière académique et ne s'était proposé de représenter les objets que sous leur aspect purement matériel, la nature lui avait paru un guide suffisant et sûr ; il n'en fut plus de même quand il voulut interpréter une action, une pensée ou un sentiment. Il éprouva alors le besoin de procéder d'après une méthode régulière ; et, comme il avait été inhabile à s'en créer une fondée sur les données générales ou particulières que fournit la nature, il en chercha les éléments dans un art antérieur. Il consulta bientôt l'antique aussi souvent sinon plus souvent que la nature.

L'*Histoire de l'art*, de Winckelmann, avec ses descriptions enthousiastes, ses explications ingénieuses de la beauté des monuments anciens, avait réveillé le goût des antiquités grecques et romaines, perdu ou peu s'en faut depuis près d'un siècle. Les littérateurs, les amateurs, la majorité du public lettré ne pouvaient qu'applaudir à toute tentative de retour aux traditions classiques. La plupart des jeunes artistes, soumis à la même influence, devinrent les dociles élèves de Vien ; et la nature, à demi étouffée entre l'imitation des œuvres de la décadence italienne et l'imitation des sculptures gréco-romaines, fut pour longtemps encore réduite à un rôle secondaire.

Vien, déjà âgé, froid, calme, modéré en tout, n'avait ni l'énergie ni l'audace nécessaires à un réformateur. Il eut l'initiative du mouvement ; mais ce fut son élève Jacques-Louis David qui en détermina le véritable caractère.

On était à la veille de la Révolution. Quelques écrivains du parti philosophique, mettant en parallèle l'organisation des sociétés antiques et celle des sociétés modernes, s'étaient efforcés de démontrer que les premières étaient des modèles à peu près complets de perfection, dont il fallait autant que possible se rapprocher. Ils avaient opposé l'état moral de Sparte et de la République romaine à l'état moral de la France monarchique contemporaine ; ils avaient cité à tout propos les actes de vertu, de désintéressement, de courage, de dévouement patriotique des grands hommes de l'antiquité ; ils y avaient puisé de nombreux et pressants arguments à l'appui de leur thèse, et leurs idées avaient une foule de partisans parmi ceux qui protestaient contre l'ordre de choses établi. David, revenu en France après plusieurs années de séjour à Rome, s'en préoccupait-il beaucoup ? C'est peu probable. A en croire M. Delécluze, l'un de ses plus fervents admirateurs, « il ne connaissait guère les écrits des antiquaires que par le titre et par les gravures qu'ils renferment [1]. » Il devait en savoir moins encore des livres de politique ou de philosophie politique ; mais il vivait dans un milieu où l'on s'entretenait journellement des ques-

[1] *Louis David, son école et son temps*, in-12.

tions qui y étaient traitées. Ses études d'après l'antique lui avaient appris à chercher la simplicité, la vérité, la fermeté du dessin ; ses relations à Rome avec ceux qui suivaient assidûment les travaux et les découvertes des archéologues, lui avaient donné une notion assez exacte de la théorie de l'art chez les Anciens ; l'espèce de culte qu'on professait autour de lui pour l'accomplissement stoïque du devoir, pour l'exercice des vertus austères lui dicta, en quelque sorte à son insu, le choix des sujets de ses compositions et la façon dont il les comprit. Il fut pendant la première moitié de sa carrière bien plus de son temps qu'on ne le suppose d'ordinaire ; et ce qu'il vit dans l'antiquité, ce qui l'y frappa profondément, ce fut surtout le beau moral, les traits d'héroïsme social, les manifestations de la grandeur d'âme et de la sagesse humaine. Le beau proprement dit, la beauté de la forme prise en elle-même et considérée comme l'attribut essentiel des êtres divins, cette poésie qui exaltait à un si haut point l'imagination de Winckelmann lorsqu'il la rencontrait dans un monument antique, l'impressionnaient certainement à un beaucoup moindre degré ; et, chaque fois qu'il a essayé d'y atteindre, il est resté au-dessous de lui-même.

Le *Serment des Horaces*, les *Licteurs rapportant à Brutus les corps de ses fils*, la *Mort de Socrate*, sont comme des préludes du *Serment du Jeu de Paume*. Par l'ordre des idées, par la vigueur de l'accent, David y semble avoir eu le pressentiment de la grande crise qui se préparait. Quand celle-ci éclata, il ne fit pour ainsi dire que modifier le vêtement de sa pensée : au fond, cette pensée ne changea pas. Plus que jamais les idées de patrie, de devoir, de liberté, de progrès le passionnèrent. Le jour où elles passèrent de la théorie dans la pratique de la vie sociale, au lieu de représenter des scènes empruntées à l'histoire de Rome ou d'Athènes et de chercher à s'approprier le style des artistes de l'antiquité, il s'inspira des événements contemporains et prit directement conseil de la nature. Ses œuvres, qui jusque-là avaient eu quelque chose d'âpre et de tendu, sentant l'effort, se distinguèrent alors par une unité de conception et d'effet, et aussi par une franchise, une spontanéité de mouvement qui manquaient à la plupart de celles qui les avaient précédées. Son dessin ne perdit rien de son énergie ni de sa précision : il gagna en souplesse et en vérité. Engagé au plus vif des luttes politiques, absorbé par ses fonctions de représentant du peuple, David a peu produit durant la période révolutionnaire, deux ou trois esquisses ou ébauches et une dizaine de portraits peut-être ; mais il l'a fait en dehors de tout esprit de système, sous le coup d'une émotion réelle, d'un ardent et sincère enthousiasme pour la Révolution, et ces quelques toiles, surtout le *Marat*, marquent l'apogée de son talent.

Son exemple néanmoins ne fut guère suivi. Les

artistes de cette époque préféraient en général les sujets antiques aux sujets modernes, qui leur paraissaient incompatibles avec la gravité de la peinture d'histoire ; et presque tous ceux qui s'inspirèrent des événements contemporains eurent recours au genre allégorique. L'habitude et l'éducation les y poussaient tous également. Les uns se souvenaient encore des doctrines de l'Académie royale à peine dissoute, les autres appartenaient à l'école de David, où, malgré les incursions du maître dans le domaine de l'actualité, l'admiration exclusive et l'imitation des anciens étaient toujours fort en honneur. Même parmi ceux qu'animait le plus violent républicanisme, il n'en était probablement pas un, doué de quelque mérite, qui eût dit avec l'un des juges du concours de l'an II, l'architecte Detournelle, cité par M. J. Renouvier, dans son intéressante et consciencieuse *Histoire de l'art pendant la Révolution* : « Dans deux ans l'on verra naître une sublimité qui surpassera tout ce que nous admirons, quelquefois avec prévention, dans l'antique ; nous ne serons ni Athéniens, ni Romains, esclaves qui portaient le nom d'hommes libres ; mais des Français, libres par nature, philosophes par caractère, vertueux par sentiment et artistes par goût. » Cette sublimité qu'annonçait Detournelle, en termes un peu emphatiques, selon le goût du moment, s'ils l'entrevirent ou plutôt la devinèrent, ce ne fut que très-confusément et toujours à travers l'histoire, le costume, les mœurs de l'antiquité. Arrêtée dans son germe, elle n'eut pas le temps de naître; cependant elle ne fut pas sans une certaine influence sur les œuvres des dernières années du siècle. On y trouve parfois une intelligence du sujet et de la mise en scène ou de l'effet dramatique, un jet de composition qui allèrent s'affaiblissant à mesure qu'on s'éloigna des circonstances sous l'impression desquelles ces œuvres avaient été conçues. Ainsi, Lethière, qui, dans le *Brutus condamnant ses fils à mort*, dessiné en l'an III, avait représenté un licteur montrant au peuple la tête d'un des coupables, a, dans la vaste toile exécutée seize ans après, supprimé ce détail, ainsi que quelques autres d'un cachet tout révolutionnaire : la composition est restée une des meilleures de cette époque, mais elle a incontestablement perdu à ces suppressions une partie de sa signification et de son caractère.

Désillusionné, dégoûté de la politique par le neuf thermidor et ses suites, David revint, lui aussi, aux sujets antiques; mais il n'était plus dans les conditions où il avait été avant la Révolution. L'agitation intellectuelle qui l'avait stimulé et soutenu n'existait plus, ou tout au moins avait tellement changé d'objet qu'il y était devenu à peu près étranger. Il ne songea plus qu'à l'art, pris en lui-même, abstraction faite de toute autre idée et fut plus systématique que jamais. Son tableau des *Sabines* peut être considéré comme l'expression la plus complète de sa doctrine artistique. Sa première pensée, dit M. Delécluze, avait été de faire tous ses personnages vêtus, il décida qu'ils seraient nus; il voulait « ramener l'art aux principes qu'on suivait chez les Grecs. » Supposant que dans les *Horaces*, alors qu'il était « sous l'influence romaine, » il avait « trop laissé voir ses connaissances en anatomie » et qu'il fallait pour que son tableau fût « plus grec » les dissimuler davantage, il s'efforça dans les *Sabines* de simplifier, d'adoucir son dessin au risque de le rendre mou, rond et conventionnel. Il « se nourrit les yeux de statues antiques » et, oubliant que la lettre tue si l'esprit vivifie, il projeta même « d'en imiter quelques-unes. » Soucieux de se conformer en tout aux habitudes des anciens et aux règles observées par eux dans leurs bas-reliefs et leurs peintures décoratives qu'il consultait assidûment, il s'appliqua à disposer ses figures de telle sorte qu'elles pussent être appréciées en elles-mêmes, indépendamment les unes des autres, et il fut ainsi amené à substituer l'attitude à l'action.

Les *Sabines* furent assez sévèrement critiquées par une certaine portion du public, ce n'était pas la moins éclairée, et par ceux des artistes qui se rattachaient de près ou de loin aux traditions de l'ancienne Académie royale : on trouva que la composition manquait d'ensemble; on regretta de ne pas y voir « le désordre qui doit accompagner une bataille, » et, tout en louant le dessin ainsi que plusieurs beautés de détail, on protesta contre l'abus des nudités « absurdes en peinture, quand on représente une scène qui n'entraîne pas nécessairement la nudité, nudité qui devient alors un prétexte académique et pas autre chose. » Mais elles furent très-admirées par la foule et par la majorité des artistes. Ceux-ci, marchant sur les traces du maître, dont jamais, du reste, ils ne récusèrent en quoi que ce soit l'autorité, se passionnèrent de plus en plus pour le nu, pour les réminiscences de l'antiquité, pour la beauté de la forme et du contour poursuivie aux dépens de la vie et du mouvement, à ce point que le meilleur et peut-être le seul vrai peintre de l'école, Gros, lorsqu'il peignait les œuvres qui l'ont justement illustré, ne croyait pas faire de l'art sérieux et élevé.

Après quelques années d'études à l'atelier de David, Gros avait vécu assez longtemps en Italie. Là, son instinct de peintre l'avait tout d'abord conduit devant le *saint Ignace* de Rubens, qu'il ne se lassait pas de contempler et qu'il appelait dans ses lettres une « œuvre sublimissime. » Nommé plus tard membre de la commission chargée de choisir les objets d'art que la victoire et les traités mettaient à la disposition de la République française, il avait eu de nombreuses occasions d'examiner, d'admirer les chefs-d'œuvre des maîtres du quinzième et du seizième siècle. Malgré cela, malgré le succès de son portrait de Bonaparte à Arcole, il avait conservé tous ses préjugés d'école, et l'on a prétendu qu'il attachait infiniment moins d'importance à ce beau portrait qu'à sa *Sapho à Leucade*, très-médiocre tableau qu'il avait à l'Exposition suivante. Les circonstances heureusement l'empêchèrent de continuer à traiter de semblables sujets ; elles le forcèrent à interpréter les seules idées qui eussent alors de la vitalité et favorisèrent l'essor de son génie. Des relations antérieures avec le premier Consul le désignaient pour ainsi dire d'avance au choix de celui-ci, qui voulait que l'art célébrât surtout la gloire de ses armes.

La guerre était encore dans sa période de jeunesse, d'héroïsme chevaleresque, et la campagne d'Égypte, cette aventure romanesque qui rappelle le temps des Croisades, fournit à Gros les motifs de compositions de premier ordre. Au concours qui fut ouvert pour l'exécution d'un tableau représentant le combat de Nazareth, on décida d'une voix unanime que l'esquisse de Gros l'emportait de beaucoup sur toutes les autres. « Il est impossible, écrivait il y a une vingtaine d'années Eugène Delacroix, de donner à ceux qui ne connaissent pas cette admirable esquisse une idée de la vigueur, de l'éclat, de la fougue et en même temps de la science de composition qu'elle révèle. Le peintre s'y montre un maître complet. Tout ce qu'il a depuis fait briller d'invention et d'habileté dans la peinture des chevaux s'y trouve déjà dans la multitude et la hardiesse des poses et dans les divers accidents de la couleur et de l'effet[1]. »

Delacroix, dont on ne saurait trop citer les opinions sur Gros, n'avait guère moins d'admiration pour les *Pestiférés de Jaffa* et la *Bataille d'Aboukir*, dans lesquelles l'inspiration à la fois grandiose et naturelle, la franchise et la nouveauté des pensées, la naïveté singulière et l'audace de certaines inventions, la variété des épisodes, la poésie des détails lui paraissaient au-dessus de tout éloge. Il reconnaissait que la *Bataille d'Aboukir* se ressentait de l'absence de tout parti pris dans les oppositions de la lumière et de l'ombre ; qu'il n'y avait pas assez d'air entre les groupes ; que les fonds étaient insignifiants et ne fuyaient pas suffisamment ; que les figures étaient « trop étudiées, trop savantes pour la nudité des fonds » et qu'il en résultait de la sécheresse et un certain manque de saillie ; mais il attribuait, non sans raison, la plupart de ces défauts à l'enseignement reçu par Gros à l'atelier de David, où l'on faisait peu de cas du clair-obscur, et où l'on répétait volontiers le mot du Poussin : la peinture n'est que le dessin. « L'exécution, disait-il à propos des *Pestiférés de Jaffa*, qui parut audacieuse et brillante au moment de l'apparition du tableau, a perdu de son éclat par l'effet du temps. Il faudrait en dire autant de presque toutes les peintures exécutées sous l'influence de l'école de David. Les ombres frottées légèrement et les clairs sobrement empâtés qui don-

[1] *Revue des Deux-Mondes*, 1er septembre 1848.

nent à cette peinture une transparence flatteuse au moment où le tableau vient d'être achevé laissent prise malheureusement à une espèce de jaunissement, à une atténuation notable des teintes après un certain nombre d'années. Il en résulte quelque chose de vide et de *creux* que ne présentent point les tableaux flamands et vénitiens dont la pratique était meilleure. Ces influences fâcheuses font vivement regretter qu'un homme tel que Gros n'ait pas été l'élève d'un Rubens ou d'un Van-Dyck. »

Ces vices d'exécution, signalés à juste titre par Delacroix, sont à peine perceptibles dans le *Champ de bataille d'Eylau*. Tout y est d'une vigueur, d'une puissance, d'une vérité d'expression peu communes, en parfaite harmonie avec la grandeur de la conception, avec la sublime horreur de la scène. Jamais Gros ne s'éleva plus haut ni même si haut, et ce qu'on est convenu d'appeler l'épopée impériale ne devait plus lui inspirer aucune œuvre de cette valeur. Il reproduisit encore des événements militaires de l'histoire contemporaine, mais il ne rencontra plus la veine poétique de *Nazareth*, de *Jaffa*, d'*Aboukir* et d'*Eylau*; la *Capitulation de Madrid*, l'*Entrevue après Austerlitz* sont évidemment fort inférieures. Il semble que la guerre, ayant changé de caractère et de but, ne fût plus de nature à exciter son imagination et sa verve.

Des idées d'un autre ordre commençaient à se faire jour. Quelques écrivains protestaient contre les abus de la force; ils parlaient avec une rare éloquence des droits de l'humanité, des bienfaits de la liberté, de l'indépendance de la pensée, des véritables principes de la Révolution; et, en dépit des obstacles qui leur étaient suscités, ils comptaient de nombreux lecteurs parmi le public lettré. Ils combattaient l'arbitraire dans les choses de l'esprit comme dans celles de la vie sociale; ils montraient qu'il existe un autre monde que le monde de l'antiqnité, et que d'ailleurs celui-ci n'était pas uniquement peuplé de froides et immobiles statues; ils se plaisaient à décrire les grands et beaux aspects de la nature, et ils ouvraient ou rouvraient de nouveaux et larges horizons à l'art ainsi qu'à la poésie. Disposés peut-être à partager leurs opinions sur les questions d'intérêt général, les artistes ne pouvaient néanmoins les admettre en matière d'art. David professait toujours les mêmes principes rigides et absolus; l'ascendant que ses tendances élevées ou plutôt austères lui avaient, dès ses débuts, donné sur ses confrères, jeunes et vieux, n'avait nullement diminué, et il exerçait encore une autorité sinon tyrannique au moins souveraine non-seulement sur son école mais aussi sur les écoles rivales, qui du reste ne se distinguaient de la sienne que par des nuances presque insensibles.

Prud'hon était alors le seul artiste qui se fût soustrait à cette domination acceptée de tous. Il admirait l'antique, mais son admiration n'était pas exclusive. Durant son séjour en Italie où il avait été envoyé, à la suite d'un concours, par les États de Bourgogne, il ne s'était pas contenté de dessiner d'après l'antique, il avait aussi beaucoup regardé, beaucoup étudié les œuvres de Raphaël et surtout celles de Léonard de Vinci, qui, écrivait-il « a surpassé Raphaël bien au-delà dans la pensée, la justesse de la réflexion et du sentiment, et de plus dans le précis, le moelleux et la force d'exécution, et dans l'entente du clair obscur et de la perspective. » Son goût pour ce maître exquis l'avait préservé des théories systématiques. Loin de supposer qu'on ne peut régénérer l'art qu'en suivant pas à pas, et sans jamais s'en écarter, les traces des anciens, il croyait qu'il y avait d'utiles et précieux enseignements à demander aux grands peintres de la Renaissance et même à quelques artistes du dix-huitième siècle. En ce sens, il avait sur la tradition des vues plus justes et plus avancées que celles de David et de ses disciples. A l'encontre de ceux-ci, il ne dédaignait rien de ce qui constitue la peinture proprement dite, et il avait prouvé dans plus d'une composition que la couleur, l'effet, le clair obscur ne sont pas incompatibles avec l'ampleur et la noblesse du style. Plus qu'aucun de ses contemporains il était ingénieux et fécond en inventions décoratives, et avait le vif sentiment de la grâce, d'une grâce attendrie et souriante, pleine de charme et d'originalité. Mais il était isolé; sa manière tout individuelle eût difficilement servi de base à un ensemble de règles et de préceptes; son idéal différait de celui de l'école régnante moins par le fond que par le mode d'interprétation; et il n'était guère possible qu'il eût la moindre influence sur la direction de l'art.

Ce fut seulement lorsque les conditions extérieures de l'existence de l'art furent modifiées que put s'accomplir un progrès devenu nécessaire. L'art sortit enfin du cercle étroit dans lequel il était enserré. Une certaine liberté d'allure fut accordée à l'imagination, qui n'eut plus à obéir bon gré, mal gré aux prescriptions d'une dure et stricte discipline. David avait été exilé après la chute de l'empire, et l'école était restée sans chef. Rien ne gênait plus l'expansion du mouvement intellectuel, et les jeunes artistes comprirent bientôt que les sujets modernes, ou, comme le disait M. Guizot en 1810 « notre histoire depuis plusieurs siècles, la chevalerie » les chroniques et même la réalité prêtaient, au moins autant que les sujets antiques ou les scènes militaires, aux conceptions grandes et poétiques, et offraient plus de variété dans les idées et les sentiments à exprimer.

Quelques critiques et une partie du public n'étaient pas éloignés de penser à cet égard de la même façon; cependant le *Radeau de la Méduse*, exposé par Géricault en 1819, souleva de nombreuses objections. On désapprouva le choix du sujet qu'on trouvait trop lugubre. On prétendit que l'auteur n'avait pas essayé de reproduire la scène telle que la relation du naufrage de la Méduse l'avait fait connaître, parce qu'il avait voulu, d'abord éviter des vêtements obligés qui eussent été antipittoresques, puis écarter des détails qui l'eussent rendue hideuse, mais qu'en adoucissant les traits du tableau il en avait affaibli l'intérêt; qu'il aurait pu être horrible et qu'il n'était que dégoûtant : c'est un amas de cadavres dont la vue se détourne, ajoutait-on, et le but de la peinture est de parler à l'âme et aux yeux, non de repousser. L'un croyait apercevoir dans l'ensemble du tableau quelque chose de ce détestable style académique dont David s'était efforcé de faire disparaître la tradition; l'autre déclarait que l'artiste doué d'une certaine verve de pinceau ne pourrait en tirer bon parti que lorsqu'il aurait appris à la modérer, et surtout serait parvenu à se diriger dans une meilleure voie; celui-ci protestait contre la monotonie de la couleur; celui-là constatait dans l'œuvre de Géricault un caractère d'originalité qui, selon lui, appelait la critique; presque tous y signalaient comme inexcusables l'incorrection du dessin, l'exagération et la sécheresse des contours, des formes mal et trop fortement ressenties.

C'était à peu près inévitable. Ceux qui pendant des années avaient été habitués à n'admirer que la régularité des formes ou la réalisation plus ou moins parfaite de quelques types convenus, et ils étaient de beaucoup les plus nombreux, devaient naturellement tenir fort peu de compte de qualités d'invention et d'exécution du genre de celles que révélait le *Radeau de la Méduse*.

La doctrine au nom de laquelle on avait jadis réagi contre l'Académie royale leur paraissait satisfaire à toutes les exigences légitimes de la pensée poétique et artistique. En véritables enfants du dix-huitième siècle, ils méprisaient le Moyen-âge et la Renaissance comme entachés de barbarie ou de catholicisme, et ils attribuaient à leur idéal, qui n'était, en somme, qu'un idéal de seconde main, la valeur et la portée d'un dogme définitif, absolu et immuable. Mais s'ils avaient assisté aux événements les plus considérables qu'on ait vus dans le monde depuis l'établissement du christianisme, sans se douter un seul instant que ceux-ci fussent de nature à changer en quoi que ce soit la marche de l'art, il n'en était pas moins résulté de ces événements des manières de voir, de sentir, de penser sur la nature, sur le passé et le présent de l'humanité, qui ne pouvaient s'accommoder de leurs formules à la fois trop abstraites et trop rigoureuses et nécessitaient la création ou, pour mieux dire, la recherche d'un idéal nouveau, plus actuel et plus compréhensif. C'était ce qu'allait tenter la génération née vers la fin de la grande crise révolutionnaire, celle à laquelle appartenait Géricault et dont il était le glorieux précurseur.

LE MOUVEMENT

La Convention, organisant dans son avant-dernière séance l'Institut national créé par la Constitution de l'an III, avait réuni dans une seule et même classe les littérateurs et les artistes. Sous le Consulat, lorsque huit ans après on avait supprimé la classe des sciences morales et politiques comme nuisible à la sûreté de l'État, on avait séparé les littérateurs des artistes, et l'on avait créé une classe nouvelle, celle des Beaux-Arts ou quatrième classe de l'Institut. A la seconde Restauration on avait ressuscité pour chacune des différentes classes le vieux nom d'Académie, et la quatrième devenue l'Académie des Beaux-Arts avait été placée dans des conditions analogues à celles où avait été l'ancienne Académie royale. A l'exemple de celle-ci, elle présidait aux concours pour les grands prix, choisissait les sujets, rédigeait les programmes, jugeait en dernier ressort, distribuait chaque année le blâme et l'éloge aux pensionnaires de l'Académie de France à Rome, appréciait leurs progrès, décidait s'ils avaient oui ou non rempli les obligations qui leur étaient imposées, enfin donnait son avis sur toutes les questions d'art que lui soumettait le gouvernement. Mais la faculté de s'adjoindre des agréés, participant à quelques-uns des avantages inhérents au titre d'académicien, sans toutefois avoir droit à ce titre, ne lui avait pas été accordée, le nombre de ses membres avait été limité, et par là sa constitution était moins libérale que celle de sa devancière.

L'Institut, dans la pensée de ses fondateurs, devait concourir activement au perfectionnement et à l'avancement des sciences et des arts; c'était une espèce d'encyclopédie vivante appelée à provoquer, à favoriser le progrès en toutes choses. La mission des Académies restaurées par la monarchie était autre : elle avait un caractère essentiellement conservateur. Isolées, n'ayant pas de travaux communs, pas de relations entre elles, sauf une fois l'an dans une séance solennelle, les Académies n'avaient plus qu'à veiller au maintien de certains principes et de certaines traditions. Elles se renfermaient volontiers dans leurs spécialités respectives, dédaignaient les idées nouvelles qui avaient surgi en philosophie, en histoire, en poésie, attachaient une assez médiocre importance à ce qui se produisait en dehors de leur influence immédiate, et repoussaient formellement bien entendu tout ce qui, de près ou de loin, était en contradiction avec leurs principes et leurs traditions. C'était en particulier le cas de l'Académie des Beaux-Arts, presque entièrement composée d'émules et d'élèves de David, plus absolus peut-être et plus exclusifs dans leurs opinions et leurs théories que le maître lui-même. Mieux qu'aucune autre elle était à même de faire prévaloir sa doctrine et de se défendre contre toutes les attaques. Maîtresse de l'enseignement, à peu près souveraine aux expositions, grâce au jury d'admission où elle était en majorité, elle avait pour elle une notable portion du public et des artistes.

I

Le parti académique ne s'était pas beaucoup préoccupé du *Chasseur* de Géricault, de son *Cuirassier*, ni même de son *Radeau de la Méduse*. On les y avait considérés comme des essais intéressants d'un jeune artiste bien doué à quelques égards, mais manquant de goût et d'études sérieuses, et l'on s'y était figuré qu'ils avaient attiré l'attention surtout à cause du sujet, les deux premiers parce qu'ils rappelaient la gloire militaire et la défense de la patrie, le dernier parce qu'il flattait les passions du moment contre le gouvernement de la Restauration. Mais on commença à s'y inquiéter lorsque parut le *Dante et Virgile* d'Eugène Delacroix. Il y avait évidemment chez les jeunes artistes une tendance à imiter Géricault, à poursuivre avant tout la vérité et la justesse d'impression, à négliger les détails pour l'ensemble, à préférer la force et l'originalité de la pensée, la puissance et l'énergie du dessin, à la finesse et à la pureté des contours, à la beauté conventionnelle de la forme. Il était donc urgent de combattre cette fâcheuse tendance, d'avertir et d'éclairer les ignorants et les simples.

M. Delécluze, élève de David, exposant de 1808, voué désormais à la critique d'art, s'efforça de démontrer que « les écoles modernes n'existent, ne fleurissent, ne vivent enfin que par la transmission des doctrines grecques. » Il ne manqua pas de « faire observer que dans les temps du paganisme on allait de la forme à la pensée, ce qui favorise la culture des arts, tandis que chez nous la pensée sert à animer la forme, ce qui rend indifférent sur cette dernière. » Obligé de reconnaître que les circonstances avaient irrésistiblement amené les artistes à s'écarter des vrais principes, « à se frayer des routes nouvelles, à se perdre même dans tous les espaces vagues que peut tenter l'imagination, » il demanda que l'on convînt, si cela était possible, « de quelques faits généraux, base de raisonnements et de disputes[1]. » Il voyait dans chaque genre de peinture le germe d'un défaut qui devait, tôt ou tard, le détruire, ou tout au moins l'altérer profondément. Il signalait entre autres le goût de l'expression et des compositions dramatiques comme très-menaçant pour l'existence et l'avenir du genre historique ou peinture de haut style. Ceci lui était sans doute suggéré par la sombre poésie du *Dante et Virgile*, qu'il ne mettait pas, du reste, au rang des tableaux et qualifiait crûment de *tartouillade*. Il n'y niait pas toutefois l'énergie du dessin et de la couleur, et trouvait que les corps des damnés dénotaient un véritable talent.

Son confrère Landon n'était guère moins sévère. Il accordait, il est vrai, que la composition avait du nerf et de l'originalité ; mais la touche, vue de près, lui paraissait si heurtée, si incohérente, qu'il avait peine à comprendre qu'au point où en était arrivé le talent d'exécution, aucun artiste eût pu songer à adopter cette singulière façon d'opérer, tout au plus convenable pour certaines peintures en détrempe. Il semblait croire que ce tableau pouvait bien être l'œuvre d'un pinceau moderne, d'après quelque dessin de vieux maître florentin, et, quoiqu'il ne contestât pas un très-réel mérite quant à l'expression et aux caractères, il lui reprochait de différer complétement, par le style, des productions habituelles de l'école.

[1] *Moniteur*. Salon de 1822.

Cette originalité de style combinée avec le souvenir des grands artistes de la Renaissance était justement une des qualités du *Dante et Virgile*, que M. Thiers vantait le plus dans un compte rendu du Salon de 1822, souvent cité depuis. Mais M. Thiers faisait une exception parmi les critiques de cette époque : il n'avait pas de préjugés académiques. Il n'aimait pas les beautés purement conventionnelles; il repoussait les Grecs et les Romains, sauf peut-être pour les grandes machines, et pensait que la nouvelle génération artistique devait marcher avec le siècle. Ce qu'il admirait hautement dans l'œuvre de Delacroix, c'était le jet du talent, l'élan d'une supériorité naissante, la sévérité du goût dans un sujet si voisin de l'exagération, le sentiment de la convenance locale, la largeur et la fermeté de l'exécution, la vigueur et la simplicité de la couleur, la hardiesse avec laquelle étaient groupées les figures, « cette imagination poétique qui est commune au peintre et à l'écrivain, cette imagination de l'art qu'on pourrait en quelque sorte appeler l'imagination du dessin et qui est tout autre que la précédente [1]. »

Deux ans après, M. Thiers, bien qu'il ne louât le *Massacre de Scio* de Delacroix, qu'avec d'assez nombreuses restrictions, était plus net et plus affirmatif encore sur la question de principe. Il raillait les *immobiles*, c'est-à-dire les académiciens et leurs

[1] *Constitutionnel.* Salon de 1822.

partisans, qui, parce qu'une révolution se déclarait dans la peinture comme dans tous les arts, criaient à la barbarie et proclamaient que la peinture était perdue en France. Il trouvait que les amis gémissants du *grand style* n'avaient cependant pas trop à se plaindre du Salon de 1824; que, si l'on y comptait quelques essais éminemment originaux, dignes de toute leur haine, on y rencontrait aussi beaucoup de Grecs et de Romains bien droits et bien raides, coloriés de gris, de bleu ou de violet; que tant de correction et d'effets lumineux devaient les rassurer sur l'état du goût; que d'ailleurs la barbarie qui introduirait un peu de mouvement, d'expression et de naturel dans ces statues peintes, était encore assez éloignée pour qu'ils n'eussent pas lieu de s'agiter et de se lamenter à ce point. Aux défenseurs des doctrines académiques qui appelaient les œuvres de la nouvelle école de vastes tableaux de genre, sous prétexte qu'on avait cherché à y reproduire fidèlement le costume et la physionomie de chaque peuple et de chaque siècle, le caractère particulier de chaque scène, il citait les Italiens qui « n'ont fait autre chose que peindre le genre, en ce sens qu'ils ont copié les visages de leur nation et transporté dans les cieux ces expressions extatiques dont ils trouvaient chaque jour le modèle dans le peuple agenouillé au sein des églises et au pied des madones. » Aux jeunes artistes il disait que le genre, entendu de la sorte, était l'égal de l'histoire, que même il lui était préférable puisqu'il permettait qu'on s'inspirât de la nature et qu'on rendît ses impressions personnelles[1].

Le *Massacre de Scio* réalisait et dépassait toutes les promesses du *Dante et Virgile*. Les Grecs, ce peuple héroïque qui combattait et mourait pour son indépendance et sa foi, excitaient une pitié profonde, un enthousiasme universel. Delacroix, vivement ému, avait, dans ce nouveau tableau, poussé aussi loin que possible la force de l'expression. Ces figures assises, accroupies, à demi couchées, jonchant le sol au premier plan, ces corps affaissés par le désespoir, ces visages mornes et désolés, puis, au loin la lutte acharnée des bourreaux et des victimes, le contraste de cette scène d'horreur avec la limpidité de l'atmosphère, la richesse de la couleur qui, malgré son éclat, était merveilleusement appropriée au sujet, donnaient et donnent encore à cette belle composition l'aspect le plus saisissant et le plus dramatique. Mais tant de fougue et d'audace, une individualité si franchement, si énergiquement accusée allaient au-delà de ce que pouvaient et voulaient admettre même ceux qui, dans la presse d'alors, étaient favorables à la rénovation de l'art. Ce n'était pas seulement M. Delécluze qui reprochait à Delacroix d'avoir, à plaisir, rendu plus hideuse une scène déjà bien assez horrible en elle-même, de manquer de simplicité

[1] *Constitutionnel*. Salon de 1824.

et de naïveté, et de faire laid systématiquement et de parti pris; c'était aussi M. Thiers, qui regrettait que, pour éviter l'arrangement symétrique, Delacroix eût adopté un autre arrangement à la fois calculé et maladroit; que, pour éviter l'affectation d'un effet de lumière il eût laissé errer le jour çà et là, sans que l'œil sût où se fixer; que, pour éviter le style académique, il se fût jeté dans l'ignoble, et cela en peignant la plus belle race de la terre. L'auteur de *Rouge et Noir*, qui venait de publier son pamphlet romantique de *Racine et Shakespeare*, H. Beyle, tout en reconnaissant que Delacroix avait le sentiment de la couleur et du mouvement, ce qui, à ses yeux était beaucoup « dans ce siècle dessinateur, » avouait de son côté ne pouvoir admirer le *Massacre de Scio*, car il lui semblait être presque aussi médiocre par la déraison que l'étaient une foule de tableaux classiques par l'insignifiance, et l'artiste y avait montré un mépris trop marqué pour le *beau*[1].

L'extrême ardeur poétique de Delacroix déconcertait un peu ceux des critiques qui considéraient le progrès artistique comme la conséquence naturelle et logique du progrès en politique, mais qui le souhaitaient réglé, mesuré et méthodique. Habitués depuis bien des années à un art où dominaient la raison, l'esprit, les sentiments tempérés, ils étaient

[1] *Journal de Paris*. Salon de 1824.

surpris par la véhémence passionnée qui se manifestait dans le *Massacre de Scio;* ils la jugeaient excessive et désordonnée. Le déploiement ou, si l'on veut, l'exagération de certaines qualités chez Delacroix les choquait et les troublait. Ils étaient plus à l'aise, plus en communauté de vues et d'idées avec des peintres novateurs tels que Ary Scheffer et Sigalon qui, lui aussi, exposait pour la seconde fois. La *Locuste* de Sigalon, quoiqu'elle ne fût pas mise par eux au même rang que le *Massacre de Scio,* leur paraissait une œuvre à peu près complète, sage et cependant originale, d'un dessin noble et vrai sans être académique, d'une couleur grave et harmonieuse, d'une exécution vigoureuse et hardie, mais soignée. Ils approuvaient le sujet qui était neuf et bien compris; ils applaudissaient justement au talent robuste de l'artiste, à sa facture énergique et sûre. Quant à Scheffer, ils croyaient voir en lui la plupart des qualités du peintre d'histoire, le sentiment de la beauté idéale et de la vérité historique, une grande élévation de style, une rare puissance d'expression. Obligés de convenir que la composition du *Gaston de Foix* manquait de clarté et de précision, que les masses y étaient rendues d'une façon insuffisante et les accessoires mal agencés, ils déclaraient néanmoins qu'il était impossible de mettre dans un tableau plus de vérité, de mouvement et d'effet pittoresque, et disaient que le style, plein de simplicité et de noblesse, démontrait péremptoirement l'erreur de ceux qui blâmaient les tendances de la nouvelle école et ne voulaient pas que la peinture d'histoire reproduisît avec fidélité les événements et les choses, de crainte qu'elle ne cessât ainsi d'être sévère et digne.

Les partisans de la nouvelle école de peinture, bien qu'ils fussent d'accord sur la nécessité de rompre avec les règles et les formules académiques et sur la légitimité de l'indépendance intellectuelle en matière d'art, n'avaient pas tous le même point de départ ni la même origine. Les uns s'appuyaient sur les données philosophiques et historiques transmises par les époques antérieures et n'en repoussaient aucune, mais s'éloignaient peu des principes de la Révolution. Les autres, remontant vers le passé, se rattachaient, malgré leur goût pour la liberté, aux traditions monarchiques et religieuses, et maudissaient le dix-huitième siècle. Ceux-ci avaient des préoccupations plus particulièrement littéraires et poétiques. Soucieux de se créer une langue moins froide, moins pauvre et moins terne que celle qui avait suffi à la littérature impériale, séduits par la grâce naïve, par la franchise, l'élégance, la richesse de style de nos vieux écrivains, ils avaient une prédilection marquée pour les chroniques, les mémoires, les œuvres de tout genre du Moyen-Age et de la Renaissance. La haine des conceptions banales, des régularités factices et fastidieuses, dont l'école classique avait donné tant d'exemples en traitant des sujets connus et en quelque sorte consacrés, leur inspirait une certaine répugnance pour les actes les plus importants de la vie des personnages célèbres, pour les événements principaux de l'histoire proprement dite, auxquels ils préféraient volontiers les légendes et les récits populaires, les aventures romanesques et les scènes familières. Aussi accueillirent-ils avec enthousiasme, au salon de 1827, le *Mazeppa*, de Louis Boulanger, et la *Naissance de Henri IV*, d'Eugène Devéria.

Le tableau de Devéria était, en somme, de nature à plaire à presque tout le monde, aux romantiques, car la mise en scène avait de la vérité, le costume de l'exactitude, et l'aspect général était brillant et pittoresque ; aux classiques, parce que la plupart des têtes y étaient exécutées avec adresse, que les expressions n'y manquaient ni de justesse ni de charme, que la couleur en était agréable et gaie. Ces derniers devaient, du reste, ne pas être fâchés de rencontrer dans la nouvelle école et d'opposer à Delacroix un jeune coloriste de talent dont les qualités, passablement superficielles, n'avaient rien de très-alarmant ; puis la *Naissance de Henri IV* était un pastiche ; et, quoiqu'ils blâmassent en principe les ouvrages de cette espèce, ils ne pouvaient, sans se déjuger, condamner absolument l'imitation des maîtres du passé, ceux-ci fussent-ils Vénitiens. Ils n'avaient pas les mêmes motifs de bienveillance avec le *Mazeppa*, que les romantiques, en revanche, préféraient de beaucoup à la *Naissance de Henri IV* et acclamaient de la façon la plus bruyante. La composition de Boulanger avait de la fougue et du mouvement, son exécution était, à beaucoup d'égards, large et ferme, dans de certaines parties insuffisante et maladroite ; mais ce qui peut-être touchait le plus ses admirateurs, c'était quelque chose d'un peu étrange, qui cependant n'était pas précisément de l'originalité, et une sorte de lyrisme prémédité, et pour ainsi dire affecté, qui ne rappelait que d'assez loin la mâle simplicité du poëme de Byron.

Parmi les jeunes artistes, il y en avait bon nombre qui, ayant des idées très-arrêtées sur la direction qu'ils ne voulaient pas suivre, ne savaient au juste laquelle prendre. Ils hésitaient, tâtonnaient, s'inspiraient tantôt des maîtres anciens, tantôt des modernes, et ne parvenaient pas à se constituer une manière qui leur fût propre. C'était surtout vrai de Scheffer. Il avait précédemment imité Géricault et Horace Vernet : cette année-là, il imitait Delacroix. Ses *Femmes souliotes* n'étaient qu'une réminiscence du *Massacre de Scio*, où tout était amoindri et amolli, le sentiment et le caractère, le dessin et la couleur, et qui ressemblait presque autant à une vignette de keepsake qu'à une véritable composition pittoresque, ce qui toutefois ne l'empêchait pas d'avoir du succès auprès de quiconque n'était pas entiché de classicisme. Chez Ary Scheffer, l'indécision était un vice de tempérament, sa vie artistique tout entière l'a prouvé ; mais chez M. Champmartin, elle était plutôt le résultat des circonstances. Après avoir exposé d'abord une *Communion de la Madeleine*, qui avait fait penser à la peinture espagnole, puis, au salon de 1824, un *Massacre des Innocents*, qu'on avait pu, sans trop d'injustice, comparer à un bas-relief médiocrement composé, peint en camaïeu par un élève de Cimabue, il avait, dans le *Massacre des Janissaires*, tâché de dégager sa personnalité, et n'y avait réussi qu'en partie. Si l'on y remarquait des qualités qui étaient bien à lui, une singulière aptitude à saisir et à rendre avec vérité le geste et l'expression, une exécution hardie, brillante, facile, quelquefois même trop facile et frisant l'improvisation, on y sentait aussi l'influence très-évidente de l'école anglaise contemporaine.

Les peintres anglais avaient toujours eu pour guide des principes en complète contradiction avec ceux que l'autorité de David avait, pendant tant d'années, fait partout triompher en France et même en Europe. Disciples des Flamands, des Hollandais et des Vénitiens quant à la pratique de l'art, ils ne poursuivaient nullement la réalisation de formes absolues ou de types éternels, et s'inspiraient plus volontiers de la nature que des chefs-d'œuvre du passé. En toutes choses ils étaient de leur temps et de leur pays, et se distinguaient par une grande sincérité d'impression, par une incontestable originalité d'invention. Quelques-uns d'entre eux, unissant un esprit d'observation très-exercé et un scrupuleux amour de l'exactitude à un rare instinct poétique et pittoresque, à l'habile emploi des ressources de l'art, savaient parfois s'élever jusqu'à l'idéalisation des races et des mœurs modernes. Thomas Lawrence, en ses bons jours, y excellait. Les portraits exposés par lui au Salon de 1824, avaient tout d'abord attiré l'attention des artistes de la nouvelle école, qui ne tardèrent pas à s'enthousiasmer pour cette facture à la fois brillante et libre, spirituelle et délicate. Celui du jeune Lambton, en 1827, ne pouvait que les confirmer dans leur admiration. C'était, en effet, malgré des bizarreries et des négligences, une œuvre vraiment digne de l'artiste qui a dit un jour : « Après quelques années d'étude, tout homme peut copier un œil, Titien peint un regard. » La pose nonchalante et gracieuse, la physionomie juvénile et aristocratique, les yeux d'une exquise pureté avaient un charme extrême, très-particulier. « Le caractère du peintre, écrivait à propos du jeune Lambton H. Beyle, qui, s'il dédaignait les coloristes et principalement les coloristes du Nord, aimait fort l'audace et la franchise en art, sa manière de sentir les événements de la vie se fait jour à travers la façon de peindre, assez disgracieuse, de son pays, et c'est pour cela que le nom de Lawrence est immortel. Cette individualité, qui laisse un souvenir profond, est ce qui manque à la plupart de nos tableaux[1]. »

[1] *Revue trimestrielle*, 1828. Salon de 1827.

Nos jeunes artistes étaient loin de partager les préventions de Beyle contre les coloristes. Ils approuvaient tout sans restriction dans le jeune Lambton, le sentiment individuel nettement accusé et aussi le mode d'exécution. Ils considéraient même en général celui-ci comme le point le plus important des deux. Désireux surtout de s'approprier les procédés employés par Lawrence, par Constable, et quatre ou cinq autres peintres anglais qui envoyaient de leurs ouvrages à nos Salons, ils ne s'inquiétaient pas beaucoup d'exprimer des idées et des sentiments qui leur appartinssent en propre, et en empruntaient au besoin à ceux qu'ils prenaient pour modèles. Trop souvent, à cet égard, ils se contentaient d'à peu près, et arrivaient à de fâcheuses incohérences, soit en reproduisant des pensées mal conçues, mal comprises, ou qu'ils ne s'étaient pas complétement assimilées, soit en cherchant à rendre des pensées d'un certain ordre par des moyens pittoresques peu en harmonie avec elles. Mais tous ne commettaient pas des fautes de ce genre. Plusieurs parmi eux avaient fait une étude approfondie de la peinture anglaise, y avaient appris à ne reculer devant aucune difficulté, devant aucune hardiesse, à interpréter un sujet selon sa véritable et distinctive signification tout en restant dans les vraies conditions de l'art, en avaient adopté les méthodes, y avaient acquis une habileté de main peu commune, et cependant n'avaient rien sacrifié de leur personnalité.

Bonnington était comme un trait-d'union entre les deux écoles. Né en Angleterre, il était venu en France dès l'âge de quinze ans et était entré à l'atelier de Gros. Il avait été en tout temps assez irrévérencieux pour les doctrines qu'on y professait; mais l'enseignement technique qu'il y avait reçu n'avait pu que développer en lui le goût de l'ampleur et de la fermeté du dessin. Ses études d'après les maîtres flamands et vénitiens l'avaient habitué à peindre avec une solidité et une sûreté peu ordinaires dans l'école où s'était commencée son éducation artistique. Doué d'ailleurs des plus heureuses facultés, et toujours fidèle aux tendances de sa nation, il savait découvrir les élégances de la nature et donner de l'intérêt, ou même une sorte de cachet poétique, aux moindres choses sans leur rien faire perdre de leur vérité. M. Delécluze, à qui la peinture anglaise était cependant fort antipathique, avait été lui-même obligé de reconnaître que dans *Des Pêcheurs débarquant du poisson*, exposés par Bonnington en 1824, les effets blafards du ciel et de la mer sur les côtes de la Manche étaient rendus avec une justesse et une délicatesse vraiment dignes d'éloges. Depuis, Bonnington n'avait cessé de progresser, et il avait prouvé dans une foule d'aquarelles et de tableaux de petite dimension, qu'il avait à un haut point le sentiment de la belle tournure, l'intelligence de la composition et du style. « Sa *Vue du palais ducal à Venise* est un chef-d'œuvre, s'écriait en 1827 un critique d'opinion moyenne, à égale distance des romantiques et des classiques. J'aime mieux cela que les Canaletti, si justement vantés. Vivacité, fermeté, effet, couleur, largeur de touche, il y a tout dans ce tableau, où les eaux sont admirables. Les figures ne sont qu'indiquées, mais si grandement[1] ! »

Le jeu de la lumière sur les corps animés ou inanimés, les modifications d'aspect qu'elle leur fait subir, les significations diverses qu'elle peut donner à une composition, toutes choses que les peintres du temps de la Révolution et de l'Empire avaient, à deux ou trois exceptions près, en assez médiocre estime, préoccupaient beaucoup les meilleurs de nos jeunes artistes. Bonnington en avait pour ainsi dire l'intuition. L'effet dans chacune de ses œuvres était net, précis, et, si imprévu fût-il, toujours vraisemblable : il semblait être une copie exacte et directe de la réalité plutôt qu'une combinaison artificielle, et n'en était pas moins plein de finesse et d'éclat. Bonnington, en cette partie de l'art, était évidemment supérieur à la plupart des peintres de la nouvelle école, qui souvent n'éclairaient les objets d'une façon saisissante et originale qu'aux dépens de l'unité, de la franchise ou même de la possibilité de l'effet. Ainsi Poterlet, jeune peintre de talent qui débutait au Salon de 1827, n'était pas à cet égard complétement exempt de reproche. Suivant un cri-

[1] *Esquisses, croquis, pochades* ou *Tout ce qu'on voudra sur le Salon de* 1827, par A. Jal, 2e liv. 1828.

tique non malveillant, son sujet tiré de *Peveril du Pic* était une composition ingénieuse et piquante, d'un très-joli ton, à la fois brillant et solide ; mais il n'aurait peut-être rien perdu de son charme si la lumière, l'ombre, les reflets n'y avaient pas été aussi capricieusement jetés sur les figures, ce qui en faisait une espèce de gros mensonge pittoresque.

Bonnington, qui devait mourir peu de mois après, vers la fin de 1828, avait vu dans la lumière la fête des yeux, l'embellissement et la grâce de la nature ; Delacroix y avait cherché et trouvé un moyen d'interprétation et d'expression dramatique. Son œuvre capitale au Salon de 1827, ce n'était ni le *Christ au jardin des Oliviers*, assez pauvre tableau, presque banal de conception et de facture, ni le *Sardanapale*, où certaines beautés de détails ne rachetaient pas la confusion de l'ensemble ; c'était le *Marino Faliero*, dont un grand parti d'ombre et de lumière définissait, accentuait le caractère et la signification. Cependant la plupart des critiques, quoiqu'ils n'en contestassent pas absolument le mérite, mettaient le *Marino Faliero* fort au-dessous du *Christ au jardin des Oliviers*. L'un prétendait que la scène était disposée « d'une manière pittoresque, mais non historique ou, si l'on aime mieux, poétique ; » l'autre accusait Delacroix « d'être entiché de la noblesse du genre historique, de mépriser à tort la pratique un peu minutieuse du *chevalet*, de négliger de constater sa pensée par un trait net et pur, et à plus forte raison d'étendre et de fondre sa couleur; » un troisième déclarait que, si Delacroix avait cru faire de la peinture, il s'était étrangement trompé, mais que, s'il n'avait voulu qu'écrire avec son pinceau une page d'histoire, il avait merveilleusement réussi. Il y en avait qui s'étonnaient que Delacroix eût osé placer au milieu de son tableau un grand escalier de marbre blanc à peu près inoccupé, divisant les figures en deux groupes distincts, celui d'en haut et celui d'en bas, et qui disaient que par là il avait violé les lois de la composition pittoresque. Ceux-ci, qui, au fond, n'étaient peut-être pas hostiles à l'école nouvelle, oubliaient ou ne s'apercevaient pas que les lois au nom desquelles ils parlaient sont tout de convention, qu'elles n'ont rien d'essentiel ni d'absolu, et qu'elles étaient précisément de celles dont il y avait lieu de s'affranchir. Ce qu'ils défendaient, c'était le mode de composition historique en usage dans l'école française, lequel est analogue à celui de la mise en scène théâtrale, et a presque toujours consisté à placer au centre le personnage principal, autour de celui-ci les acteurs secondaires, puis aux angles des figures qui le plus souvent ne prennent aucune part à l'action et ne servent qu'à combler des vides. Or les maîtres italiens, flamands ou hollandais, n'ont jamais hésité à procéder autrement toutes les fois que le sujet qu'ils avaient à traiter l'exigeait, et Delacroix, qui en avait choisi un de ce genre, n'avait fait, en n'observant pas une règle arbitraire, que suivre leur exemple et se conformer à la vraie et saine tradition. Pour rester fidèle à la vérité, à l'exactitude historique, il avait laissé une très-grande importance à l'escalier du palais ducal, il n'avait donné à ses personnages que des attitudes et des physionomies calmes ou plutôt impassibles; mais, grâce à l'éclat, à l'habile disposition de la lumière, il avait en quelque sorte tout animé, tout vivifié, et avait su rendre la scène émouvante par la splendeur de l'aspect.

II

Les peintres de la jeune école, s'ils avaient définitivement renoncé aux méthodes et aux habitudes de leurs prédécesseurs immédiats et montré combien il était utile et sensé d'user de certaines ressources pittoresques trop longtemps dédaignées par ceux-ci, marchaient un peu à l'aventure quant à l'ordre des idées et aux sources d'inspiration. Les événements parurent un instant devoir leur indiquer la route à suivre. Les querelles littéraires étaient devenues de plus en plus vives pendant les dernières années de la Restauration. Les romantiques avaient fait leur déclaration de principes et publié leur manifeste, ils avaient abordé le théâtre, et, nonobstant la gravité des circonstances, l'agitation et les discussions politiques, ils avaient excité l'intérêt d'une partie du public et visiblement gagné du terrain, quand la Révolution de juillet vint offrir à l'art et à la poésie l'occasion de traiter des sujets historiques au premier chef, en exprimant des pensées élevées, d'un caractère et d'un sentiment tout modernes. La plupart des artistes dont il a été question précédemment, n'en tirèrent pas néanmoins grand avantage. Au Salon de 1831, M. Champmartin avait de beaux portraits, d'une couleur harmonieuse et transparente, d'une exécution simple, franche et solide; mais les compositions de Scheffer ne marquaient ni un progrès ni un changement particulier dans sa manière, sauf peut-être la *Marguerite*, qui avait une espèce de grâce maladive; celles de Devéria étaient d'un goût mesquin, fort inférieures de tous points à la *Naissance de Henri IV*; le *saint Jérôme* de Sigalon, d'un dessin très-savant et très-étudié, péchait par l'excès même de ses qualités et ne valait pas la *Locuste*; le *Départ du roi pour l'Hôtel-de-Ville*, de Louis Boulanger était un tableau des plus médiocres qui avait le charme d'un procès-verbal et manquait absolument de grandeur et de poésie.

Delacroix, au contraire, avait été, semble-t-il, fortement impressionné par la guerre des rues, par les journées révolutionnaires, par l'explosion d'ardentes et généreuses passions qui les avait accompagnées ou suivies. La *Liberté* était une œuvre pleine de verve, d'émotion, d'enthousiasme, et que distinguaient une exécution vigoureuse, serrée et complète, une conception vraie, énergique et hardie, où palpitait l'âme, le génie de la révolution qui venait de s'accomplir. Elle ne fut cependant goûtée ni de la foule, ni des critiques de la presse dite avancée. L'un de ceux-ci, imbu des principes d'un philosophisme étroit et pédantesque, déclarait bravement que la liberté constitutionnelle est moins favorable qu'on ne le pense aux grands travaux d'art et que le despotisme seul a enfanté des chefs-d'œuvre. Partant de là, il se livrait à des considérations transcendantales sur l'idéalisation du laid qui succédait à l'idéalisation du beau, et annonçait la décadence, puis il terminait en protestant contre les tendances « matérialistes » de l'école, en blâmant formellement le sujet de la *Liberté* et la vérité de représentation telle que Delacroix l'avait entendue. Un autre, dans la chaleur de son zèle démocratique, accusait Delacroix d'avoir caricaturé la révolution pour complaire aux doctrinaires qui voulaient en faire un objet d'horreur et de dégoût, et d'avoir tâché de déshonorer le peuple en le montrant couvert de vêtements pauvres et délabrés, avec des physionomies soucieuses et rudes, des mains sales et calleuses. Ce courtois et intelligent sectaire ne manifestait pas précisément le désir de ne voir jamais peindre les prolétaires des barricades qu'en Adonis et en Achille, mais il affirmait qu'un pinceau pareil à celui de Delacroix « ne doit pas approcher d'un sujet patriotique. »

M. Delécluze et quelques-uns de ses confrères,

quoiqu'ils n'allassent pas aussi loin et fussent même plus indulgents qu'à l'ordinaire, n'avaient en définitive aucune sympathie pour la *Liberté*, et Gustave Planche était à peu près le seul qui appréciât celle-ci comme il convenait et rendît justice à Delacroix. Il était de « cette race nouvelle et grave, née d'hier, si grande et si puissante aujourd'hui, chargée d'une mission spéciale et sérieuse, appelée à régénérer la société, à renouveler les institutions » de cette race qui ne supposait pas que le triomphe de la révolution dût « rester sans influence sur les arts de l'imagination[1] ; » et il s'efforçait de substituer dans la critique le raisonnement et l'analyse aux divagations pompeuses et vides. Il étudiait l'ensemble et les détails de la *Liberté*, n'en dissimulait pas les défauts, en signalait les qualités, désapprouvait en principe l'alliance de l'allégorie et de la réalité, mais reconnaissait qu'elle donnait à la composition une idéalité dont, sans elle, celle-ci eût été dépourvue, et finissait par constater que la *Liberté* était « tout simplement le plus beau tableau du Salon. » Parmi les œuvres qu'avait inspirées la Révolution de juillet, il n'en voyait qu'une qui, avec la *Liberté*, mais « à une distance lointaine, » fût raisonnable et poétique ; c'était un tableau de M. Jeanron, alors à ses premiers débuts, les *Petits patriotes*, « spirituellement composés, d'un dessin facile, naïf, d'une couleur as-

[1] Gustave Planche. *Salon de* 1831. In-8.

sez vraie. » Quand, après un examen attentif et minutieux des principaux ouvrages exposés, il essayait de se résumer et de formuler une opinion sur le caractère général du Salon, il arrivait encore au même résultat, et en concluait, d'une part l'envahissement de la peinture d'histoire par le drame « désormais première condition de toute peinture, » de l'autre « l'avénement prochain et définitif » de Delacroix — et de Decamps, que nous retrouverons ailleurs.

Quelque fondées et logiques que fussent les prévisions de Planche, la suite des faits ne les justifia guère. Sous la Restauration, une commission où les amateurs et les fonctionnaires plus ou moins compétents, qui en faisaient partie, combattaient, parfois avec succès, les tendances rétrogrades de la majorité, formée d'académiciens, décidait de l'admission ou du rejet des ouvrages envoyés au Salon. Après les journées de juillet, cette commission mixte avait été remplacée par l'Académie des Beaux-Arts, qui était devenue toute puissante. Issu d'une révolution accomplie au nom du droit et du respect des lois, le gouvernement désirait sans doute éviter dans l'organisation du jury tout ce qui pouvait ressembler à de l'arbitraire ou à du bon plaisir. Il avait trouvé trop radical de supprimer le jury ou de le faire élire par les exposants, ainsi qu'il en avait d'abord été question ; il n'avait pas voulu le choisir individuellement et de sa propre autorité dans les divers groupes d'artistes, d'amateurs ou de fonctionnaires ; et il s'était adressé, pour le jugement des œuvres présentées, au seul corps artistique qui fût régulièrement constitué, qui eût une existence officielle et légale. Rien n'était plus juste et plus raisonnable en apparence, rien ne l'était moins en réalité. L'Académie, par le nombre limité de ses membres, surtout par la façon dont elle se recrutait, ne représentait en somme qu'elle-même; la laisser maîtresse d'ouvrir ou de fermer à son gré les portes du Salon, c'était remettre les destinées de la portion jeune et vivace de l'école entre les mains de ses adversaires déclarés, des ennemis de toute réforme et de tout progrès. Son pouvoir dictatorial au Salon une fois établi, elle fut consultée sur toutes les choses de l'art; elle prétendit, sinon très-ouvertement au moins effectivement, à la prépondérance en tout et partout, elle l'eut, et le montra de reste.

Dans l'effervescence causée par la victoire populaire, on avait résolu de commander la reproduction de plusieurs grandes scènes de notre histoire révolutionnaire. A la demande des artistes qui avaient cru y voir une garantie d'impartialité, des concours pour ces différents travaux avaient été ouverts; Delacroix y avait cette belle esquisse du *Boissy d'Anglas*, que maintenant tout le monde connaît et apprécie hautement, cette esquisse si prodigieuse de verve, de mouvement, de vérité, de caractère et aussi de science pittoresque; M. Chenavard, celle d'un *Mirabeau* que distinguaient de très-remarquables et très-solides qualités; E. Devéria, celle d'un *Serment du 9 août* que, selon Planche, les artistes et les critiques avaient, d'un consentement unanime, placée au-dessus de toutes les autres. Ni ces esquisses, ni aucune de celles qu'avaient envoyées des peintres de la jeune école n'avaient fixé l'attention du jury qui, à chacun des trois concours, avait été chargé de désigner la plus digne, et dans lequel dominait l'élément académique. On leur avait préféré d'honnêtes et laborieuses médiocrités, aussi dénuées de style que d'invention. Ce déni de justice était si criant que Planche, qui jamais ne parla plus nettement qu'à cette époque, ne se fit pas faute de protester : « La génération nouvelle qui s'élève et qui grandit, disait-il, composée surtout de talents individuels et distincts, libre, allant où elle veut, suivant avec complaisance ses moindres caprices, ne saurait faire cause commune et se coaliser comme l'Institut actuel et l'Institut futur; car, on le sait, le prix de Rome est un marchepied indispensable mais sûr pour arriver à l'Institut... Or, le *Mirabeau* de M. Chenavard, le *Boissy d'Anglas* de Delacroix, le *Serment* d'E. Devéria promettaient à la France d'admirables compositions; mais ils avaient affaire à une armée de lauréats dès longtemps aguerrie, à une phalange serrée, incntamable, indestructible... Il reste encore deux tableaux à donner. Que le ministre, aujourd'hui qu'il est temps encore, se hâte de réparer une première faute; qu'il désigne lui-même, fût-ce au hasard ou d'après une popularité établie, les peintres à qui ces travaux devront être confiés. La loterie ou le doigt mouillé vaudraient mieux cent fois que les jurys tels qu'ils les compose. Le talent vrai, le talent indépendant, placé en dehors des intrigues et des coteries, aurait des chances plus nombreuses et plus réelles[1]. »

Les artistes de la jeune école surent dès lors ce qu'ils avaient à attendre de l'Académie et du régime académique. Il y avait un évident parti pris de les éloigner des grands travaux. Ceux qui jadis avaient, jusqu'à un certain point, consenti à les tolérer, à les discuter, ne songeaient plus qu'à leur opposer des barrières à peu près insurmontables, tant qu'ils n'auraient pas changé de direction et de principes. Les événements politiques, qui semblaient devoir amener nécessairement leur émancipation définitive et complète, aboutissaient pour eux à une déception : loin de s'être améliorée, leur situation avait empiré. Beaucoup d'entre eux, effrayés par la résistance qu'ils rencontraient, renoncèrent peu à peu au grand art et s'adonnèrent à des genres inférieurs, sans toutefois se convertir à ce que l'on est convenu d'appeler les saines doctrines. Mais quelques-uns, bien plus irrités que découragés, ne voulurent faire de concessions d'aucune sorte, et n'hésitèrent pas à continuer, dans des condition inégales et défavorables, la lutte

[1] *Salon de* 1831, in-8.

semi-courtoise qu'ils avaient engagée sous la Restauration.

Au premier rang de ceux-ci était Delacroix. L'issue des concours ne l'avait nullement ébranlé. Il dut regretter de ne pouvoir exécuter sur une vaste toile sa belle esquisse du *Boissy d'Anglas*, mais il pressentit peut-être que, l'enthousiasme politique une fois calmé, on ne tarderait pas à se dégoûter des sujets empruntés à l'histoire de la Révolution, et il puisa à d'autres sources. Il s'en alla au pays de la lumière et du soleil chercher des impressions nouvelles, demander des exemples vivants de style et de simplicité grandiose à des peuples quasi primitifs et à demi-sauvages. Il y fut tellement ébloui de ce qu'il voyait, qu'il ne croyait pas tirer jamais grand parti de l'ample provision d'études, de croquis, de renseignements de tout genre qu'il en rapporterait : « Loin du pays où je les trouve, écrivait-il pendant son séjour au Maroc, ce sera comme des arbres arrachés de leur sol natal; mon esprit oubliera ces impressions, et je dédaignerai de rendre imparfaitement et froidement le sublime vivant et frappant qui court ici dans les rues et vous assassine de la réalité! Imagine, mon ami, ce que c'est que de voir couchés au soleil, se promenant dans les rues, raccommodant des savates, des personnages consulaires, des Catons, des Brutus, auxquels il ne manque même pas l'air dédaigneux que devaient avoir les maîtres du monde; ces gens ne possèdent qu'une couverture dans laquelle ils marchent, dorment et sont enterrés, et ils ont l'air aussi satisfaits que Cicéron devait l'être de sa chaise curule. Je te le dis, vous ne pourrez jamais croire à ce que je rapporterai, parce que ce sera bien loin de la vérité et de la noblesse de ces natures. L'antique n'a rien de plus beau. Il passait hier un paysan qui était f... comme tu vois ici : plus loin, voici la tournure qu'avait, avant-hier, un vil Maure auquel on donne vingt sous. Tout cela en blanc comme les sénateurs de Rome et les panathénées d'Athènes[1]. »

Son voyage en Afrique n'eût-il eu d'autre avantage que de le mettre à même de contempler des êtres humains agissant à tous les moments de leur existence avec une gravité native, avec une singulière noblesse d'attitude et de gestes, et de le confirmer dans la pensée qu'il n'y a nulle incompatibilité entre la passion ou le mouvement et un style élevé, qu'il eût certes été pour lui d'un intérêt considérable. Mais, contrairement à ce que Delacroix supposait, et sans parler des remarquables esquisses ou tableaux de chevalet qu'il multiplia plus tard, ce voyage lui fournit en outre l'occasion de déployer, dans une de ses œuvres les plus complètes et les plus réussies, des qualités qu'on ne lui connaissait pas encore. Une certaine violence de sentiment ou d'effet caractérisait la plupart de ses productions an-

[1] *Lettres d'Eugène Delacroix*. Gazette des Beaux-Arts, août 1865.

térieures ; ce qui, au Salon de 1834, recommandait surtout les *Femmes d'Alger*, c'était le calme, la sérénité de la composition, le charme extrême de la peinture prise en elle-même. La savante distribution de la lumière, la magie du clair-obscur, la finesse, l'éclat et l'harmonie des tons, l'art avec lequel étaient indiqués et colorés les moindres détails, la beauté et la variété de la facture n'y pouvaient être niés ou même contestés. Aussi les critiques appartenant au parti académique ne l'essayèrent-ils pas. Ils laissèrent seulement entendre que c'était là des mérites d'un ordre inférieur qui ne compensait pas la laideur des formes, et cependant Planche, qui, malgré sa sympathie pour le talent de Delacroix, soumettait les ouvrages de celui-ci à une sérieuse et impartiale analyse, ne découvrait dans les *Femmes d'Alger* qu'une « incorrection facile à redresser, » un défaut de proportion entre les bras d'une des figures, et il y louait le dessin, le caractère des têtes et des attitudes, l'ajustement des vêtements non moins que la couleur et la disposition de l'effet.

Parmi les artistes et les critiques qui avaient débuté vers 1831, il y en avait quelques-uns qui, en art, mettaient l'imagination au second rang et pensaient que sous la Restauration on en avait abusé. Ils estimaient avant tout l'exactitude et la précision du rendu, appelaient vigueur et vérité ce qui souvent n'était au fond que lourdeur et vulgarité, professaient une très-grande et presque exclusive admiration pour l'école du Caravage, et se qualifiaient eux-mêmes de *naturalistes*. Ils se rattachaient par quelques côtés au mouvement d'idées qui datait de 1822, et s'en séparaient par d'autres. Il y aura lieu de leur consacrer une étude spéciale; mais il n'est pas inutile de noter ici leurs opinions sur les ouvrages d'un ou deux de ceux qui avaient le plus activement contribué à la rénovation de la peinture. La *Bataille de Nancy* de Delacroix leur paraissait un tableau aussi mal conçu que faiblement exécuté. Quoiqu'ils reconnussent que la mort de Charles le Téméraire fût un événement dramatique du plus haut intérêt, ils ne trouvaient pas le sujet heureusement choisi, et blâmaient Delacroix de n'avoir pas représenté le duc de Lorraine, ses gentilhommes et quelques paysans suisses contemplant le cadavre du duc de Bourgogne, à demi enfoncé dans la vase d'un étang et la tête à demi-dévorée par les loups ainsi que le raconte l'histoire. Ils s'étonnaient qu'il se fût permis de montrer Charles de Bourgogne à cheval, attaqué et tué par un cavalier lorrain, alors que tout « tend à prouver qu'il fut assassiné à l'écart, dans l'obscurité du brouillard et la confusion de la déroute et qu'il avait les deux cuisses percées d'un même coup de pique, lequel n'avait pu lui être donné qu'après qu'il eût été démonté. » Donc les naturalistes croyaient déjà qu'on ne doit reproduire les faits historiques que strictement tels qu'ils se sont passés, sinon même qu'on ne saurait peindre que ce qu'on a vu et touché, comme plusieurs l'ont affirmé depuis, et ils n'avaient de la mission de l'art et des droits de l'invention poétique qu'une notion assez incomplète. Ils n'en étaient que plus exigeants au point de vue technique. Adversaires déterminés de l'Académie et de son enseignement, ils étaient néanmoins, à de certains égards, presque aussi pointilleux que les coryphées du parti académique, et, à l'exemple de ceux-ci, tout en admirant les *Femmes d'Alger*, quant à la couleur et au clair-obscur, ils regrettaient de ne pas y voir « un peu plus de sévérité dans les formes[1]. »

Les critiques naturalistes prenaient volontiers une exécution laborieuse et patiente pour un faire savant et précis; et l'originalité, l'élévation, l'élégance, le charme véritable dans les choses de l'art leur échappaient et devaient toujours leur échapper en partie. Mais s'ils n'avaient guère raison quand il s'agissait de Delacroix, ils n'avaient pas tout à fait tort lorsqu'ils parlaient de M. Champmartin. Les portraits que celui-ci avait envoyés au Salon de 1834 marquaient en effet un temps d'arrêt dans sa manière, sinon un pas arrière. Arrangés, composés avec goût, agréables d'aspect comme à l'ordinaire, ils étaient plutôt ébauchés que peints, peu construits et manquaient de relief. Portés, par tempérament et par système, à en apprécier les qualités beaucoup moins

[1] Gabriel Laviron. *Salon de* 1834, in-8.

que les défauts, les naturalistes protestèrent contre la réputation faite pendant les années précédentes « à ces têtes désossées, à cette couleur blafarde, à ces mains sans consistance, à cette peinture lissée, unie, polie, beurrée, blaireautée, à cette fadeur partout également répandue sur toute la toile. » Ils allaient peut être trop loin, ils se servaient de termes peut-être excessifs, d'une franchise presque brutale; cependant leurs observations n'étaient pas dénuées de justesse, et Planche, qui certes n'avait jamais été hostile pour M. Champmartin, disait lui-même des portraits de cet artiste : « C'est toujours la même élégance et la même facilité; mais toujours aussi la même insuffisance et la même tricherie[1]. »

Les jeunes révolutionnaires de 1822 étaient arrivés à l'âge viril, aussi la critique était-elle en droit de leur demander autre chose que des à peu près, des indications sommaires, et ses observations à propos de la facture incomplète de M. Champmartin étaient-elles parfaitement légitimes. Ceux, en petit nombre, qui visaient toujours à la peinture d'histoire ou parfois s'adonnaient au portrait (le portrait, à plusieurs égards, est encore de la peinture d'histoire), le comprenaient, et ils se préoccupaient au moins autant de l'exécution que de la conception de leurs œuvres. Ainsi Scheffer mettait tout le soin possible à rendre sa pensée, et, s'il n'y réussissait pas, ce n'était point

[1] *Revue des Deux-Mondes*, Salon de 1834.

par suite de négligences du genre de celles qu'on reprochait avec raison à M. Champmartin. Les défauts très-évidents de ses tableaux tenaient surtout à la nature des idées qu'il s'efforçait d'y exprimer. Esprit inquiet, chercheur, indécis, mais ayant des tendances élevées, il aimait les sujets d'un caractère un peu vague, plus philosophique que pittoresque, tels que celui de son *Christ consolateur*, exposé en 1837. Dans cette composition, inspirée par une sorte d'humanitarisme métaphysique, le manque de clarté et d'accent ne résultait en réalité ni d'inhabileté pratique ni de procédés d'improvisation de la part de Scheffer, mais de l'ordre des sentiments dont il était difficile sinon impossible que des formes et des couleurs indiquassent les nuances trop indéterminées ou trop complexes.

Louis Boulanger, qui s'appuyait sur des données plus positives, avait, lui, incontestablement progressé. Son *Triomphe de Pétrarque* était fort supérieur à tout ce qu'il avait produit auparavant. La beauté de l'ordonnance, la grandeur et l'harmonie des lignes, la richesse et l'unité de la mise en scène, la science, la précision et la vigueur de l'exécution en faisaient une des toiles les plus remarquables du Salon de 1836. Les portraits que Boulanger exposait l'année suivante étaient de très-intelligentes et très-heureuses interprétations de la nature, des peintures pleines de souplesse et de fermeté. Celui de Balzac, en particulier, pouvait, disait Planche, « passer pour un des plus beaux ouvrages de l'école française. » Delacroix de son côté ne restait certainement pas en arrière. Son *Saint Sébastien*, en 1836, était une création originale, où régnait une poésie douce, mélancolique et attendrie, où la disposition des lignes, l'exactitude et la vérité du dessin, la gamme un peu assourdie de la couleur étaient merveilleusement en harmonie avec le simple et touchant épisode de ce que Alexandre Decamps, le frère du peintre, appelait « la grande passion de l'humanité. » Sa *Bataille de Taillebourg*, en 1837, prouvait qu'il n'avait rien perdu de l'énergie ni de la fougue qui caractérisaient ses premiers travaux. Bien qu'elle ne fût pas sans défauts, elle était une image si frappante de la guerre, on s'y battait, on s'y tuait avec une telle rage, avec un tel emportement que les gens clairvoyants et non prévenus estimaient qu'elle serait « la seule bataille du Musée de Versailles, la seule qui ne rappelât pas les évolutions de Franconi[1]. »

Le jury néanmoins redoublait de rigueur envers quiconque avait franchement rompu avec les traditions de l'école classique, peintre d'histoire ou sculpteur, peintre de genre ou paysagiste. Ses refus portaient principalement sur les œuvres d'artistes éprouvés, qu'il n'y avait nul espoir de voir s'amender ou changer de direction; ils étaient devenus si nombreux, ils étaient si injustifiables, que M. Delécluze lui-même crut devoir déclarer qu'ils lui paraissaient

[1] Gustave Planche. *Études sur l'École française*. Salon de 1837.

aussi excessifs qu'inutiles. La quatrième classe de l'Institut tint peu de compte des observations de son défenseur habituel. Les émeutes qui avaient agité les premières années du règne de Louis-Philippe avaient été réprimées, l'esprit conservateur commençait à prévaloir en politique, et elle en concluait sans doute que le moment était venu d'user plus sérieusement que jamais de son autorité contre ceux qu'elle continuait à considérer comme les émeutiers de l'art. Elle l'exerçait en particulier sur Delacroix, dont elle refusait une ou deux toiles presque à chaque Salon, et à qui elle semblait vouloir faire chèrement payer les peintures décoratives qu'un ministre ami des arts l'avait, au grand scandale du parti académique, chargé d'exécuter au Palais-Bourbon.

III

Les peintures du Salon du Roi étaient le travail d'art monumental le plus important qui eût été confié à un artiste, depuis la coupole de Gros au Panthéon. Delacroix y trouva l'occasion d'agrandir son style, et il le fit de manière à surprendre ceux-mêmes qui l'admiraient le plus. Obligé par son programme de traiter des sujets allégoriques, il avait rajeuni des thèmes usés en les dramatisant ou du moins en les développant dans une action déterminée. Aux quatre grandes figures du plafond représentant la Justice, la Guerre, l'Agriculture et l'Industrie, correspondaient dans la frise des compositions d'un caractère idéal, où étaient reproduites, sous une forme vivante et moins abstraite, les pensées générales que ces figures personnifiaient. L'ensemble de cette décoration, complétée par des grisailles peintes dans les entrecolonnements, avait un aspect riche et grandiose qui faisait oublier la pauvreté de l'architecture. En dépit des beautés de premier ordre, des inventions ingénieuses, des épisodes pleins de grâce ou de noblesse, qui le recommandaient à l'attention, la plupart des critiques ne parlèrent pas du Salon du Roi. Il semblait qu'une sorte de conspiration du silence fût organisée contre l'œuvre et l'artiste. Seuls, Alexandre Decamps et Planche étudièrent le Salon du Roi avec soin et proclamèrent que Delacroix s'y était surpassé lui-même. « Nous étions habitués dès longtemps, disait Planche, à le voir nouveau dans les choses nouvelles; dans le Salon du Roi, il s'est montré nouveau en traitant un sujet antique. C'est un témoignage éclatant de puissance qui n'appartient qu'à l'union de l'imagination et de la volonté[1]. » Alexandre Decamps ne prétendait pas que les peintures de Delacroix fussent sans tache ni imperfections, mais il en appréciait hautement la clarté, la compréhensibilité, l'originalité si difficiles à atteindre lorsque, désireux d'éviter tout plagiat, on a à

[1] *Revue des Deux-Mondes*, 1837.

interpréter de vieilles traditions, à transformer des types consacrés, et par dessus tout il en louait l'exécution technique. Il affirmait que jamais l'art moderne n'avait offert d'ouvrages qui rappelassent mieux la belle peinture italienne, et il signalait en particulier la frise comme renfermant les qualités les plus rares et les plus éminentes qu'on puisse rencontrer dans l'œuvre d'un peintre[1]. Le Salon du Roi était en effet peut-être moins remarquable par la conception, qui, bien qu'empreinte d'une personnalité très-marquée, avait pour point de départ des données anciennes et rebattues, que par la facture où Delacroix venait de prouver, de la manière la plus incontestable, son aptitude aux grands travaux décoratifs et de haut style.

Quelques critiques, assez mal disposés à l'ordinaire pour Delacroix, finirent cependant par reconnaître que les peintures du Salon du Roi avaient une très-réelle et très-sérieuse valeur. M. Delécluze, entre autres, allant les voir deux ans après leur achèvement, y constatait « des lignes jetées avec aisance et grandeur, des personnages dont les mouvements étaient vifs quoique nobles; des airs de tête où régnait la fantaisie sans qu'elles eussent rien de bizarre; des accessoires admirablement traités; un ensemble de composition, mérite remarquable dans un ouvrage de cette nature, qui plaisait au premier

[1] *National*. 1838.

coup-d'œil et gagnait à être observé dans ses détails et avec attention[1]. » Déjà l'année précédente, à propos de la *Médée*, il s'était montré d'une bienveillance inaccoutumée à l'égard de Delacroix. Ce sujet emprunté à l'antiquité, ces figures allégoriques lui paraissaient probablement annoncer que l'auteur du *Massacre de Scio* arrivait enfin à résipiscence. Un coryphée du romantisme, grand partisan de l'art pour l'art et de la couleur locale, commettait du reste une méprise analogue, lorsqu'il appelait en 1840 la *Justice de Trajan* « un ouvrage de la seconde manière de Delacroix, de celle où il s'inspirait des Grecs et des Romains », tout en avouant, il est vrai, que ses Grecs et ses Romains ne ressemblaient guère à l'idée qu'on s'en fait d'après les statues et les bas-reliefs. Ainsi que M. Delécluze, il confondait un changement de sujets avec un changement de manière.

Delacroix n'avait en réalité modifié ni sa méthode ni son point de vue. Il avait simplement perfectionné l'une, élargi et étendu l'autre. Il demandait à l'histoire de l'antiquité, ou aux récits de la fable, les motifs de quelques-unes de ses compositions, ce qu'il n'aurait peut-être pas fait quinze ans auparavant; mais il songeait évidemment bien moins à en reproduire le caractère original qu'à en donner une traduction personnelle, une interprétation toute

[1] *Journal des Débats*, Salon de 1850.

moderne. En dépit du sujet et du costume, il ne cherchait nullement, semble-t-il, à imiter l'art grec ou l'art romain, il n'essayait pas d'atteindre au calme, à la gravité de style de la statuaire antique, et, ne concevant ses personnages qu'animés de passions et de sentiments humains, il restait et voulait rester le peintre plein de fougue et de mouvement qu'il avait toujours été. Un critique qui n'était, à bien prendre, ni classique, ni romantique, ni éclectique, et jugeait sainement des choses de l'art, Pr. Haussard, ne s'y trompait pas. Dans la *Médée*, dans la *Cléopâtre*, dans la *Justice de Trajan*, il voyait de l'antique compris à la façon de Shakespeare ou de Byron, de l'antique à peu près du même genre que celui du *Sardanapale* de 1827. Suivant lui, les personnages de la *Justice de Trajan* étaient bien « de la race des statues antiques, mais dérangées de leurs poses et de leurs plis, jetées du piédestal dans la vie, agitées de notre sang et de nos émotions, » et cela suffisait à prouver que Delacroix, en pleine possession de son talent, n'avait pas dévié de sa route, qu'il obéissait toujours aux mêmes principes. Il s'élevait en outre contre ceux qui refusaient, naïvement ou non, tout art de dessin à Delacroix ; il montrait celui-ci négligeant « le détail ou le membre dont on étudie scrupuleusement les os et les muscles, et dont on trace avec pureté la silhouette ou la ligne extérieure imaginaire, comme le ferait un élève à l'Académie, » et lui préférant « l'aplomb, les grandes attaches, le jeu souple et vrai de toute une figure, la palpitation, la vie du corps et des membres, cette infinie variété de poses franches et de justes mouvements qu'impriment toutes les affections morales ; » enfin, il définissait en termes excellents « ce grand dessin de la composition qui vaut par le choix et l'harmonie de toutes les lignes, par la force et la beauté de la silhouette générale et qui fait qu'on admire l'ensemble plus encore que le groupe, le groupe plus que la figure, la figure plus que la partie[1]. »

Ces précieuses qualités compensaient largement, à ses yeux, dans la *Justice de Trajan*, bien des incorrections et des inégalités ; ne les rencontrant pas à un égal degré dans l'*Entrée des Croisés à Constantinople*, exposée en 1841, il parlait avec moins d'enthousiasme de cette toile, où, toutefois, il signalait « le groupe des cavaliers, invention pleine de grandeur et de fierté chevaleresque, le groupe des deux femmes, beau et pathétique ; la jeune fille, vue de dos et qui s'incline en suppliant pour son père, d'une tendresse et d'une grâce ravissante ; le dessin de toutes les draperies, souple et vivant, étude et mérite nouveau chez l'artiste[2] ». L'ensemble de la composition n'y avait peut-être pas, en effet, autant d'ampleur et d'unité que dans la *Justice de Trajan* ; mais, en revanche, on n'y apercevait pas une seule grosse faute de dessin, et les fonds y étaient d'une

[1] *Temps*. Salon de 1838.
[2] *Temps*. Salon de 1841.

rare beauté. La couleur générale de ce tableau déroutait d'ailleurs un peu Haussard et la plupart des critiques qui reprochaient à l'*Entrée des Croisés*, les uns d'avoir une tonalité trop tempérée, les autres de ressembler à une tapisserie des Gobelins. Le souvenir de l'éclat splendide qui distinguait la *Justice de Trajan* leur faisait prendre pour un affaiblissement des tons et une atténuation des vigueurs l'harmonie puissante et tranquille qui résultait d'une combinaison de tons plus habile, d'un équilibre des vigueurs plus méthodique et plus parfait. Jamais Delacroix n'avait déployé une science aussi complète, aussi positive, comme peintre et comme coloriste. Si, par la fougue de l'imagination et la magnificence du spectacle, la *Justice de Trajan* se place au-dessus de l'*Entrée des Croisés à Constantinople*, celle-ci lui est certainement supérieure par la fermeté, la précision et la sûreté de l'exécution ; quiconque a vu ces deux toiles à côté l'une de l'autre à l'Exposition universelle de 1855, et a pu les comparer, ne conserve plus aucun doute à cet égard[1].

[1] Les beaux travaux de M. Chevreul sur ce qu'il a appelé la *loi du contraste simultané*, sur le *contraste successif* et le *contraste mixte* avaient été publiés en 1839. Delacroix en fut, dit-on, vivement frappé; il y trouvait la confirmation scientifique de ce qu'il avait déjà entrevu et pratiqué empiriquement. L'*Entrée des Croisés à Constantinople* fut, selon toute apparence, exécutée sous cette impression; la loi du contraste simultané y est observée avec la plus intelligente et la plus scrupuleuse exactitude. A Delacroix appartient donc l'honneur d'avoir été le premier à comprendre combien la constatation de cette loi avait d'importance pour l'art et quels services elle pouvait rendre aux artistes. En voici un exemple entre mille. Un

Ary Scheffer continuait à lutter contre un tempérament anti-pittoresque et une éducation artistique insuffisante. Il s'éloignait de plus en plus de la réalité, sinon de parti pris, au moins par nature d'esprit. Il n'avait plus le stimulant des agitations politiques comme au temps des *Femmes souliotes*, il avait à peu près renoncé aux sujets historiques tels que le *Gaston de Foix* ou la *Bataille de Tolbiac*, et il s'inspirait presque uniquement soit des Évangiles, soit des œuvres des poëtes, ou plutôt d'un poëte. S'il s'adressait aux Évangiles, il choisissait en général des épisodes attendrissants dont il transformait la tristesse désolée en pathétique larmoyant. S'il essayait de reproduire des scènes de *Faust* ou de *Wilhelm Meister*, il donnait un aspect mélancolique et souffreteux aux personnages vivants et passionnés de Gœthe. Doué d'instincts généreux, dévoué à des idées nobles

peintre de talent qui n'a pas dans l'art actuel la place qu'il mérite, M. Charles de Serres, a fait une copie réduite de l'*Entrée des Croisés à Constantinople*, lorsque ce tableau était exposé boulevard des Italiens avec un grand nombre d'autres œuvres de Delacroix. La connaissance et l'observation de la loi du constrate ne lui auraient évidemment pas suffi pour mener à bien son travail; mais elles ne lui ont certes pas nui, car elles lui ont permis de procéder plus rapidement et en quelque sorte à coup sûr. « Le temps viendra, disait récemment M. Chevreul, après avoir défini les principes du *mélange des couleurs* et de leur contraste simultané, successif et mixte, dans d'intéressants articles du *Journal des Savants* sur *Les arts qui parlent aux yeux*, le temps viendra sans doute où ces généralités seront considérées comme une des bases de l'emploi de la couleur dans la peinture la plus élevée comme dans la peinture de décor la plus modeste, dans tous les arts qui juxtaposent des couleurs pour la jouissance de la vue. »

mais mal définies, il poussait à l'extrême la recherche de l'expression, le goût d'un spiritualisme nuageux, et sortait trop souvent des véritables conditions de l'art moderne. De coloriste qu'il avait jadis tâché d'être, il s'était efforcé de devenir dessinateur, et n'y avait guère réussi. Son dessin, parfois d'une correction douteuse, était plutôt sec et maigre que ferme ; il manquait de jet et de caractère, et semblait hésiter entre le mouvement et la beauté de la forme. M. Champmartin se contentait toujours d'improvisations d'un charme contestable, où le sentiment et l'étude de la nature faisaient de plus en plus défaut. Louis Boulanger, qui ne pouvait compter comme autrefois sur un public enthousiaste et sympathique, osait et n'osait pas, et n'envoyait plus au Salon que des ouvrages dont des alternatives d'audace et de timidité amoindrissaient singulièrement la signification et la portée. Si bien que Delacroix était le seul qui restât fidèle aux principes proclamés par ceux qui, vingt ans auparavant, avaient tenté la réforme de l'art, le seul qui les représentât pleinement dans la peinture historique et dramatique, le seul qui en fît une application chaque jour plus franche, plus compréhensive et plus savante.

Les artistes révolutionnaires, ou, si l'on veut, novateurs, avaient, sous la Restauration, de la répugnance pour la peinture religieuse. Leurs idées s'accommodaient aussi peu de la tradition catholique que de la tradition académique. Géricault, à qui l'on avait commandé un *Sacré cœur de Jésus* à la suite du Salon de 1819, ne put, à cause du sujet, se décider à l'exécuter. Il proposa ce travail à Delacroix, alors très-jeune, qui l'accepta; mais celui-ci, jugeant probablement à son tour le sujet trop mystique, peignit, au lieu d'un *Sacré cœur de Jésus*, une *Notre-Dame des douleurs* qui, signée de Géricault, fut envoyée aux Dames du Sacré cœur de Nantes[1]. Quelques années après, Delacroix, cherchant dans son *Christ au jardin des oliviers*, à rendre la poésie des Évangiles, sans trop s'écarter des données de l'orthodoxie chrétienne, n'y parvenait qu'à demi. Son imagination, quelque riche et puissante qu'elle fût, n'avait pu complétement suppléer la foi dans la conception d'une scène qui relevait de l'ordre surnaturel et touchait au dogme. L'association de deux principes contraires, l'indépendance de la pensée et l'obéissance à l'autorité de l'Écriture, jetait une certaine froideur sur la composition, qui, louée outre mesure par les adversaires habituels de l'auteur pour sa correction et sa sagesse relatives, avait cependant de l'indécision et de la mollesse. Le Christ n'indiquait précisément ni la placidité attristée du Dieu ni l'agitation douloureuse de l'homme; les anges avaient une grâce qui, bien qu'on pût la qualifier d'ossianique, ainsi que le faisait en 1827 un des admirateurs du tableau, était moins séraphique que féminine. Mais Delacroix, peu disposé à adopter

[1] Chennevières. *Archives de l'art français*, I.

des conventions fondées sur des croyances éteintes, ne devait pas tarder à abandonner ces combinaisons équivoques, et bientôt il se dégagea définitivement des entraves traditionnelles.

Il considéra dès lors la vie des saints, les récits évangéliques comme une histoire poétique analogue à toute autre, quoique peut-être plus noble et plus touchante, et soumise, de même que toute autre, aux interprétations de l'esprit moderne. Il en résulta nécessairement dans ses œuvres religieuses une prédominance très-marquée de l'élément humain et dramatique sur l'élément divin et miraculeux. Tel avait été le caractère de son *Saint Sébastien*, tel fut plus encore celui de sa *Pieta*, exécutée en 1844 pour l'église Saint-Denis du saint Sacrement. La vierge, sublime d'attitude, de geste et de mouvement, est surtout, est avant tout une mère se lamentant près du cadavre de son fils. Elle semble la personnification idéale de l'angoisse immense, du sentiment de l'anéantissement, de l'effondrement de toutes choses dont on est saisi à la mort de ceux qu'on a profondément chéris. Ce qu'elle pleure ce n'est pas seulement le Sauveur du monde, c'est aussi celui qu'elle a porté dans son sein, c'est la chair de sa chair, le sang de son sang. Si violente soit-elle, la douleur qui étreint les saintes femmes et les pieux ensevelisseurs n'approche pas de la sienne. Cette mère éperdue sert pour ainsi dire de diapason à toute la *Pieta*, où l'on n'aperçoit pas une seule dissonance, où tout est lugubre, frémissant et désolé, les personnages et le paysage, l'agencement des lignes et l'harmonie de la couleur, et dont la signification et l'effet sont médités, calculés, fortement voulus. Delacroix n'a pas produit d'œuvre religieuse aussi importante, si ce n'est la dernière, la chapelle des Saints-Anges à l'église Saint-Sulpice ; depuis il n'a traité des sujets empruntés à l'Écriture que sous forme d'esquisses plus ou moins terminées ; mais, là encore, on retrouve la même vive et ferme intelligence des vraies tendances de notre époque.

Malgré les beautés supérieures de l'invention et de la composition, la *Pieta* offrait des défaillances regrettables, des détails, des pieds, des mains, des têtes d'un dessin trop irrégulier, des figures qui, concourant heureusement à la silhouette générale, étaient cependant d'une construction insuffisante. Aucune erreur ou négligence de ce genre ne déparait les peintures de la bibliothèque du Luxembourg, qui furent achevées peu après. Celles-ci étaient aussi remarquables par l'ampleur, la fermeté et la précision de la facture que par l'ingéniosité et la grandeur de la conception. Delacroix, s'inspirant de la *Divine Comédie*, était revenu à un ordre d'idées qui lui était plus familier et plus sympathique, et il avait interprété, complété avec un rare bonheur le thème qu'il avait choisi. Il n'avait pas suivi au pied de la lettre le texte de Dante, il avait supprimé quelques personnages nommés par le poëte florentin, et leur en avait substitué d'autres; mais, ainsi que le disait Planche, on ne pouvait l'en blâmer; car, si la théologie était en droit de demander « comment Aspasie et Sapho se trouvaient traitées par la volonté divine comme Aristote et Platon; comment une vie terminée par le suicide peut être jugée par la souveraine sagesse comme une vie consacrée aux plus hautes spéculations de la philosophie; » la critique était obligée de reconnaître que l'artiste avait pleinement justifié de semblables additions en imaginant l'admirable figure d'Aspasie, « en créant ce beau corps dont les mouvements semblent réglés par une musique divine, en modelant ces lèvres vermeilles, dont le frémissement exprime à la fois le génie et la volupté[1]. »

Delacroix n'avait d'ailleurs sans doute voulu traduire sur le vaste espace qu'il était chargé de décorer, non pas tant la pensée même de Dante, forcément circonscrite aux données du catholicisme, que celle que suggère à un libre-penseur de notre temps la lecture du quatrième chant de l'*Enfer;* et celle-ci n'était, ne pouvait être autre que la glorification du génie humain considéré en dehors de tout préjugé religieux. « Faute d'avoir aperçu le côté positif de l'évolution moderne aussi nettement que son côté négatif, seul compris jusqu'ici, une superficielle observation détermine trop fréquemment, à cet égard, ainsi qu'à tout autre, une sorte de désespoir philosophique, parmi les esprits assez avancés pour sentir

[1] *Revue des Deux-Mondes*, 1846.

d'ailleurs suffisamment l'impossibilité radicale d'une véritable restauration du passé. Mais l'ensemble de la saine théorie historique nous a toujours, au contraire, évidemment manifesté, même à ce titre spécial, la marche croissante de la fondation, solidaire avec celle de la démolition. Le principal résultat philosophique de cette double progression consiste dans la convergence spontanée de toutes les conceptions modernes vers la grande notion de l'humanité, dont l'active prépondérance finale doit, en tous sens, remplacer l'antique coordination théologico-métaphysique [1]. » La question posée ainsi, et, semble-t-il, elle ne saurait l'être différemment, Delacroix, dans les modifications ou interpolations qu'il s'était permises, avait apporté beaucoup de sagacité, un tact et un goût extrêmes. Aux Grecs et aux Romains désignés par Dante, il n'avait adjoint que des personnages du monde antique, et il avait évité les disparates toujours choquantes de costume et d'allure. Dans le lieu auquel étaient destinées ses peintures, il était à propos de rappeler les luttes des nations, le gouvernement des sociétés, les mœurs publiques. A côté des poëtes, des savants et des philosophes, il avait placé des héros, des conquérants organisateurs d'empires, d'illustres représentants de la vie mondaine et raffinée ; mais, faisait observer Planche, « Homère appelait Achille comme

[1] Auguste Comte, *Cours de philosophie positive*, 2e édition, t. VI, p. 760.

Aristote appelait Alexandre, comme Socrate appelait Alcibiade et Aspasie. »

En introduisant dans sa composition des personnages dont il n'est pas parlé au quatrième chant de l'*Enfer*, Delacroix avait donc en un sens obéi aux indications de Dante, et il avait, en outre, satisfait à toutes les conditions d'unité pittoresque, de convenance et d'appropriation locales. Maître de son art, arrivé à l'entière maturité du talent, il avait trouvé des formes dignes des nobles idées qu'il avait à exprimer. En dépit des difficultés matérielles qu'il avait rencontrées dans la coupole de la bibliothèque du Luxembourg, son dessin n'était ni pénible, ni tourmenté, il avait du mouvement comme toujours, de la vérité, de la justesse et, qualité plus nouvelle, une incontestable élégance. Le sujet s'expliquait avec une clarté exceptionnelle dans de semblables ouvrages, et chacune de ces figures disposées par groupes ou marchant isolées « sur le vert émail » était très-habilement et très-finement caractérisée. Cette coupole ne recevant pour ainsi dire pas de lumière du dehors, celle qui éclaire cet Élysée de l'esprit, ce paysage simple et grand, ce « pré de fraîche verdure » descend en quelque sorte de la voûte azurée; elle a été, suivant le mot de Planche, créée par Delacroix, et l'on a pu écrire sans aucune exagération : « Ceux qui auront vu toutes ces peintures n'auront que peu de violence à se faire pour proclamer M. Delacroix le premier et le seul grand coloriste de toute l'école française, l'élève et l'égal de tous les maîtres de la couleur[1]. »

Les peintures de la bibliothèque du Palais-Bourbon, qui suivirent de près celles de la bibliothèque du Luxembourg, n'avaient certes pas une moindre valeur. Plus encore que celles-ci, elles dénotaient un génie inventif de l'ordre le plus élevé. Ce qu'il s'était agi de décorer, ce n'était pas une surface unique, formant un tout qu'on embrasse d'un seul coup d'œil, mais deux hémicycles placés aux extrémités d'une assez longue galerie et séparés par cinq coupoles divisées chacune en quatre pendentifs. De ces diverses parties, Delacroix avait fait un admirable ensemble en imaginant une série de compositions qui, bien qu'isolées les unes des autres, étaient reliées entre elles par une idée poétique et grandiose. Sur l'un des hémicycles il avait représenté Orphée instituant les arts parmi les peuples helléniques, ou le commencement de la civilisation grecque, sur l'autre Attila inondant l'Italie de ses hordes barbares, ou la fin de la civilisation romaine, et dans les cinq coupoles les principaux épisodes de la vie politique, intellectuelle et morale des sociétés durant l'antiquité. Les vingt compositions des pendentifs étaient groupées de telle manière que chacune des cinq coupoles était exclusivement consacrée à une seule et même nature de sujets rappelant sous une forme dramatique et vivante la Poésie ou la Théo-

[1] Haussard, *National*, octobre 1850.

logie, la Législation, la Philosophie ou la Science. Il eût peut-être été mieux de se conformer à la succession des temps, de montrer les manifestations de l'activité humaine comme elles se sont produites à travers les âges; mais Delacroix avait adopté une autre disposition, probablement pour éviter toute confusion et être parfaitement intelligible, puis sans doute pour pouvoir mettre la Législation à la place d'honneur, ainsi qu'il convenait à une bibliothèque réservée à des législateurs. Quoi qu'il en soit, l'œuvre prise en elle-même était d'une beauté peu commune, d'une puissante et profonde signification; et un homme doué des plus hautes facultés de l'art, possédant les connaissances les plus exactes et les plus étendues en histoire et en littérature, était seul capable de la concevoir et de l'exécuter d'une façon aussi magistrale.

La Révolution de février n'eut pas d'influence sur Delacroix, ni sur les artistes de sa génération et de son école, ou du moins elle n'en eut pas une très-nettement appréciable. L'agitation qu'elle fit naître les troubla sans les passionner. Les discussions sur les rapports du capital, du travail et du talent, sur l'organisation de l'industrie agricole et manufacturière, sur l'égalité des salaires et les utopies sociales, leur parurent plus nuisibles qu'utiles au développement et à la marche de l'art. Habitués à chercher les éléments de l'invention pittoresque dans les mythes religieux, les récits des poëtes ou les événements de l'histoire, ils étaient médiocrement impressionnés par les scènes de la vie journalière, ils étaient peu disposés à reproduire les joies, les travaux ou les souffrances des ouvriers des villes et des champs qui préoccupaient alors tous les esprits. De pareils sujets leur répugnaient, non parce qu'ils exigeaient une extrême vérité d'attitude, de geste et de mouvement, qualité qu'ils avaient toujours poursuivie; mais parce que, à leur avis, ils entraînaient une monotonie, une trivialité de sentiments et d'idées qui leur étaient particulièrement antipathiques. Un artiste de mérite, M. Riesener, parent et ami de Delacroix, exposa cependant au Salon de 1850, sous le titre de *Berger et bergère* un tableau d'assez grande dimension, où il s'était inspiré directement de la nature. Cette peinture ferme et franche, d'une vive et forte coloration, d'un aspect un peu étrange, presque sauvage, prouvait que les révolutionnaires de 1822 comprenaient la réalité aussi bien, sinon mieux, que les promoteurs du genre, et qu'ils savaient donner aux gens et aux choses l'accent le plus rustique sans tomber dans de grossières banalités; mais M. Riesener ne renouvela pas sa tentative et n'eut pas d'imitateurs.

Delacroix devait plus que personne avoir de l'aversion pour les questions à l'ordre du jour. Il avait vécu si longtemps dans un monde d'idées généreuses et d'ardentes passions qu'il était difficile qu'il ne prît pas en dédain ces choses qu'il jugeait d'un intérêt purement matériel. Son éducation, la nature de son esprit l'en éloignaient, et il est probable que, dès que ces théories économiques vraies ou fausses, incohérentes ou rationnelles absorbaient l'attention de tous, la vie intellectuelle et morale lui semblait momentanément suspendue. Plus qu'indifférent à ce qui se passait autour de lui, il n'y puisa ni force nouvelle, ni encouragement direct ou indirect, il ne fit nulle œuvre supérieure ni même égale aux peintures des bibliothèques du Luxembourg et du Palais-Bourbon; il ne retrouva pas une semblable veine d'invention poétique, il ne s'éleva pas à des conceptions d'une telle largeur de vue, d'une pareille portée historique et philosophique; mais il conserva toujours au plus haut point l'entente et le grand goût de la décoration monumentale. Il ne fallait rien de moins pour pouvoir triompher des difficultés qu'offrait le plafond de la galerie d'Apollon peint par lui en 1851. Cette galerie avait été restaurée, d'après les plans, les dessins ou les notes de Lebrun; et celui-ci, selon sa coutume de tout prévoir, de tout arrêter à l'avance, avait indiqué le sujet de la peinture qui devait occuper la partie centrale : c'était le dieu du jour tuant le serpent Python, domptant les monstres en présence des divinités de l'Olympe et ramenant la paix sur la terre. Delacroix, qui accepta franchement cette donnée, résolut d'une façon victorieuse le problème de rester parfaitement original tout en se conformant à un programme tracé plus d'un siècle auparavant. Par la beauté de la composition, l'heureuse disposition des figures, la richesse de la couleur, la vigueur, l'éclat et l'harmonie des tons, la magie du clair-obscur, son plafond est vraiment digne de la magnifique ornementation qui l'environne. Empreint du plus incontestable caractère d'individualité, il rivalise avec cette ornementation, il en résume les splendeurs sans les écraser ni en être écrasé.

Ce qui surtout distingue le plafond d'Apollon, c'est une singulière souplesse de talent, une variété, une science d'exécution infinies ; cependant, malgré le sujet et le style à peu près obligés, on y sent encore le souffle qui avait enfanté les admirables travaux des bibliothèques du Luxembourg et du Palais-Bourbon, tandis qu'on chercherait en vain quelque chose d'analogue, soit dans les peintures du salon de la Paix à l'Hôtel-de-Ville, soit dans celles de la chapelle des Saints-Anges à l'église Saint-Sulpice, qui datent les unes de 1854, les autres de 1861 ou 1862. Delacroix s'y est montré praticien consommé, arrangeur très-habile, fécond en combinaisons pittoresques et bienséantes ; mais il n'y est plus le peintre plein d'élan, de verve et d'enthousiasme du *Triomphe d'Apollon*. Le milieu dans lequel elles furent conçues et exécutées, principalement celles de la chapelle des Saints-Anges, était devenu de moins en moins favorable aux œuvres de l'esprit.

LA RÉSISTANCE

La doctrine que les adversaires de l'Académie royale firent prévaloir vers la fin du dix-huitième siècle, avait un caractère surtout artistique. Les principes qui lui servirent de base ne procédaient d'aucune notion philosophique déterminée et vraiment nouvelle. Ceux qui les avaient pris pour guide n'avaient guère songé qu'à ramener l'art à des habitudes, à des formes, d'un ordre plus élevé et d'un goût plus pur. Des idées de progrès qui surgissaient de toutes parts, de l'émancipation sociale qui préoccupait tout le monde, ils avaient assez peu de souci, ou du moins ils n'avaient aperçu que très-vaguement en quoi l'art y était intéressé ; cependant ils ne purent complétement se soustraire à l'influence des grands événements qui ne tardèrent pas à se produire. David, le plus éminent d'entre eux, était le seul qui, sans peut-être en avoir bien conscience, eût obéi à l'impulsion intellectuelle et morale donnée par les écrivains du parti philosophique. Il applaudit franchement à la Révolution, il y participa d'abord avec quelque réserve, puis, devenu membre de la Convention, il se laissa emporter par le courant. Encore modéré au 10 août 1792, dit un illustre historien, « il avait d'un bond sauté au sommet de la Montagne. » Son enthousiasme patriotique le rapprocha de la réalité, et sa pensée ayant un but nettement défini prit une allure plus libre et plus assurée. Ses élèves, à qui son talent incontesté, ses fortes convictions artistiques, son énergique volonté, son amour des choses simples et grandes inspiraient un profond respect, une vive et sincère admiration, furent entraînés à sa suite et partagèrent dans une certaine mesure son ardeur véhémente, en art sinon en politique. Ce fut l'époque la plus brillante de son école. A ce groupe d'élèves nombreux et zélés appartenaient Gros, Girodet, Gérard, Hennequin.

Quand les conditions générales changèrent, après la réaction thermidorienne, sous le Consulat et sous l'Empire, l'esprit qui régnait à l'atelier de David fut sensiblement modifié. Les artistes n'avaient plus comme excitant intellectuel et moral, indirect mais utile et salutaire, le spectacle des agitations sociales, des exaltations violentes, des aspirations généreuses; et les pompes surannées, les panégyriques officiels, les hauts faits du militarisme et de la servilité politique ou administrative n'y suppléaient nullement. Aussi la plupart des élèves de la génération nouvelle, plus dédaigneux encore des sujets modernes que ceux qui les avaient précédés, s'entichèrent-ils tellement de l'antiquité qu'aucun ouvrage ne leur parut digne d'attention et d'estime que si, par la disposition des lignes, par le costume, l'attitude et le geste des personnages, il rappelait exactement les œuvres de la statuaire gréco-romaine. Ils attachaient tant d'importance à l'imitation des types et des scènes antiques ou mythologiques et à l'emploi de certains moyens techniques, tout de convention, qu'ils s'inquiétèrent de moins en moins de la nature des idées ou des sentiments exprimés, et s'accommodèrent même fort bien de l'absence complète de signification. En cela, ils différaient beaucoup de leur maître que, selon M. Delécluze « son instinct a porté à faire les plus constants efforts pour découvrir un principe vivifiant, au moyen duquel il espérait toujours donner de l'importance et de la grandeur aux productions de l'art, » de David chez qui « il est facile de distinguer la recherche habituelle d'une base politique ou morale sur laquelle il eût pu appuyer solidement l'édifice qu'il voulait élever[1]. » La Révolution l'avait mis sur la voie, et, en dépit de ses engouements irréfléchis, il ne crut jamais qu'à elle; mais il y avait pris une part trop active et trop personnelle, il en avait trop vu les défaillances et trop partagé les erreurs, il avait subi de trop dures déceptions et en

[1] *Louis David, son école et son temps.*

avait le souvenir trop présent pour pouvoir comprendre que l'art n'avait, ne devait avoir d'autres principes vivifiants que les principes mêmes de la Révolution et pour posséder une nette intelligence de ceux-ci.

I

Les classiques entêtés de l'école, s'ils faisaient très-bon marché des questions de philosophie ou de politique, étaient inflexibles dès qu'il s'agissait du style ou de l'exécution matérielle. Qu'on fût rétrograde ou non en matière d'invention poétique, que même on ne pensât point, leur importait peu ; mais qu'on s'écartât des règles établies, qu'on méconnût les préceptes acceptés et consacrés par eux, leur semblait absolument inexcusable. Indulgents envers les peintres de genre, ils étaient fort sévères pour quiconque n'était pas avec eux et aspirait à la peinture d'histoire. Ingres, leur condisciple, en fit assez durement l'épreuve sous l'Empire et pendant les premières années de la Restauration.

Doué d'un vif sentiment de la forme, Ingres n'avait pas seulement appris à imiter l'antique, il avait aussi étudié la nature et surtout les maîtres italiens du quinzième et du seizième siècle. Il se passionna pour Raphaël et les prédécesseurs de Raphaël, et sa manière s'en ressentit. Il s'appliqua à dessiner, à modeler d'une façon plus précise, plus ferme et en quelque sorte plus intime que ce n'était alors la coutume ; il accusa les contours, il accentua les détails essentiels, les traits caractéristiques, et il fut taxé d'exagération et de bizarrerie. On ne nia pas le talent, mais on blâma vertement la tendance. « C'est une fantaisie assez extraordinaire, disait Boutard, à propos de *S. M. l'Empereur sur son trône*, exposé en 1806, que celle d'un jeune artiste qui, après de longues études sous un grand maître, et avec un talent véritable que l'on reconnaît même dans ses égarements, essaye de remettre à la mode la manière de peindre des siècles passés, c'est-à-dire la sécheresse du dessin, la crudité de la couleur, la négligence de la perspective aérienne et même de la perspective linéaire, l'égalité d'exécution pour toutes choses, les draperies et les moindres accessoires comme les figures[1]. » La *Décade philosophique* prétendait de son côté que, pour que Ingres obtînt les suffrages du public et l'approbation de la critique, dont du reste il était digne, il aurait fallu une pose plus élégante, des draperies mieux jetées, moins de pâleur et plus de ressemblance dans la tête du héros impérial, et qu'avant tout il aurait fallu que le tableau fût « moins dur. » Les portraits de Ingres furent maltraités presque autant que *l'Empereur sur son trône*, en particulier son propre portrait et celui

[1] *Journal des Débats*. Salon de 1806.

d'une dame assise, et cela à bien moins juste titre, car ils étaient remarquables par la vigueur et la finesse de la facture, par la vivacité et l'éclat singulier des yeux : la critique elle-même était forcée de le reconnaître.

Huit ans après, les préventions contre le mode de peinture qu'avait adopté Ingres étaient encore assez fortes pour qu'on ne vît dans *le Pape Pie VII tenant chapelle* qu'un pastiche des peintres en miniature du quatorzième siècle. On ne comprit pas le beau caractère de la composition, et l'on trouva que la figure du pape, celles des cardinaux et des prélats rangés à droite et à gauche, étaient « découpées sur le fond, tout d'un ton, tout d'une pièce, sans nulle prétention au style. » Ce petit tableau fut toutefois signalé comme très-digne d'attention, ainsi que le *Don Pedro de Tolède* et le *Raphaël faisant le portrait de sa maîtresse*, auxquels on ne reprocha guère que d'être empreints d'affectation et d'avoir un cachet de gothicité déplorable. L'*Odalisque*, le *Roger délivrant Angélique*, et le *Philippe V donnant l'ordre de la Toison d'or au maréchal de Berwick* eurent, en 1819, à peu près même fortune. Landon fut de tous les critiques le plus acerbe. Il déclara que, si le premier aspect de l'*Odalisque* attirait peu, il n'avait du moins rien de choquant et avait même un certain charme ; mais qu'après un moment d'attention on constatait qu'il n'y avait « dans cette figure ni os, ni muscles, ni sang, ni vie, ni relief, rien enfin de ce qui constitue l'imitation[1]. » Quant à *Roger délivrant Angélique*, c'était suivant lui « une composition d'une bizarrerie inexplicable, où quelques parties touchées avec goût » faisaient le plus étrange effet à côté de morceaux dont l'exécution reportait à l'enfance de l'art. Les auteurs des *Lettres à David sur le Salon de* 1819[2], furent beaucoup moins rigoureux. Ils trouvèrent l'*Odalisque* « d'un grand style » et louèrent l'ordonnance du *Philippe V*, « petit tableau composé et dessiné en peintre d'histoire. » Ils blâmèrent seulement Ingres de concevoir l'harmonie d'une tout autre manière que les modernes, de ne pas faire tourner les formes, que d'ailleurs il dessinait purement, d'abuser des tons crus et discordants. M. Delécluze dit que Ingres avait le tort de s'être fait original de parti pris, d'avoir réduit son système de singularités en préceptes tels que celui-ci : l'observation du reflet dans l'ombre est au-dessous de la dignité de la peinture d'histoire, et de les mettre ponctuellement en pratique[3] ; mais il assimila l'*Odalisque* à une figure de la mythologie, et de sa part c'était un éloge des plus complets.

Hostiles à Ingres parce que, formé à une école où l'on n'admettait d'autre guide que l'antique et le modèle vivant, il avait substitué ou, pour mieux

[1] Landon. *Salon de* 1819. 2 vol. avec 144 traits.

[2] *Lettres à David, sur le Salon de* 1819, *par quelques élèves de son école.* (Par Louis-François L'Héritier, H. de La Touche, Emile Deschamps et Ant. Béraud.)

[3] *Lycée.* Salon de 1819.

dire, ajouté à ces deux sources d'enseignement l'étude du modèle peint et l'imitation des maîtres italiens, les classiques purs goûtaient en outre fort peu le genre de sujet de quelques-uns de ses tableaux. Ils n'aimaient pas plus l'histoire ou les inventions poétiques du Moyen-Age et même de la Renaissance que l'art de ces deux époques, où, suivant eux, il n'y avait guère eu que grossièreté, superstition et maniérisme. La représentation des types chevaleresques, qui leur paraissait un anachronisme ridicule et une sorte de charlatanerie, avait en revanche toute l'approbation du romantisme naissant, enfanté par le retour aux idées monarchiques et religieuses. Les défenseurs de la nouvelle doctrine pensaient que là étaient désormais le salut, le progrès de l'art ainsi que de la poésie; ils s'étonnaient qu'on pût contester une chose aussi évidente, et le *Conservateur littéraire*, parlant de l'opinion de Landon sur l'*Odalisque* et le *Roger délivrant Angélique*, se contentait de dire : « M. Landon ajoute : Ces compositions, d'une bizarrerie inexplicable, rappellent certaines pièces de vers modernes dont le style plus niais que naïf annonce la prétention d'imiter le ton et l'expression de nos vieux poëtes. Les nouveaux troubadours ont beau faire, un vers, un mot suffit pour dévoiler l'artifice et détruire l'illusion. » Aucun commentaire n'accompagnait la citation; aux yeux du *Conservateur littéraire*, c'était sans doute assez de signaler une pareille énormité pour en faire justice.

Ingres, qui habitait l'Italie depuis plusieurs années, restait à peu près indifférent aux discussions des classiques et des romantiques. La façon dont on avait accueilli la plupart de ses ouvrages l'avait irrité et blessé; elle ne l'avait ni ébranlé, ni découragé. Il poursuivait avec une énergique et persévérante volonté le but qu'il s'était proposé : s'approprier pour l'interprétation de la forme le procédé, le goût, le sentiment, l'esprit des maîtres italiens de la fin du quinzième et du commencement du seizième siècle, et particulièrement de Raphaël. Le *Vœu de Louis XIII*, en 1824, fut à cet égard comme une éclatante profession de foi. Le souvenir de la Vierge de Foligno y était manifeste. Personne ne songea à le nier, même parmi les plus sincères admirateurs de Ingres. Mais ceux-ci étaient d'avis que « depuis les peintures des manuscrits grecs et les ouvrages de Cimabue on retrouve toujours les mêmes types, et que ce n'est que par la perfection avec laquelle ils ont été mis en œuvre que l'on reconnaît la force relative des grands artistes qui se sont succédé[1]. » Or. toutes les parties du *Vœu de Louis XIII* dénotaient « un soin, un amour, pour rendre et caresser la forme qui décelait un artiste peu ordinaire ; » le roi était *tout entier* sous son ample manteau ; et la Vierge et l'enfant Jésus donnaient l'idée d'êtres surnaturels, surtout par le choix des formes. Ces deux figures

[1] Delécluze. *Journal des Débats*. Salon de 1824.

leur semblaient donc une des plus heureuses représentations de la Vierge et de l'Enfant divin qu'on eût faites depuis fort longtemps ; et le *Vœu de Louis XIII*, une composition religieuse absolument hors ligne.

H. Beyle, romantique libéral, médiocrement monarchique et nullement religieux, en jugeait tout autrement, bien qu'il estimât le *Vœu de Louis XIII* l'un des meilleurs tableaux d'église du Salon : « La Madone est belle sans doute, disait-il, mais c'est d'une sorte de beauté matérielle qui exclut l'idée de la divinité. Ce défaut, qui est de sentiment et non pas de science, éclate encore davantage dans la figure de l'enfant Jésus. Cet enfant, qui d'ailleurs est fort bien dessiné, est tout ce qu'il y a de moins divin au monde. La physionomie céleste, l'onction, indispensable dans un tel sujet, manquent entièrement aux personnages de ce tableau[1]. » Il ajoutait que, moins l'action d'un tableau religieux est touchante par elle-même, plus l'onction est nécessaire au peintre, et il exhortait Ingres à traiter des sujets historiques qui n'exigeassent pas une grande profondeur d'expression, car l'école de David, habile à indiquer les muscles du corps humain, était « hors d'état de faire des têtes exprimant avec justesse un sentiment donné. »

Les observations de Beyle, si justes fussent-elles,

[1] *Journal de Paris*. Salon de 1824.

n'étaient de nature à convaincre ni Ingres, ni ses admirateurs, pour qui la mission de l'art consistait bien moins à exprimer des idées, des sentiments ou des passions, qu'à réaliser la forme prise en elle-même, la forme abstraite, typique et absolue. Ceux que, par opposition aux classiques purs qui avaient le culte exclusif de l'antique, on pourrait appeler les classiques progressistes, puisqu'ils associaient le culte des maîtres italiens de la Renaissance à celui de l'antique, protestaient en effet autant que qui que ce fût contre les tendances de la jeune école révolutionnaire. Ils abhorraient le dramatique dans les compositions et la violence dans les mouvements comme incompatibles avec la recherche de la beauté plastique, but suprême de l'art ; ils réprouvaient plus ou moins ouvertement les méthodes et les œuvres de presque tous les maîtres postérieurs à Raphaël ; et ils condamnaient même l'emploi de certains moyens pittoresques mis en pratique par celui-ci.

Bien que Raphaël, dans les pendentifs de la Farnésine et ailleurs, ait tenu compte du point de vue réel pour la disposition des lignes, ils prétendaient qu'on n'a fait plafonner les figures qu'aux époques de décadence, et que les plafonds, genre d'ouvrages que du reste ils aimaient peu, doivent être conçus de même que des tableaux composés dans un plan vertical. Ce n'était, suivant eux, qu'à cette condition qu'on pouvait respecter la forme et la traiter comme il convient ; aussi applaudirent-ils hautement en 1827 à la manière dont Ingres avait compris l'*Apothéose d'Homère*. Ce tableau, car c'en était un plutôt qu'un plafond, se liait peut-être assez gauchement aux lignes architecturales de la neuvième salle du Musée Charles X où il était placé; mais la règle formulée par eux en matière de plafond n'y avait pas été violée, et tout leur paraissait pour le mieux. Si la doctrine qu'ils professaient à cet égard était fort contestable et fort contestée, l'enthousiasme que leur inspirait le caractère de la composition et surtout le grand style de l'Homère et des figures emblématiques de l'Iliade et de l'Odyssée était très-légitime et partagée par la presqu'unanimité des critiques et des artistes. Ceux de la nouvelle école entre autres ne marchandèrent pas plus les éloges que les classiques progressistes, quoiqu'ils fissent quelques réserves relativement au système et au parti pris : « Des critiques amères, écrivait Ary Scheffer, ont accueilli cette grande et belle composition : elles partaient des rangs de ces amis inébranlables de la routine qui ont cherché vainement dans les figures de M. Ingres la reproduction exacte et mécanique des formes grecques, tels qu'ils ont appris à les admirer exclusivement et à les copier. C'est des rangs opposés que sont venus les éloges. Malgré une direction et des qualités qui généralement diffèrent beaucoup des qualités et de la direction de M. Ingres, les peintres de l'école dite romantique ont applaudi à ce nouveau succès d'un homme qui fut quelquefois injuste pour eux. Ils l'ont fait dans l'intime conviction qu'un dessin si beau et si varié, tant de finesse, de vérité et d'originalité placent un peintre à part et au premier rang, quel que soit d'ailleurs le système auquel il prétende appartenir et la bannière qu'il ait choisie[1]. »

Ce qui charmait les classiques progressistes dans *l'Apothéose d'Homère*, ce n'était pas seulement la sévérité de la facture, c'était aussi, c'était peut-être plus encore le genre de l'invention, cette espèce de glorification de l'autorité, personnifiée par le plus grand génie poétique de l'antiquité. Ils classaient tous ceux qui tenaient une plume, un pinceau ou un ébauchoir, en *homériques* et en *shakespeariens*, ils n'approuvaient bien entendu que les premiers, et ils devaient forcément s'extasier devant un bel ouvrage, qui offrait à la fois l'exemple et le précepte, qui était en quelque sorte un résumé visible et complet de leurs théories et de leur doctrine. Ce qui, chez Ingres, séduisait les romantiques, c'était le dessin très-différent de celui des classiques orthodoxes, tels que Blondel, Heim ou Abel de Pujol, le sentiment individuel de la forme qui perçait en dépit d'un système préconçu, une certaine audace, une disposition native à ne pas reculer devant les bizarreries de la nature, à les aborder franchement et même à les exagérer. De plus l'auteur de l'*Apothéose*

[1] *Revue française*, 1828. Salon de 1827.

d'Homère ne proscrivait pas les sujets empruntés à la Renaissance et au Moyen-Age, il savait leur donner un cachet d'originalité et de vérité locale très-marqué, il l'avait prouvé en particulier dans l'*Entrée de Charles V à Paris*, petit tableau exposé en 1822 qui rappelait singulièrement les miniatures du quatorzième siècle, et il n'en fallait pas davantage pour lui créer de nombreux partisans parmi les jeunes artistes de la nouvelle école. Beaucoup d'entre eux s'engouèrent de son talent et de ses œuvres, le choisirent pour modèle et pour maître, et le considérèrent comme le seul vrai régénérateur de l'art. Si bien que Ingres, déjà très-chaleureusement soutenu par un groupe assez important de classiques, devint, presque malgré lui, le chef très-écouté des romantiques proprement dits, de ceux qui croyaient, à l'exemple des classiques, que le progrès consistait, non à chercher un idéal vivant et vraiment moderne dans l'ensemble des idées et des principes qui s'étaient produits depuis quarante ans, mais à ressusciter quelque idéal antérieur, et qui s'étaient épris des chroniques, des légendes chevaleresques, des mystères et des fabliaux, des anecdotes pittoresques et des cathédrales gothiques, de même qu'ils s'amourachèrent plus tard des antiquités étrusques, égyptiennes ou assyriennes.

L'atelier de Ingres fut bientôt un lieu de ralliement pour les jeunes artistes qui, tout en réagissant contre l'Académie et les classiques endurcis, ne se rendaient pas compte des modifications que le développement de certaines idées générales avait apporté et devait nécessairement apporter à la marche de l'art. Ils étaient pleins de zèle et d'ardeur, et songèrent d'abord à complétement dépouiller le vieil homme. Ils désapprirent assez vite ce que leur avaient enseigné les professeurs de l'école traditionnelle et officielle, et se familiarisèrent avec d'autres méthodes, d'autres manières de voir. On ne tarda pas, comme on le fit un jour remarquer, à les reconnaître « à l'affectation de certaines formes dont M. Ingres avait en quelque sorte révélé la beauté, à l'unité du ton des chairs que l'école de David et celle de Gros avaient coutume d'échantillonner, à la manière de masser les traits des figures et les formes du corps, enfin, chez les portraitistes surtout, à l'absence de lumière que M. Ingres avait eu lui-même tant de peine à suppléer par la justesse et l'accentuation du modelé. » En possession d'un mode d'exécution déterminé et de moyens techniques suffisamment appropriés, ils n'avaient pour ainsi dire pas à chercher les éléments de l'invention. Ces éléments leur étaient indiqués et, en un sens, imposés par les données pratiques en dehors desquelles l'art leur semblait ne pouvoir prospérer ni même subsister. Le genre de facture dont ils prétendaient ne jamais se départir s'adaptait en effet infiniment mieux à la représentation des scènes de l'antiquité païenne ou des grandes époques du christianisme qu'à celle des sujets inspirés par la vie moderne ou même par l'histoire ou les mœurs du Moyen-Age et de la Renaissance. Les plus sages le comprirent, par goût et par système ils n'imaginèrent que des compositions d'un certain caractère, en rapport avec les seuls procédés matériels qu'ils voulussent admettre, et un peu plus tard ils constituèrent autour de Ingres une petite église fidèle, dévouée, et intolérante comme toutes les églises. Mais il y en eut qui, cédant à une impulsion presque universelle, se laissèrent séduire par quelques idées modernes que leur éducation et leurs habitudes artistiques les avaient mal préparés à exprimer, que leur manière était inhabile à interpréter, et qui compromirent le meilleur de leurs qualités en s'efforçant de concilier des choses inconciliables.

L'agitation politique de la fin de la Restauration, la Révolution de juillet n'exercèrent d'action appréciable ni sur les uns ni sur les autres. L'effervescence intellectuelle et morale qui en fut la suite ne resta cependant pas absolument sans influence sur les travaux de quelques-uns d'entre eux. Ceux-ci n'allèrent pas jusqu'à s'inspirer d'événements actuels; ils avaient un souverain mépris de leur temps, et trouvaient les préoccupations et les mœurs des sociétés modernes d'une inepte et odieuse vulgarité. Ils n'abordèrent pas les sujets dramatiques, ainsi que l'avaient fait leurs confrères de l'école révolutionnaire; ils n'acceptaient le mouvement littéraire que dans ce qu'il avait de rétrospectif et d'un peu factice. Mais ils se prirent d'admiration pour les œuvres de quelques écrivains romantiques, et leur empruntèrent des scènes d'un caractère douteux, d'un pittoresque invraisemblable et excessif, ou tentèrent, selon le goût du moment, de combiner dans une seule et même composition les fantaisies d'une vague poésie, d'un lyrisme nuageux avec l'expression de sentiments et de passions très-réels, d'une matérialité presque grossière. Il en résulta quelques conceptions plus que bizarres, des énigmes à peu près indéchiffrables telles que le *Rêve d'amour* de M. Guichard, exposé au salon de 1833. Ce tableau avec son jeune homme à collant rouge, à barbe pointue, à coiffure prétentieuse, avec sa jeune femme médiocrement belle, son Turc, la main posée sur un poignard, ses groupes de danseurs et de danseuses se perdant dans la demi-teinte au sommet de la toile, fut l'objet d'assez vives discussions, sans que personne parvînt à en découvrir la signification. L'obscurité du sujet n'était rachetée, ni par le choix des formes qui, principalement chez le jeune homme, étaient accusées d'une façon capricieuse et exagérée, ni par la science du dessin qui était maniéré et peu correct, ni par l'harmonie de l'ensemble qui était fade et rose, de l'aveu de critiques très-portés à la bienveillance; et cet ouvrage, de même que plusieurs essais analogues, démontra nettement que, pour exister et progresser, l'art romantique avait besoin, comme tout autre, de s'appuyer sur des pensées moins nuageuses et de toujours demander conseil à la nature.

Ingres ne pouvait que blâmer ces divagations romantiques. Non-seulement on y affectait des tendances de coloriste qu'il condamnait formellement; mais on y traitait d'une façon toute cavalière la réalité qu'il aimait, qu'il admirait par tempérament, sinon par principes. Il en avait à un haut point le sentiment et l'intelligence, et le respect qu'elle lui inspirait lui a valu ses succès les plus légitimes et les plus incontestés. A en juger par ses portraits, toutes les fois qu'il s'est trouvé en face d'elle, il s'en est passionné, s'est laissé entraîner et a oublié ce que sa doctrine avait d'étroit et de trop systématique. Ceux qu'il avait au Salon de 1833 appartenaient à deux époques très-différentes. L'un, celui de madame Devauçay, datait de 1807, l'autre, celui de M. Bertin, venait d'être terminé. Chacun d'eux était empreint d'un caractère d'originalité très-franc et très-individuel. Le portrait de madame Devauçay étonna le public et même quelques critiques. Il parut au premier abord plus singulier qu'agréable. Exécuté avec beaucoup de finesse et de fermeté, il avait cependant un charme extrême. On y sentait l'ardeur de la jeunesse, l'émotion et la ferveur du néophyte découvrant dans la nature d'autres beautés que celles qu'on lui avait appris à y voir, un goût de dessin très-distingué et très-personnel. La physionomie était d'une grâce exquise, les yeux avaient une vivacité adoucie d'une séduction toute particulière; mais le parti pris s'y trahissait par l'insuffisance du relief, par le manque absolu de demi-teintes. Il en résultait un aspect un peu étrange qui, même parmi les plus enthousiastes admirateurs de Ingres, fit préférer le portrait de M. Bertin à celui de madame Devauçay. On remarqua que dans ce dernier « la bouche, les cartilages du nez, le modelé des joues ne répondaient pas encore à l'expression suave des autres parties, tandis que dans le portrait de M. Bertin tout était d'accord[1]. » Celui-ci dénotait en effet une science et une pratique plus avancée et plus sûre, et c'est à juste titre que Planche l'appelait « un chef-d'œuvre de conscience et de vérité. » L'auteur y avait tenu compte des demi-teintes, il avait assez fortement accusé les ombres, et la tête était supérieurement modelée.

La critique fut à peu près unanime à reconnaître que l'allure générale, l'habitude du corps, l'air de décision clairvoyante de M. Bertin, ce qui en faisait un type, le représentant d'une race ou si l'on veut d'une classe, avaient été saisis avec une singulière sagacité, rendus avec un rare bonheur. On constata que la couleur n'avait pas de transparence, qu'elle rappelait trop cette teinte conventionnelle et uniforme à laquelle on donnait le nom de ton histori-

[1] *Revue de Paris*. Salon de 1833.

que. Planche déclara qu'après Velasquez et Van Dyck il n'était pas permis de faire ainsi bon marché de la coloration chaude et vigoureuse du modèle; mais personne ne songea à contester l'exactitude et le mérite du dessin, sauf les critiques naturalistes. Non contents de protester contre la tête « mi-partie gris rose mi-partie brune » du portrait de M. Bertin et de reprocher à Ingres son exclusivisme, ces derniers s'efforcèrent d'établir que Ingres n'avait aperçu que le moindre côté des chefs-d'œuvre du seizième siècle, et que ses études persévérantes d'après ceux-ci ne lui avaient point enseigné à chercher dans la forme humaine ce qui, au point de vue de l'art, en constitue l'essence et la vraie beauté. « M. Ingres, disaient-ils, a pris dans Raphaël et les maîtres de cette époque quelque chose de leur élégance, mais rien de leur pureté et de leur savante précision, rien de leur finesse d'attache et du caractère puissant et grandiose de leur peinture, rien surtout de leur science de charpente générale. Il n'a pas compris que ces hommes-là ne faisaient pas consister le dessin dans le contour serpenté d'une manière plus ou moins gracieuse; il n'a pas compris qu'ils savaient admirablement écrire les attaches d'un genou, d'une épaule[1]. »

On avait déjà, à une autre époque, signalé dans les œuvres de Ingres un certain défaut de science anatomique. On l'avait fait, il est vrai, avec plus de

[1] Laviron et Galbaccio. *Salon de* 1833, in-8.

ménagement et peut-être aussi plus de raison, car il s'agissait alors de tableaux, non de portraits. Le *Martyre de saint Symphorien*, exposé en 1834, sembla destiné à prouver l'injustice et le peu de fondement de ces critiques. On y voyait par endroits une affectation d'énergie qui surprit un peu les admirateurs habituels de l'auteur, et modéra légèrement leur enthousiasme. S'ils louèrent sans réserve le saint, la mère de celui-ci et le proconsul, ils ne dissimulèrent pas que l'aspect étrange des soldats porteurs de l'enseigne et de l'édit, la conformation singulière des licteurs, le choix des types de nature ayant de grosses têtes sur de petits corps, la recherche obstinée de la vigueur musculaire, l'accentuation excessive des formes dans la plupart des figures étaient des erreurs regrettables. Ces imperfections, quelque fâcheuses qu'elles leur parussent, ne les empêchèrent pas de parler du *Martyre de saint Symphorien* comme d'un ouvrage de l'ordre le plus élevé. Cependant, d'accord sur presque toutes les questions de détail et plus encore sur la valeur exceptionnelle du tableau, ils différaient d'opinion sur ce qui faisait le mérite supérieur de celui-ci. Ainsi M. Delécluze affirmait que ce mérite devait être attribué à l'énergie avec laquelle chaque figure et le sentiment qu'elle exprimait étaient rendus, bien plus qu'aux rapports qui pouvaient unir ces figures entre elles[1]; tandis qu'un des plus ardents zélateurs

[1] *Journal des Débats*. Salon de 1834.

de Ingres, M. Charles Lenormand, prétendait que, si, au lieu de s'acharner à chaque figure prise en elle-même, on considérait l'ensemble et se pénétrait de l'unité de la composition, on comprenait que, depuis Lesueur, personne en France n'avait plus hautement conçu une scène dramatique[1].

En dépit de leurs assertions contradictoires, ils ne se trompaient complétement ni l'un ni l'autre. Le premier, fidèle aux idées de la tradition classique, ne s'inquiétait guère que de la belle exécution des morceaux individuels; le second, qui avait des tendances moins académiques et plus modernes, se préoccupait surtout de la disposition générale, de la signification, de la portée morale de l'invention, et Ingres s'était proposé ce double but. C'est ce qu'indiquait Planche, quand, comparant le *Martyre de saint Symphorien* avec l'*Apothéose d'Homère* et constatant que la volonté générale qui avait présidé à ces deux ouvrages ne s'était pas démentie à sept ans de distance, il ajoutait : « La diversité des deux sujets n'explique pas seule les variations apparentes de la manière de l'auteur. Ce qui s'est passé dans la peinture depuis sept ans a dû nécessairement éveiller, dans la pensée de M. Ingres, de nouvelles ambitions et une soif plus ardente de la popularité, qui jusqu'ici lui a manqué. Sans renoncer au projet, qu'il poursuit depuis vingt ans, à son projet de ré-

[1] *Temps*. Salon de 1834.

novation raphaëlesque, il a été naturellement amené à rechercher, sans sortir du cercle habituel de ses études, les qualités, jusqu'ici peu développées dans sa manière, qui pouvaient surprendre et dominer l'attention[1]. »

Obéissant, presque à son insu, à l'esprit du temps, Ingres a effectivement tenté de représenter une action compliquée, une scène émouvante ; mais sa composition est entendue de telle sorte qu'elle laisse le spectateur assez froid et assez hésitant. Les figures remarquables n'y manquent certes pas ; le saint est d'un beau sentiment ; sa mère, malgré la faute volontaire et choquante de perspective, est pleine de passion et de véhémence ; le proconsul est un morceau de peinture excellent, d'un relief extraordinaire ; un adolescent qui s'apprête à lancer des pierres à la mère de Symphorien est d'une singulière justesse de mouvement et d'expression ; mais la foule, qui, suivant les plus chauds partisans de l'auteur, se rue sur le passage du martyr, est immobile, la vie n'y circule pas, et l'ensemble du tableau fait songer moins à une véritable conception dramatique et pittoresque qu'à une agglomération de personnages étudiés isolément et chargés de mettre en évidence des poses ingénieuses et bien trouvées. Quoi qu'il en soit, on n'y saurait nier des qualités de dessin que seul, de nos jours, Ingres a possédées à

[1] *Revue des Deux-Mondes.* Salon de 1834.

un aussi éminent degré; et, après un examen attentif et impartial de l'*Apothéose d'Homère* et du *Martyre de saint Symphorien*, on a peine à s'expliquer que l'une ait été tant vantée, l'autre si critiquée.

II

Génie dominateur et absolu, Ingres ne supportait pas patiemment la discussion de ses œuvres. Fort irrité de l'accueil fait à son *Martyre de saint Symphorien*, il annonça qu'il allait quitter la France pour toujours, qu'il ne voulait pas rester plus longtemps dans un pays où l'on n'aimait ni ne comprenait le grand art; puis, à la prière de ses plus fervents admirateurs, il revint sur sa détermination et finit par demander et obtenir la place de directeur de l'Académie de France à Rome. Il devait y trouver une vie tranquille et respectée, beaucoup plus conforme à ses goûts, à la nature de son esprit, que les agitations, les débats violents qu'il venait de subir. Mais son élève favori, Hippolyte Flandrin, alors pensionnaire de l'Académie, tout enchanté qu'il fût de revoir un maître vénéré, déplora son départ de Paris au moment où d'importants travaux de peinture murale lui étaient commandés. Il pensait que ces travaux exécutés « dans un lieu continuellement ouvert à tout le monde » eussent puissamment contribué à « redresser le jugement d'un public corrompu, » et que la présence de Ingres à Paris, son exemple et surtout son enseignement eussent suffi à détourner les jeunes artistes des voies funestes qui leur étaient ouvertes. Depuis, l'éditeur de la correspondance de Flandrin, M. Henri Delaborde, se plaçant au même point de vue et manifestant les mêmes regrets, a dit : « La clôture prématurée d'une école si florissante déjà, et qui promettait d'être si féconde, fit un tort considérable au progrès des saines doctrines et du goût dans notre pays[1]. »

Ces espérances se seraient-elles réalisées? Ces regrets sont-ils fondés? Ingres, s'il avait continué la lutte, eût-il exercé une influence prépondérante sur la direction générale de l'art? C'est fort douteux. Il s'arrêtait à une certaine époque de l'histoire de l'art, et n'admettait rien au delà; il voulait recommencer ce qui avait eu sa raison d'être et ne l'avait plus; et, si haut que fût son talent, sa doctrine était trop en contradiction avec le mouvement irrésistible des idées et des choses pour qu'il pût l'imposer à l'art et aux artistes. M. Lenormand, qu'on n'accusera certainement ni de malveillance ni de froideur pour l'auteur de l'*Apothéose d'Homère*, n'avait, dès 1833, aucune illusion à cet égard. Distinguant entre l'art et le métier, il affirmait que l'école de Ingres avait, quant au dernier, une utilité incontestable parce qu'elle assurait aux sciences historiques

[1] *Lettres et pensées d'Hippolyte Flandrin*, in-8.

des dessinateurs expérimentés, et empêchait le goût du grand style de se perdre complétement: mais il ne croyait pas qu'elle fût appelée à avoir sur le premier une action profonde et décisive. Les principes qui y étaient professés, bien qu'il fût loin d'en contester en quoi que ce soit la justesse, la vérité ou l'élévation, lui paraissaient hors d'état de triompher de ceux qui leur étaient opposés, et de vaincre les obstacles que les circonstances suscitaient à leur développement. « Ce qui prouve, disait-il, que M. Ingres ne peut être un puissant levier pour son temps, c'est la direction que suivent ses élèves quand une fois ils ont brisé les liens de l'école : il y a loin de là au *grappin* que David avait jeté sur presque tous ses élèves, à l'exception, peut-être, de M. Ingres[1]. »

Tel avait été le vrai de la situation avant que Ingres ne partît, tel il eût été probablement si Ingres fût resté, tel il fut après le départ de Ingres. Parmi ses disciples doués d'un réel talent, il n'y en eut, à deux ou trois exceptions près, aucun qui, sollicité par le mouvement intellectuel contemporain, ne s'écartât plus ou moins des enseignements du maître en matière d'invention et de style. M. Lehmann, dans son tableau de début, le *Départ du jeune Tobie*, ne montrait pas de tendance de ce genre, et M. L. Viardot, y signalant la grandeur du caractère,

[1] *Temps*. Salon de 1833.

la gravité du sentiment, manifesta l'espoir qu'il ne se laisserait « ni effrayer par les cris des écoles rivales, ni éblouir par les éloges de la camaraderie, ni surtout séduire par un goût inutile d'indépendance et d'originalité ; qu'il se contenterait d'être un illustre élève d'un maître illustre[1]. » Mais deux ans plus tard il recevait, à propos du *Mariage de Tobie*, une admonestation de M. Delécluze, pour avoir cherché « la profondeur et la complication des sentiments » plus que la beauté des formes et avoir, « comme invention et composition, procédé de l'idée à l'apparence visible, » ainsi que le fait le poëte et l'écrivain, tandis que « l'artiste conçoit et produit dans l'ordre inverse[2], » et, quelque dénuée de sens que soit au premier abord cette opinion sur la manière de créer de véritables œuvres d'art, elle n'était pas en désaccord avec les théories, les habitudes de l'école à laquelle appartenait M. Lehmann. Le *Mariage de Tobie* fut du reste fort peu goûté de la plupart des critiques ; car l'auteur, s'il avait donné ou pour mieux dire essayé de donner de l'intérêt et de l'unité à sa composition, n'y avait nullement renoncé aux affectations de simplicité archaïque qui avaient été blâmées dans ses ouvrages précédents, il les avait même exagérées et de plus avait négligé certaines parties, à ce point qu'Alexandre Decamps jugeait la Sarah, ainsi que la jeune fille, d'un

[1] *National*. Salon de 1835.
[2] *Journal des Débats*. Salon de 1837.

dessin absolument inacceptable, et le vieillard Raguel « d'un style au moins ridicule[1]. »

Théodore Chasseriau, fort jeune lorsqu'il commença à exposer, rompit, lui aussi, de très-bonne heure ses liens d'école. Dans ses premiers tableaux les hésitations de l'élève entre le respect des principes professés par le maître et la recherche de l'allure générale, de l'expression, de la mise en scène, étaient déjà visibles : dans sa *Suzanne*, du Salon de 1839, la personnalité de l'artiste s'accusa franchement. Ce qui distinguait cette figure, c'était, ainsi que le disait Haussard[2], la nouveauté de l'invention, l'originalité du type, la naïveté imprévue de la tournure, le mouvement plein de noblesse et de candeur, une gravité un peu mélancolique, un caractère froid, sévère et dédaigneux de l'attrait ; et la plupart de ces qualités n'étaient pas de celles qu'on avait le plus en honneur à l'atelier de Ingres. Porté par tempérament à voir les choses sous leur aspect frappant et poétique, Chasseriau, bien qu'il eût un très-remarquable sentiment de la forme, attachait beaucoup plus d'importance aux lignes principales et au jet du dessin qu'à la perfection des contours et des détails, et, plutôt que d'atténuer la grandeur d'un mouvement ou la force de l'expression, il se permettait des audaces qui frisaient l'incorrection. Ce mode de conception et d'exécution, qui était sen-

[1] *National*. Salon de 1837.
[2] *Temps*. Salon de 1839.

sible dans la *Suzanne* et devint de plus en plus évident dans les œuvres suivantes, était en quelque sorte une violation des préceptes qui avaient servi de base à son éducation artistique. Ceux de ses condisciples qui, peintres d'histoire, s'abandonnèrent, si peu que ce fût, au courant des idées modernes, imitèrent presque tous son exemple, et sortirent de leurs premières données d'école, quoique d'une façon moins éclatante et moins complète; mais les peintres de genre allèrent plus loin encore, et il n'en est pour ainsi dire pas un dans les ouvrages duquel il ait jamais été possible de découvrir la moindre trace des règles apprises à l'atelier.

Les élèves de Ingres qui restèrent fidèles aux idées, à la doctrine du maître, s'adonnèrent presque exclusivement à la peinture religieuse et au portrait. Leurs tentatives en dehors de ces deux parties de l'art n'obtinrent en général et ne méritaient guère que des succès d'estime. M. Amaury Duval avait au salon de 1834 *Un berger grec*, où, selon la plupart des critiques, l'habile exécution de quelques morceaux ne compensait pas l'insignifiance de l'invention, tandis qu'il avait exposé précédemment un portrait de lui, qui, de l'aveu de gens hostiles à l'école de Ingres, laissait peu de chose à désirer, et il exposa cinq ans après un portrait de jeune fille, qu'on s'accorda à considérer comme une des meilleures peintures du Salon. « Cette figure, disait Alexandre Decamps, vue de face et peinte en pleine lumière, sans ombre portée, sans effet accidenté, est d'une admirable délicatesse de modelé, d'une pureté de dessin et d'une élégance de forme qu'on ne saurait trop louer[1]. » Malgré l'uniformité des physionomies et le manque absolu d'originalité, le *Saint Clair guérissant les aveugles*, le *Christ et les petits enfants*, d'Hyppolyte Flandrin, furent plus remarqués que son *Dante parmi les envieux*, et ses portraits furent accueillis mieux encore que ses tableaux.

Les plus austères disciples de Ingres avaient néanmoins, à l'exemple de leur maître, une certaine répugnance pour la représentation des types individuels qui pouvaient les entraîner à l'imitation servile, minutieuse du laid, du vulgaire ou du grotesque, et les éloigner de l'idéal traditionnel qu'ils poursuivaient. Ils lui préféraient de beaucoup la peinture religieuse, plus propre que toute autre aux combinaisons de lignes qu'ils avaient étudiées chez les maîtres, qu'ils s'efforçaient de retrouver, et qui leur paraissaient le dernier mot, la vraie fin de l'art. Jusqu'en 1840, ils jouèrent un assez modeste rôle au Salon; mais, à partir de cette époque, ils prirent de l'importance. Les passions révolutionnaires commençaient à s'apaiser; l'ordre renaissait; le principe d'autorité semblait triompher en toutes choses; on tâchait de revenir aux grandes et vieilles traditions;

[1] *National*. Salon de 1837.

on songeait à ressusciter l'art monumental ; on avait à peu près décidé que les travaux de décoration seraient désormais exécutés sur mur, en particulier dans les églises ; les circonstances étaient donc favorables à l'*ingrisme* orthodoxe qu'un critique clairvoyant et peu enthousiaste, M. Louis Peisse, définissait ainsi : « C'est une sorte de classicisme moderne, un peu moins insipide que l'ancien, mais plus pédantesque peut-être et surtout plus importun ; car il n'est pas si modeste. On reconnaît aisément ses produits aux signes suivants : composition pauvre ; figures clair-semées et de grandeur demi-nature ; expressions froides ; dessin exact, compassé ; exécution étudiée et presque précieuse du modelé ; absence de relief ; tons gris ; coloris faible, monotone ; lumière plate ; touche uniforme[1]. »

L'Académie des Beaux-Arts goûtait médiocrement ce moderne classicisme. Elle protesta même un jour contre lui en séance publique. Elle engagea Ingres, alors directeur de l'Académie de France à Rome, « à conduire les pensionnaires à une égale distance des deux écueils de l'innovation et de l'imitation, » et lui rappela qu'un seul système méritait le suffrage des artistes, « celui de la nature et de la vérité. » La docte compagnie ne s'était pas aperçue qu'en par lant ainsi elle était en contradiction avec elle-même ; que, cédant à un mouvement de vanité blessée ou

[1] *Revue des Deux-Mondes*. Salon de 1841.

poussée par un malencontreux sentiment de jalousie contre un de ses membres les plus illustres, dont le talent et la célébrité l'importunaient peut-être, elle blâmait chez les autres ce qu'elle glorifiait chez elle et les siens. Aussi les défenseurs de Ingres eurent-ils beau jeu à répondre : L'imitation et l'innovation sont les deux pôles nécessaires de toute bonne doctrine ; car, dans l'art, les deux conditions à remplir sont : résumer la tradition de ses devanciers, la transformer ensuite en vertu du principe de vie et d'originalité que l'on porte en soi. Chacun entend les mots nature et vérité comme il lui convient le mieux, et M. Ingres, de même que ses élèves, est convaincu qu'il marche dans la voie de la nature et de la vérité. L'Académie n'a pas d'ailleurs d'autre doctrine que celle de Winckelmann, qui, loin d'admettre le naturalisme, professait l'idéalisme avec un enthousiasme sans borne ; et ce principe, auquel elle a dû jadis son éclat et qui a présidé à sa fondation, ce principe qu'elle semble redouter aujourd'hui est précisément celui qui guide le directeur de l'Académie de France à Rome. M. Ingres, en effet, n'obéit pas à une organisation particulière; mais il s'est placé sous le patronage de Raphaël, il a poursuivi chez les artistes chrétiens plus haut que Pérugin, chez les artistes grecs plus haut que Phidias, la double série d'études que Winckelmann avait bornée à ces deux maîtres, et il a produit un sublime chef-d'œuvre, la *Stratonice*.

Les vieux classiques de l'Académie furent, en dépit qu'ils en eussent, obligés de courber la tête. Leur règne était fini, ou peu s'en faut. Leur crédit dans le monde officiel diminua de jour en jour, celui de Ingres et de ses disciples alla croissant. La *Stratonice* fut sinon la cause, au moins l'occasion prochaine, ou, si l'on veut, le point de départ de ce changement. Commandé par le duc d'Orléans et exécuté à Rome durant le séjour de Ingres à la Villa-Médicis, ce tableau fit une très-vive impression sur les quelques privilégiés qui, en 1840, furent admis à le voir aux Tuileries. Comme le dit alors M. Lenormand[1], les admirateurs les plus sincères et les plus éclairés de l'auteur avaient pu craindre « que la plus haute des qualités de la peinture, l'expression, ne lui eût pas été départie aussi généreusement par la nature que l'élévation du goût et l'originalité du dessin » et la *Stratonice* les rassurait à cet égard. « Jamais, ajoutait-il, M. Ingres n'a mieux uni le goût à l'expression ; et, ce qui nous semble merveilleux, plus les personnages ont d'importance et touchent pour ainsi dire au cœur de la composition, plus se montre vrai et profond le sentiment qui les anime : la figure du jeune Antiochus est à la fois le centre et le diamant du tableau. » L'enthousiasme de M. Lenormand pour la *Stratonice* fut encore dépassé par celui de Haussard, qui s'écriait : « M. Ingres

[1] *Revue de Paris.* Septembre 1840.

est toujours le plus grand dessinateur d'école grecque dont nous puissions être fiers, non pas seulement pour la pureté du trait et la religieuse étude des plus petits points de la ligne (très-minime partie de l'art du dessin), mais pour le choix accompli de la forme et du costume, pour l'inspiration de la pose et du mouvement moral des figures. Nous ne saurions non plus laisser aux ennemis de M. Ingres ce thème superbe, ce triomphe banal qu'ils tirent de sa couleur. Il faut comprendre son habileté de peintre et son art de la couleur. Ce n'est point une gamme éclatante, une tonalité riche et chaleureuse, ce ne sont pas de vives et larges oppositions d'ombre et de lumière, ni un clair obscur magique ; c'est une gamme atténuée et délicate, une tonalité fraîche et tendre, une douce diffusion de lumière, un jeu raffiné de demi-teintes et de reflets. Il faudrait être aveugle pour ne point voir dans la *Stratonice* une savante et fine peinture : la touche légère du modelé, la morbidesse des chairs, la suavité des contours, la lumière caressante, la limpidité et la profondeur de la perspective aérienne, qu'est-ce donc si ce n'est de la couleur[1] ! »

C'était aller un peu loin. Quel que soit le mérite de la conception et de l'ordonnance, on ne peut nier que dans la *Stratonice* la composition n'a pas toute l'unité désirable ; que, si la figure de la reine est

[1] *Temps*. Salon de 1841.

pleine de grâce et d'élégance, le mouvement du bras gauche et l'attache du poignet s'expliquent assez difficilement; que l'attitude et le geste d'Érasistrate manquent de simplicité; qu'on ne sent pas suffisamment le corps de Séleucus sous le manteau; que les accessoires, les détails d'architecture et d'ameublement sont beaucoup trop multipliés, trop précieusement exécutés, d'une couleur discordante, dure et crue, qu'ils viennent en avant, tirent l'œil et détournent l'attention de la partie humaine, du véritable sujet de la composition. Mais, en 1840, Haussard, fatigué peut-être des exagérations, incohérences ou excentricités du romantisme, frappé du grand sentiment d'art empreint dans la *Stratonice*, pénétré de respect pour l'inébranlable persistance de Ingres en sa foi artistique, confondait les défauts et les qualités et poussait l'admiration jusqu'à l'engouement. Dans le monde officiel, du reste, parmi ceux à qui il avait été donné de contempler la *Stratonice*, on pensait, on agissait de même. On semblait vouloir faire oublier à celui que l'on considérait comme le chef de l'école française les critiques adressées six ans auparavant au *Martyre de saint Symphorien*, et honorer en lui l'esprit de résistance, le culte de l'idéal et de l'absolu.

Les plus distingués des élèves de Ingres furent chargés d'exécuter des peintures murales dans les églises de Saint-Merry, de Saint-Séverin et de Saint-Germain-des-Prés. La critique parla peu de ces travaux; elle y fut presque aussi indifférente que le public lui-même. Néanmoins, elle s'en occupa, principalement quant au choix des maîtres dont s'étaient inspirés les auteurs de ces peintures et au plus ou moins d'unité du style. De la valeur poétique de l'invention, de la portée religieuse de la composition, il fut à peine question, comme si l'on eût été d'accord que des conceptions de cette espèce ne pouvaient qu'être factices et manquer de signification. On reconnut que Chasseriau, plus indépendant et plus aventureux qu'aucun de ses condisciples, avait montré de l'originalité et de la verve dans quelques parties de sa chapelle de Sainte-Marie-l'Égyptienne, à Saint-Merry, en particulier dans l'*Assomption*; mais on lui reprocha de n'avoir su éviter ni la convention ni la laideur, de s'être adressé à l'esprit, non aux yeux, et de n'avoir pas assez consulté la nature. Haussard remarqua que MM. Lehmann et Amaury Duval s'étaient éloignés des principes professés par leur maître plus qu'eux-mêmes ne le supposaient. Il regretta que l'un eût associé tout ensemble le goût de la première renaissance florentine et romaine, « le goût plus haut de M. Ingres, » et aussi un peu de style byzantin; que l'autre eût subi l'influence de l'école néo-catholique, qu'il eût couru après l'ombre de Fra Angelico, qu'il eût fourvoyé sa conscience de travail et son sentiment respectueux de l'art dans le maniérisme et l'anachronisme primitif, et il déclara que les chapelles de MM. Lehmann et Amaury Duval, bien qu'elles méritassent l'attention et fussent honorables, étaient « des œuvres d'étude et de discipline plutôt que des œuvres de force et de veine naturelle[1]. »

La chapelle de Saint-Jean que peignit Hippolyte Flandrin à l'église Saint-Séverin, parut une œuvre saine, épurée, bien réglée, un travail consciencieux où l'on sentait la bonne éducation, le respect des modèles, mais dans lequel l'originalité, l'élévation de la pensée faisaient absolument défaut. Les peintures qu'il exécuta ensuite dans le sanctuaire de Saint-Germain-des-Prés, quoiqu'elles indiquassent un progrès manifeste attirèrent médiocrement l'attention, soit de la foule, soit de la presse. Planche[2] félicita Flandrin de s'être gardé des puérilités archaïques, de n'avoir pas redouté le reproche de paganisme, « en traitant deux sujets catholiques selon la manière de l'école romane au seizième siècle ; » il le loua d'avoir « agrandi sa manière en donnant à l'exécution des morceaux plus de précision et de fermeté ; » et ce fut à peu près tout. En exécutant sur fond d'or ses deux grandes compositions du sanctuaire de Saint-Germain-des-Prés, Flandrin a, en effet, moins cédé à une fantaisie archéologique qu'au désir de donner de la précision aux contours de ses figures et de ne pas troubler l'harmonie des lignes architecturales. Il a atteint le but qu'il s'était pro-

[1] *National*, février 1845.
[2] *Revue des Deux-Mondes*, 1846.

posé, on ne saurait le nier : l'*Entrée de Jésus-Christ à Jérusalem* et le *Jésus-Christ portant sa croix* font partie intégrante du monument, ils ressemblent à deux bas-reliefs encastrés dans les murs, et la fermeté du dessin y est par endroits poussée jusqu'à la sécheresse. Mais on n'y voit pas assez la spontanéité, le jet de la pensée ; ces deux compositions sont simplement des essais de symbolisme chrétien, que l'auteur, malgré ses ferventes croyances religieuses, n'est parvenu ni à rajeunir, ni à rendre émouvants.

Trois ou quatre ans plus tard, Flandrin, tout en observant dans la frise de Saint-Vincent-de-Paul les mêmes règles d'art monumental qui l'avaient guidé à Saint-Germain-des-Prés, se relâcha un peu de son austérité, et M. Vitet, qu'on ne soupçonnera certes pas d'avoir jamais eu un goût bien vif pour les innovations révolutionnaires en art ou en quoi que ce soit, outre qu'il l'approuva de s'être tenu « plus près de l'imitation, » l'invita « à faire un pas de plus[1]. » Tout devait l'y encourager. Les éloges que lui valait sa frise de Saint-Vincent-de-Paul avaient pour principal motif une somme d'originalité et d'invention plus grande que dans tout autre de ses ouvrages antérieurs ; car, s'il en avait emprunté l'idée première à une frise de Saint-Apollinaire de Ravenne, il se l'était complétement assimilée, il l'avait faite sienne

[1] *Revue des Deux-Mondes*, 1853.

par la manière dont il l'avait mise en œuvre. Chargé de décorer un espace long et relativement étroit, il avait représenté d'un côté les apôtres, les martyrs, les docteurs, les saints évêques, les confesseurs, de l'autre les vierges et martyres, les saintes femmes, les pénitentes, les saints ménages s'avançant processionnellement vers le Christ triomphant et bénissant; et une étude plus attentive et plus personnelle de la nature lui avait permis d'éviter la monotonie qu'entraînait cette succession de personnages animés de sentiments identiques et concourant à la même action. Isolées ou disposées par groupe, ces figures différaient suffisamment d'aspect et de caractère, et la variété des attitudes et des airs de tête ne nuisaient en rien au calme, à la sérénité de l'ensemble. Enfin parmi les figures de saintes, très-préférables à celles des saints, quelques-unes se distinguaient par une souplesse de dessin, une élégance de forme, une finesse d'expression, une grâce chaste dont il avait partout ailleurs rarement approché. Cependant il revint au style hiératique dans ses peintures de l'église d'Ainay, à Lyon. Ce ne fut pas précisément, il est vrai, par esprit de système, ce fut surtout, il l'a dit lui-même[1], parce que, à l'église d'Ainay, le mode archaïque, où il voulait du reste introduire un peu de mouvement, lui semblait plus en rapport avec le caractère de l'architecture et plus décoratif.

[1] *Lettres et Pensées d'Hippolyte Flandrin*, 412, Lettre à M. Questel.

Travailleur persévérant, mais médiocrement inventif et pas le moins du monde aventureux, Flandrin avait besoin de suivre des règles fixes, déterminées et nettement définies comme celles que Ingres enseignait à ses disciples, ou celles qui ont servi de guide aux peintres religieux du quatorzième et du quinzième siècle. Il était un croyant soumis et respectueux en art aussi bien qu'en religion. Grâce à ses sérieuses études, commencées à l'atelier de Ingres, continuées en Italie devant les chefs-d'œuvre du moyen âge et de la Renaissance, il était rarement arrêté par les difficultés de l'exécution. Plusieurs des cartons exposés après sa mort à l'École des Beaux-Arts feraient supposer qu'il dessinait d'une main sûre, sans hésitations ni repentirs, comme écrit un professeur de calligraphie. Du dessin, il savait tout ce qui peut s'apprendre; il n'en avait ni l'intuition ni le grand goût. La forme vaut surtout par ce qu'elle exprime et par la façon plus ou moins énergique ou délicate dont elle l'exprime; or Flandrin ne saisissait pas, ou, du moins, ne rendait pas toujours très-bien le sens caractéristique, idéalement vrai d'un sujet ou d'une tête. Ses œuvres de tout genre, sacrées ou profanes, en font foi. Sauf à Saint-Vincent-de-Paul, où il a été heureusement inspiré pour quelques figures de saintes, il ne s'est guère élevé dans ses peintures monumentales au-dessus du style sobre et tempéré. Il hésitait entre le symbole et la réalité, quoiqu'au fond il penchât vers le premier; il se souvenait, il arrangeait ses souvenirs, il imaginait peu; de là la portée moyenne de toutes ses conceptions. S'agissait-il d'interpréter directement la nature? Il était bien rare qu'il trouvât et mît suffisamment en relief le côté individuel, le trait distinctif de son modèle, homme d'État ou financier, femme du grand ou du petit monde. Soigneux et méthodique, il n'oubliait rien, ne négligeait rien, mais n'accentuait rien. Ses portraits sont peut-être ressemblants dans la vulgaire acception du mot; en dépit de l'habileté avec laquelle ils sont peints, ou plutôt estompés de teintes froides et louches, ils manquent en général de caractère et de physionomie.

Un critique très-expert et très-impartial, Théophile Thoré, parlant des portraits exposés au Salon de 1846, disait de Flandrin à propos d'un portrait de femme : « Il a étudié avec une patience consciencieuse la forme de son modèle; mais la sécheresse et la rigidité ne sont pas le style et la précision. Par malheur, malgré les armoiries peintes sur le fond, le dessin que lui offrait la nature n'a pas les qualités d'élégance, de distinction et de charme qui peuvent donner de l'intérêt à la ligne seule, quand elle est saisie avec justesse comme dans le portrait de M. Amaury Duval. C'est le commun pris au sérieux, et analysé avec une obstination digne d'un meilleur sort. C'est l'ennui en peinture. Dieu a créé le soleil et la couleur pour réjouir les hommes, et pour varier incessamment les aspects de la nature. MM. Lehmann, Amaury Duval, Hippolyte Flandrin, ajoutait Thoré, représentent au Salon l'école de M. Ingres. Tous trois se sont formés à Rome d'après les austères enseignements du maître. Le système s'est inoculé dans leur sang et figé sur leur palette. Ils y ont gagné des qualités sérieuses avec des défauts peut-être inguérissables. Mais chez M. Lehmann et chez M. Amaury Duval les qualités ont pris le dessus. Le résultat fait oublier la théorie[1]. »

La Révolution de Février ne modifia en rien les tendances de Ingres et de ses disciples. Le mouvement intellectuel et moral qui l'avait précédée et celui qui la suivit étaient en trop complète opposition avec leurs idées et leur doctrine pour qu'il en fût autrement. Elle ne put que les surprendre ou les mécontenter. Mais les événements qui survinrent quelques années après décidèrent Ingres à sortir de la retraite, et, en 1852, il accepta « avec empressement[2] » de peindre l'*Apothéose de Napoléon* pour un plafond de l'Hôtel-de-Ville. La manière dont il comprit le sujet qu'il avait à traiter fut assez vivement critiquée par Planche. Celui-ci pensait que, « pour agir puissamment sur l'imagination des spectateurs », il aurait fallu représenter Napoléon au milieu de ses pairs, « entre Alexandre et César, entouré de Lycurgue et de Solon, de Charlemagne et de

[1] *Constitutionnel*. Salon de 1846.
[2] *Lettres et Pensées d'Hippolyte Flandrin*, p. 400.

Charles-Quint », que le peintre eût ainsi clairement montré qu'il n'avait pas voulu glorifier le seul génie de la guerre, mais bien aussi et dans la même mesure le génie législatif, le génie de la paix. Suivant lui, la composition telle qu'elle était entendue ressemblait à un triomphe, non à une apothéose, et elle manquait d'unité, la moitié inférieure ne se reliant pas directement à la moitié supérieure. Il trouvait que le triomphe de Napoléon était une idée complète en elle-même, que l'anarchie terrassée par Némésis était une autre idée également complète, suffisante pour défrayer un tableau, et que ces deux idées accouplées se nuisaient mutuellement. « Le spectateur, disait-il, se demande ce que signifient les figures placées dans la partie inférieure de la toile, et, lorsqu'il les a comprises, il se demande par quel lien mystérieux elles se rattachent à l'Apothéose de Napoléon. Question insoluble à mon avis[1]. »

Parfaitement justes au fond et en thèse générale, ces observations étaient erronées en un sens : Planche se méprenait sur l'esprit qui avait inspiré la composition. Obéissant à un programme imposé, ou, plus vraisemblablement encore, à son propre instinct, Ingres a vu surtout dans son héros le dompteur « des factions, » le restaurateur « de l'ordre, » la personnification de la force et de l'autorité. Il a célébré bien plutôt la gloire du vainqueur des mar-

[1] *Revue des Deux-Mondes*. Avril 1854.

ches de Saint-Roch et de l'Orangerie de Saint-Cloud, que celle du vainqueur d'Austerlitz et de Wagram. C'est évidemment là ce qu'il a indiqué, ou du moins prétendu indiquer, en plaçant au-dessous du char triomphal la figure de la France éplorée et celle de Némésis foudroyant « du geste un groupe de figures révoltées et furieuses, qui rentrent comme de hideuses larves dans un brouillard noir où siffle le serpent de l'anarchie[1]. » La conception n'est donc pas aussi complétement dépourvue de signification que Planche semblait le supposer; mais elle est d'une valeur poétique fort contestable, elle procède de notions philosophiques, historiques et morales plus que médiocres. Le style de chaque figure considérée en elle-même fût-il comparable à celui des plus belles créations de la Grèce, ainsi que l'affirmait Planche devenu, depuis un séjour de plusieurs années en Italie, l'un des plus fervents admirateurs de Ingres (et dans quelques-unes la sévérité du style dégénère en froideur, l'élégance en recherche), qu'il ne suffirait pas à racheter ce défaut essentiel, ce vice d'origine.

Un très-sincère zélateur de Ingres écrivait vingt ans auparavant : « Ce grand peintre n'a pas la tâche de régénérer son siècle, de rendre la jeunesse à ce qui tombe de décrépitude, la sonorité à une corde amollie et détendue; il est venu tout simplement

[1] Théophile Gautier. *Moniteur*, 4 février 1854.

pour enterrer la synagogue avec honneur : brisez ce dernier rameau de la famille de Raphaël, tirez le rideau et la farce sera jouée[1]. » Sa prophétie s'est déjà réalisée en partie.

Ingres avait quarante toiles à l'Exposition universelle de 1855, et, si la nouvelle génération d'artistes et de critiques a regardé avec intérêt, avec respect, ces manifestations d'un vif amour de l'art, ces preuves de fermes et profondes convictions, elle a été plus étonnée que touchée de voir tant d'efforts dépensés à la poursuite d'un idéal épuisé ; elle n'a pas compris un tel dédain de la vie, sinon de la réalité. Parmi ses disciples les plus notables, Chasseriau, M. Lehmann ont, dans une certaine mesure, violé les règles de l'école toutes les fois qu'ils ont tenté d'interpréter des sujets dramatiques, des sentiments modernes. M. Amaury Duval, qui n'a jamais pris de pareilles licences, n'a guère fait, sauf quelques travaux de peinture monumentale où des souvenirs d'iconographie chrétienne suppléent tant bien que mal le sentiment religieux, que des portraits et des études. Quant à Flandrin, le plus docile et le plus timoré de tous, l'histoire ratifiera-t-elle l'opinion émise par M. Henri Delaborde, que la mort en le frappant a enlevé « à la France le plus grand peintre religieux qu'elle ait vu naître depuis Lesueur, à notre école contemporaine celui

[1] Charles Lenormand. *Temps.* Salon de 1833.

qui en était l'honneur principal après M. Ingres? » Il est permis d'en douter. Strictement attaché au dogme en art ainsi qu'en religion, Flandrin a vécu moins encore que son maître dans le grand courant des idées de son temps, et l'on ne crée des œuvres supérieures et durables ni avec des idées en germe, comme l'ont cru les humanitaires, ni avec des idées mortes, comme le croient les absolutistes.

L'ÉCLECTISME

Pendant les premières années de la Restauration, on eut en toutes choses une sorte d'hésitation. Pas plus que la masse de la nation, les savants, les littérateurs, les artistes, le public éclairé ne répudiaient l'héritage de la Révolution ; mais les idées d'organisation sociale, d'histoire, de philosophie que le gouvernement impérial, aussi rétrograde que despotique, s'était efforcé de ressusciter et de propager, avaient jeté du trouble et du doute dans les esprits. La monarchie restaurée avait continué l'œuvre de l'empire, et peu à peu le terrain, déblayé par le dix-huitième siècle, s'était encombré de nouveau. Les idéologues, écartant les questions hypothétiques ou chimériques, avaient analysé les sensations et les idées ; on disserta sur la cause, la substance, l'espace, le temps, l'infini. On admit que « toutes les conditions de la science, de l'art, de la morale sont dans l'expérience, et même la plupart du temps dans l'expérience sensible, » mais on affirma que le fondement direct de la science est la vérité absolue; celui de l'art, la beauté absolue; celui de la morale et de la politique, le devoir, le droit, le bien absolu; et l'on proclama que le fond de la saine doctrine était « l'idéalisme tempéré par une juste part d'empirisme. »

La nouvelle génération, chez laquelle on avait créé des besoins intellectuels inconnus de ceux qui l'avaient précédée, avait des inquiétudes, de vagues aspirations. Elle ne se contentait pas des notions fournies par les sens; elle voulait aller au delà, se rendre compte de l'origine et de la fin des choses, de l'essence des êtres et de la destinée humaine. Les idéologues étaient assez sobres sur ces questions de pure métaphysique; elle trouvait leurs solutions insuffisantes et mesquines. Les catholiques expliquaient tout de la façon la plus satisfaisante, pourvu qu'on eût la foi; elle n'avait pas la foi et jugeait leurs explications un peu hasardées. Elle resta donc quelque temps incertaine, entre l'école sensualiste et l'école théologique, sans pouvoir se décider ni pour l'une ni pour l'autre; mais, soucieuse d'avoir une doctrine ou quelque chose d'approchant, elle dut enfin prendre un parti, et accepta, faute de mieux, le subtil compromis de l'idéalisme mitigé par de l'empirisme.

Beaucoup, parmi les hommes de cette génération, goûtaient médiocrement les abstractions et les entités métaphysiques. Ils se rangèrent néanmoins sous la bannière de la nouvelle école; car celle-ci, dans l'ensemble de son système, faisait une large place à l'histoire qu'ils aimaient, où ils voyaient pour le penseur, le poëte, l'artiste, une source féconde en enseignements, en inventions de tout genre. Tous, d'ailleurs, plus ou moins partisans de la liberté politique, ils devaient naturellement se rallier à une doctrine qui prétendait concilier les principes de la monarchie traditionnelle avec ceux de la Révolution, et semblait tendre à faire pencher la balance du côté de ces derniers. Ceux des jeunes artistes qui, sentant la nécessité de rompre avec les règles les plus austères du classicisme, n'étaient pas, comme Delacroix, entraînés par un génie impétueux, ou, comme Ingres, engagés à la poursuite d'un idéal déterminé, et qui croyaient que l'art relève de l'observation et de la raison, bien plus que de l'imagination, ne pouvaient qu'approuver cette doctrine complexe et assez incohérente que ses promoteurs et défenseurs décoraient du nom de doctrine du sens commun. Ils ne la connaissaient peut-être pas, il est vrai, d'une manière complète et approfondie; mais, du moins, ils en mettaient les préceptes en pratique.

I

Après la chute définitive de l'empire, la partie la plus intelligente et la plus active du public éprouva deux sentiments en apparence contradictoires : la satisfaction d'avoir obtenu quelque liberté, si restreinte fût-elle, l'humiliation d'avoir vu le territoire envahi et de le voir occupé par l'étranger. Les avantages de la paix, tant et depuis si longtemps désirée, furent un moment presque oubliés. Ils parurent trop chèrement achetés au prix du séjour prolongé des troupes anglaises, allemandes ou russes sur le sol français. Les soldats ne semblèrent plus d'aveugles et serviles instruments d'un despote ambitieux, mais d'héroïques défenseurs de la patrie. On s'apitoya sur le sort de ces enfants de la révolution forcés d'obéir à d'anciens émigrés n'ayant aucun titre militaire ou n'en ayant pas d'autre que d'avoir servi dans les rangs ennemis, et il y eut à leur égard comme un regain de sympathie et d'admiration. La terreur blanche, les excès de la réaction royaliste avaient effacé le souvenir des horreurs de la guerre, des brutalités et des rigueurs du régime impérial ; et les hommes les plus indépendants, les plus impartiaux en étaient venus à confondre l'idée de liberté avec celles de patriotisme et de gloire nationale.

De telles dispositions d'esprit contribuèrent assurément à faire accueillir avec enthousiasme les premières scènes militaires exposées par Horace Vernet. Le public et même bon nombre de critiques applaudirent presque autant à l'artiste qui s'inspirait des actions, des souffrances, des obscurs dévouements de l'ancienne armée, à celui dont on refusait des toiles au Salon pour cause politique, qu'au peintre ingénieux, adroit et spirituel. Le succès toutefois fut loin d'être exclusivement politique. Vernet lui-même n'avait pas du reste obéi à de fortes et impérieuses convictions libérales : il avait simplement profité de circonstances qui lui permettaient d'accroître sa popularité tout en satisfaisant ses goûts personnels, ses propres instincts pittoresques.

Ce fut surtout à ce point de vue purement artistique que la critique sérieuse discuta ses œuvres, où les journaux de l'alliance libéralo-bonapartiste, poussés par l'esprit d'opposition, ne découvraient que des choses admirables, sublimes. La facilité, l'entrain, la verve, le naturel ne pouvaient être contestés, et l'on y rendit pleinement justice. Seulement on reprocha à Vernet de peindre d'une manière trop rapide, et l'on manifesta la crainte qu'il ne fît bientôt plus, s'il continuait, que des ébauches semblables à des décorations de théâtre. Vernet voyait juste quoique peu profondément, il peignait du premier coup sans longues études ni grandes recherches, et sa peinture, assez mince, avait souvent de la sécheresse. Ce n'était cependant pas ce qui dans ses ouvrages choquait le plus M. Delécluze. Celui-ci y constatait avec plaisir l'absence de ce *style académique* contre lequel David et ses élèves avaient énergiquement réagi et dont il croyait apercevoir des traces dans les tableaux de Géricault et de Scheffer. Il louait sans restriction la *Barrière de Clichy* en 1824, et il félicitait l'auteur d'avoir adopté de petites proportions pour cette toile ainsi que pour les batailles de Hanau et de Montmirail. Mais il remarquait que Vernet, capable de reproduire fort habilement tous les objets qu'offre la nature, ne peignait pas tous les genres, comme on l'affirmait, puisqu'il n'avait pas encore abordé le haut style, et il déplorait que, grâce à son talent et à ses brillantes qualités, il entraînât l'école hors de la bonne voie.

Les classiques, progressistes ou non, assignaient à l'art pour but suprême la réalisation de certaines formes convenues, de certains types consacrés. Vernet, qui ne se souciait guère que de la vérité des choses et se contentait de choisir les moins laides, exerçait, suivant eux, une influence fâcheuse et donnait des exemples pernicieux. Pourtant, ils ne confondaient ni lui ni ses imitateurs avec les jeunes artistes de l'école révolutionnaire. Ceux-ci, s'éloignant franchement de l'idéal classique, se laissaient emporter par l'esprit moderne, sans trop savoir où il les mènerait ; ceux-là, peu disposés à courir les aventures, n'avaient pas, en matière d'art, des opinions très-différentes de celles qui dominaient à l'Institut, et cédaient simplement, sans peut-être en avoir bien conscience, au goût du moment. Les uns étaient des adversaires des saines doctrines qui, certes, n'arriveraient jamais à résipiscence ; les autres, des confrères égarés, qui probablement reviendraient de leurs erreurs et rentreraient tôt ou tard dans le giron de l'école traditionnelle. Ces derniers étaient traités en conséquence. Aussi, Paul Delaroche ne rencontra-t-il à ses débuts que des contradicteurs assez bienveillants.

En 1824, on se plut à reconnaître, dans la *Jeanne d'Arc interrogée par le cardinal Winchester*, la simplicité, la clarté de la composition, la justesse de la pantomime, l'exactitude du costume, la vérité du sentiment historique, et l'on ne blâma guère que la couleur, monotone en ce sens que le tableau était divisé en deux parties à peu près égales, l'une, toute rouge, l'autre, toute noire. M. Delécluze signala bien chez Delaroche une sensible propension à exprimer les formes d'une manière lâche et incorrecte, un manque complet d'idéal dans les compositions et les personnages, une recherche de l'effet piquant, indigne d'un peintre d'histoire; mais il attribua ces défauts à l'insuffisance des études du peintre, plutôt qu'à un parti pris[1]. En 1827, on observa que Delaroche avait « su se préserver de l'engouement des fausses doctrines; » que, s'il semblait « éviter de consacrer ses pinceaux à l'histoire grecque et romaine » et se montrait indépendant dans le choix des sujets, il ne « cherchait point à se soustraire aux lois positives du dessin[2]. » M. Delécluze l'appelait un vrai peintre d'histoire, parce que, dans la *Prise du Trocadero* et dans la *Miss Mac-Donald*,

[1] *Journal des Débats*. Salon de 1824.
[2] *Moniteur*. Salon de 1827.

il avait eu « le grand art de subordonner tous les détails exigés par le sujet qu'il avait à représenter, à l'action, au personnage principal[1]. » M. Vitet le considérait comme celui de tous les jeunes peintres d'alors qui, peut-être, était « le plus arrêté, le plus conséquent dans sa manière de voir et de rendre la nature ; » il le trouvait « plus historien que poëte ; or, il faut des historiens en peinture, » et il ne voyait pas à cette époque « un talent plus propre à remplir ce rôle important » que celui de l'auteur du *Trocadero*[2]. Enfin H. Beyle, romantique original et passablement fantasque, parlant des gestes emphatiques, imités de Talma ou de quelque autre comédien, qui gâtaient les tableaux des vieux sectaires de David, tout comme ceux des jeunes imitateurs de la manière anglaise, disait : « La *Mort de la reine Élisabeth*, de M. Delaroche, est exempte de ce triste défaut[3]. »

La sympathie admirative de la plupart des critiques pour Delaroche ne diminua point après la Révolution de juillet ; elle grandit même encore. On semblait applaudir en lui l'homme qui, dans la sphère de l'art, représentait le mieux les idées moyennes qu'on désirait voir adopter par le nouveau gouvernement. Les partisans de l'éclectisme en philosophie, et du juste-milieu en politique, devaient,

[1] *Journal des Débats*. Salon de 1827.
[2] *Globe*. Salon de 1827.
[3] *Revue trimestrielle*, 1828. Salon de 1827.

en effet, nécessairement approuver un artiste qui n'était, au fond, ni révolutionnaire, ni rétrograde, ni romantique, ni classique, qui ne s'attachait spécialement ni au dessin, ni à la couleur, et tâchait de combiner ces deux éléments de l'art suivant les données du vulgaire bon sens. A en croire M. Lenormand, le *Cromwell* était une peinture essentiellement française et du dix-neuvième siècle, en dehors de nos habitudes quant au matériel de l'art, mais relevant de l'école historique moderne de la France, intéressante par l'imitation exacte des mœurs, des passions particulières à une époque, et par « ce vernis de réalité, la seule poésie qui nous appartienne en propre, celle qui nous permet de penser que notre âge ne sera pas tout à fait compté pour rien dans l'histoire des arts d'imagination. » Il dénotait à son avis, chez Delaroche, une singulière aptitude « à aborder de la manière la plus sérieuse les sujets de notre histoire auxquels répugnent les talents appuyés sur l'étude exclusive du passé » et, par là, lui paraissait, sinon le meilleur tableau, au moins « le fait le plus important qui eût marqué dans l'école, depuis l'apparition des premiers ouvrages de M. Horace Vernet[1]. » Selon M. Peisse, le *Cromwell* révélait « un maître de l'art consommé, un esprit élevé et profond, » mais le sujet ne prêtait pas à une composition pittoresque, tandis que les

[1] *Temps*. Salon de 1831.

Enfants d'Édouard étaient un tableau des plus remarquables, très-supérieur aux précédents tableaux de l'artiste, et dans lequel l'exécution, « le système de peinture, » étaient à la hauteur de l'invention[1]. Pour M. Delécluze, il disait simplement que les *Enfants d'Édouard* étaient une œuvre très-dramatique, ayant « la réalité d'une scène fidèlement copiée sur la nature, » et que, dans le *Cromwell*, « l'exécution large, franche et savante s'accordait parfaitement avec la conception du sujet, » de ce sujet historique qui était traité « comme le serait un tableau de genre, un portrait, le portrait de la curiosité[2]. »

Le caractère de réalité dont parlaient presque tous les critiques n'est cependant pas ce qui frappe le plus dans les *Enfants d'Édouard*. L'attitude des deux frères, l'effet général, l'arrangement et jusqu'à la simplicité affectée de la composition rappellent moins la nature que la mise en scène théâtrale. Delaroche pouvait représenter l'assassinat des jeunes princes. Il ne l'a pas voulu. Il a craint sans doute de produire une impression trop violente. Il a préféré laisser deviner la mort prochaine et cruelle de ces enfants larmoyants et effrayés. Il l'a indiquée en plaçant à l'angle du lit un petit chien qui regarde avec nquiétude la porte sous laquelle des lueurs rougeâtres annoncent l'approche des meurtriers. Et, quoi qu'on en ait dit en 1831, ce moyen assez ana-

[1] *National*. Salon de 1831.
[2] *Journal des Débats*. Salon de 1831.

logue à celui qu'emploient les auteurs tragiques lorsqu'ils substituent le récit d'une action à cette action elle-même, ne cause pas chez le spectateur une émotion bien profonde. Le manque d'audace et de franchise, l'absence de tempérament et de parti pris se font non moins sentir dans le *Cromwell*. Si le peintre des *Enfants d'Édouard* n'a pas su s'élever jusqu'au drame et s'est arrêté à un genre mixte, quasi élégiaque, celui du *Cromwell* a compris d'une façon passablement mesquine l'une des plus grandes figures de l'histoire. L'éminent homme d'État en qui se personnifie la révolution politique et religieuse de l'Angleterre devait éprouver un autre sentiment que celui d'une puérile curiosité en contemplant le cadavre du roi qu'il avait combattu et vaincu. Or, de l'aveu même de très-sincères admirateurs de Delaroche, le Cromwell de celui-ci n'exprime que cela. Eugène Delacroix a traité ce sujet de Cromwell devant le cercueil de Charles Ier avec une disposition générale à peu près identique; mais son Cromwell, s'éloignant du cercueil, jette un regard dédaigneux, presque méprisant, sur ce prince faible, indécis et pourtant infatué de son autorité royale, qui n'a su conserver ni sa couronne, ni sa tête, et cette simple aquarelle [1] a une plus haute signification, une valeur artistique plus sérieuse, elle ressemble plus à un

[1] Elle a été exposée à l'hôtel des commissaires-priseurs quand, après la mort de Delacroix, on a vendu ses ébauches, esquisses, dessins et études.

tableau d'histoire, que la toile si longuement méditée, si minutieusement exécutée, qu'exposa Delaroche en 1851.

L'école révolutionnaire haïssait les idées, les méthodes et les œuvres de l'école intermédiaire plus encore que celle de l'école académique ou traditionnelle. Gustave Planche, qui en était alors, parmi les critiques, le véritable et peut-être unique représentant, parla des tableaux de Delaroche en termes très-vifs et très-précis. Bien qu'il ne contestât pas un sensible progrès dans le talent de l'artiste, il déclara que les *Enfants d'Édouard*, malgré la dimension de la toile, ne pouvaient s'appeler de la grande peinture, que tout y était « d'un neuf désespérant, » que le roi et son frère avaient « l'air de s'être parés pour un bal, » que du reste le principal défaut de la peinture de l'auteur c'était « d'être souvent beaucoup trop propre, de ressembler trop à de la peinture qui veut être jolie et nette avant tout, et rarement à la nature qui, même lorsqu'elle est belle, ne l'est jamais d'une beauté uniforme et monotone. » Il admettait volontiers que le *Mazarin mourant* fût un chef-d'œuvre d'arrangement; cependant il croyait y voir des traces d'un travail infini et pénible, « plusieurs couches d'invention superposées les unes aux autres et contrastant malheureusement ensemble. » Quant au *Cromwell*, c'était, à son avis, « la pire et la plus pauvre de toutes les œuvres de M. Paul Delaroche. » Jamais celui-ci, ajoutait-il, « n'avait révélé d'une façon plus décisive et plus triste la nullité de sa pensée ; jamais il n'avait démontré avec une évidence si complète, pourquoi et comment l'adresse, si exquise et si habile qu'elle soit d'ailleurs, doit nécessairement échouer contre un sujet dramatique et simple. »

Si Planche disait de dures vérités à Delaroche, il ménageait Vernet peut-être moins encore. Il remarquait que le peintre de la *Barrière de Clichy*, sentant qu'après la révolution de juillet sa popularité patriotique n'avait plus guère de raison d'être, avait fait en Italie de nouvelles études ; mais il trouvait que « la première impression produite par le *Léon XII* était une douleur vive aux yeux, » que la *Judith*, moins crue de ton, moins plate d'aspect, était beaucoup plus maniérée, que la tête de l'Holopherne endormi manquait absolument de grandeur, que son sourire n'exprimait qu'une lubricité vulgaire et triviale ; et il prétendait qu'il n'est pas permis d'enjoliver ainsi « et d'embourgeoiser le drame biblique en essayant de le renouveler et de l'habiller en costume moderne. » Il ne niait pas néanmoins le succès de Vernet ni surtout celui de Delaroche auprès de la foule, et ne pouvait s'empêcher de répéter tristement « une parole échappée à la mélancolique rêverie d'un génie obscur et méconnu : Ce qu'il faut à la multitude, c'est la médiocrité du premier ordre[1]. »

[1] *Salon de* 1831, in-8.

L'engouement de la foule dura et devait durer longtemps encore ; mais l'opinion de quelques critiques sur Delaroche se modifia bientôt assez sensiblement. Ceux qui l'avaient loué outre mesure pour son mode d'exécution et sa manière d'entendre les compositions historiques, s'aperçurent enfin qu'il choisissait d'habitude des sujets médiocrement pittoresques et les rendait d'une façon monotone et mesquine. M. Lenormand entre autres lui reprocha, en 1834, d'agir comme tous ceux qui ne croient pas à la peinture ou qui désespèrent de captiver l'attention par la peinture seule, de trop mettre en doute la puissance de ses moyens d'action, et de chercher des auxiliaires indignes de lui. Il constatait dans la *Jane Grey* que les divers personnages montraient aussi peu de nu que possible, l'un des mains seulement, un autre des mains et un visage en raccourci, un troisième un front et des moitiés de mains, que le bourreau était le seul qui indiquât la volonté de développer un mouvement ; il voyait là, sinon l'intention de tourner les difficultés réelles du tableau, au moins la crainte de nuire, en les abordant franchement, à l'effet dramatique de la scène ; et il attribuait les plus graves défauts de la composition, soit à un genre de conviction très-neuf en matière de peinture d'histoire, soit à « une défiance des effets naturels de la peinture, défiance par laquelle le fond de l'art ne serait pas moins affecté[1]. »

[1] *Temps*. Salon de 1834.

M. Peisse, en 1835, considérait la *Mort du duc de Guise* comme une peinture peu sérieuse, d'un style petit et maigre, et il affirmait ne pouvoir prendre « ces petites maquettes si bien habillées pour des personnages dignes de remplir un rôle dans un tableau d'histoire[1]. » En revanche, si M. Delécluze regrettait que l'importance excessive donnée à la figure principale du *Strafford* affaiblît l'effet pittoresque de l'ensemble et fît paraître les accessoires surabondants et inutiles, il approuvait fort le *Charles Ier insulté par des soldats*, dont les différentes parties étaient aussi bien comprises que finement rendues, et surtout la *Sainte Cécile* où Delaroche, adoptant le style des vieux maîtres florentins, avait évité « l'excès des demi-teintes, les exagérations monstrueuses du clair obscur et avait substitué les lavis et glacis à l'huile aux empâtements de couleur, l'expression de la forme à celle du sentiment[2]. »

On raconte qu'à l'inauguration du Musée de Versailles, le roi Louis-Philippe, passant près d'Ary Scheffer qu'il n'avait pas vu depuis quelques années, lui dit : « Eh bien ! monsieur Scheffer, faites-vous toujours des tableaux d'histoire d'après des romans ? » Le mot, avec sa nuance de bienveillance légèrement ironique, a de la justesse et dénote plus de goût et de tact artistique qu'on n'en accorde généralement au créateur du Musée de Versailles. Retourné, il

[1] *Temps*. Salon de 1835.
[2] *Journal des Débats*. Salon de 1837.

s'appliquerait assez bien à Delaroche, qui, lui, faisait des vignettes de roman d'après l'histoire.

L'auteur de la *Jane Grey*, malgré son bon vouloir, n'entrait pas dans le vif des choses. Consciencieux, méthodique, trop souvent minutieux, il raisonnait son invention plus qu'il ne la sentait. Il ne pénétrait pas jusqu'au cœur d'un sujet. Des événements, des personnages, il n'apercevait guère que l'extérieur, la superficie, l'arrangement local, la disposition matérielle ; la partie humaine, passionnée, dramatique, lui échappait presque toujours. Le vêtement date et caractérise ses figures plus que l'esprit ou le sentiment qui les anime, et ce vêtement même les costume plutôt qu'il ne les habille. Il cherchait la gravité, l'expression simple et vraie ; il ne rencontrait d'ordinaire que la froideur, la pauvreté et parfois l'insignifiance d'allure et de physionomie. La plupart des thèmes qu'il choisissait se prêtaient d'ailleurs médiocrement à des compositions pittoresques. Sauf dans la *Mort du duc de Guise*, son meilleur tableau peut-être, et dans deux ou trois autres, c'étaient des faits historiques sans grande importance, des anecdotes biographiques plus ou moins apocryphes. Il s'ingéniait à placer ses personnages, il les ajustait avec un soin extrême, il étudiait méticuleusement les moindres détails, les moindres accessoires, et cependant le tout semble à peu près inerte, la vie en est absente ; « il y a des acteurs et pas d'action. » Persuadé que la fin de l'art est la combinaison des principes, il poursuivait à la fois le dessin du mouvement et celui de la forme prise en elle-même; il tâchait de les concilier, et les annulait ainsi l'un par l'autre. Doué d'une intelligence ferme et distinguée mais peu audacieuse, il craignait d'aller au delà du but qu'il s'était proposé et restait en deçà. Porté à la modération par tempérament et par système, il mettait sagement et habilement un sujet en scène; mais, s'il en indiquait le caractère, il se gardait d'en faire ressortir toute la portée morale, la véritable et profonde signification, et de cette façon il en atténuait singulièrement la valeur poétique. « Les pages les plus remarquables de l'œuvre de M. Delaroche, disait Alexandre Decamps, sont autant d'exemples des sacrifices faits par l'artiste aux routines des écoles précédentes et aux molles et fausses délicatesses du public[1]. »

Les tendances, les méthodes d'Horace Vernet et celles de Delaroche étaient à peu près identiques. Elles ne différaient guère qu'en ceci : chez le premier, elles étaient instinctives et spontanées; chez le second, elles étaient systématiques et préméditées. Vernet avait de réelles qualités artistiques, la promptitude du coup d'œil, la rapidité, la facilité de l'exécution, qui manquaient en partie à Delaroche; mais, lorsqu'il s'agissait d'imaginer, il n'était pas beaucoup plus inventif que celui-ci. Pendant les

[1] *National*. Salon de 1837.

six ou huit années qui suivirent la Révolution de juillet, Vernet fut comme dépaysé. Choisissait-il un sujet? il s'arrêtait à un fait sans importance ni signification, à une anecdote d'une authenticité et d'une vraisemblance plus que douteuses. Il adoptait en outre les proportions de la nature pour le *Raphaël au Vatican*, dont le sujet ne pouvait convenir qu'à un tableau de chevalet, et mettait ainsi d'autant plus en évidence la nullité de la pensée, l'incohérence de la composition et l'insuffisance de la facture. Traitait-il un sujet imposé? il l'interprétait d'une façon banale, et, si pauvre que fût le programme, il demeurait encore au-dessous. Quelque dénués d'intérêt que fussent les épisodes désignés par la Liste civile pour représenter au Musée de Versailles les batailles de Friedland, d'Iéna et de Wagram, il n'était pas absolument impossible de les traduire sur la toile avec quelque caractère et un certain mouvement. Le spectacle du combat étant presqu'entièrement supprimé, on pouvait au moins considérer l'empereur Napoléon comme la personnification du génie de la guerre, triste et odieux génie qui a néanmoins son genre de grandeur. Vernet semble ne l'avoir pas compris. Il ne l'a peut-être pas osé, car il ne s'aventurait pas volontiers dans le monde des idées morales et générales. Son goût de la précision et de la clarté le maintenait en effet dans les données moyennes, dans les limites trop restreintes qu'il s'était tracées en quelque sorte à son insu, et lui inspirait de la méfiance pour les exagérations poétiques sans lesquelles il n'y a pas d'art vraiment supérieur. Il saisissait vite et bien l'aspect physique des hommes et des choses, il le reproduisait avec infiniment d'exactitude, de verve et d'esprit, les trois tableaux du siége de Constantine allaient bientôt le prouver de nouveau; mais il s'élevait difficilement, ou plutôt il ne s'élevait jamais jusqu'à la conception d'un type idéal, d'une individualité puissante et caractéristique. Aussi les critiques les plus autorisés prétendirent-ils avec raison, en 1836, que Vernet, quoiqu'il eût agrandi ses figures, n'avait pas, dans les batailles de Friedland, d'Iéna et de Wagram, fait de la peinture historique, telle qu'on l'entendait à l'Institut ou ailleurs, et que la nature de son talent y répugnait.

II

L'art monumental préoccupait alors quiconque aspirait au titre de peintre d'histoire. En 1833 ou 1834, Delaroche avait été chargé d'exécuter les peintures décoratives de l'église de la Madeleine. Pour s'y préparer, il était allé en Italie voir ou revoir les œuvres des maîtres, et faire d'après nature quelques études de types et de physionomies; mais, ayant appris à son retour qu'il devait partager ce travail avec un autre, il l'avait définitivement refusé.

La décoration de la salle des prix à l'école des Beaux-Arts, qui lui avait été commandée comme compensation quelque temps après, fut terminée en 1841. Delaroche y avait mis tous ses soins, tout son zèle, le meilleur de son talent, il avait tâché de transformer sa manière, de s'élever jusqu'au style : en dépit de ses efforts il n'avait produit qu'un ouvrage estimable. Les critiques les mieux disposés à son égard proclamèrent qu'il s'était surpassé lui-même, qu'il avait déployé des qualités dont on ne le croyait pas doué; néanmoins ils ne dissimulèrent pas qu'il lui en restait encore quelques-unes à acquérir pour pouvoir atteindre aux plus hautes régions de l'art. M. Vitet, quoiqu'il approuvât infiniment l'auteur de l'hémicycle d'avoir divisé sa composition en cinq groupes distincts « artistement enchaînés, » quoiqu'il admirât les dispositions générales, l'ordre, la clarté, l'harmonie de cette composition, trouvait que le style y manquait un peu d'unité. Il remarquait que Delaroche avait suivi deux méthodes contraires, celle « qui cherche le côté élevé des choses, le grand style, » dans la partie centrale réservée aux représentants de l'art antique; celle « qui se plie à toutes les variétés de la nature, le style pittoresque » dans les parties latérales occupées par les artistes des temps modernes, et il pensait que la transition entre ces diverses parties n'avait pas été assez habilement ménagée. « Par leur voisinage immédiat, disait-il, ces deux styles s'exagèrent l'un l'autre, et font outre mesure ressortir leurs différences : le naturel de l'un semble descendre à la familiarité, l'idéal de l'autre prend un aspect de raideur[1]. » Frédéric Mercey appelait l'hémicycle une suite de portraits où chaque portrait était un trait d'esprit, chaque pose une anecdote; mais il y aurait voulu plus de chaleur, plus d'énergie, il y blâmait l'introduction de figures allégoriques ne prenant pas directement part à l'action, ainsi que les anges dans la *Bataille de Constantin* de Raphaël, et, s'il affirmait avoir confiance en l'avenir de Delaroche, il ne le considérait encore que comme « un peintre d'une prodigieuse habileté et d'un admirable savoir faire[2]. »

Ce n'est pas seulement le style qui, dans l'hémicycle, pèche par le défaut d'unité, d'homogénéité; c'est aussi la pensée, l'invention. Le centre, le groupe des figures antiques et allégoriques appartient à un certain ordre d'idées; les côtés, les groupes de peintres, de sculpteurs et d'architectes relèvent d'un autre. Aucun lien ne rattache ceux-ci au premier. Dans l'*Apothéose d'Homère*, dont l'hémicycle est évidemment une réminiscence, tout est subordonné au poëte divin que l'univers couronne, qui reçoit l'hommage des grands hommes de la Grèce, de Rome, des temps modernes, il y a une action ou du moins une conception nette, précise, définie; dans l'hémicycle rien de pareil. Ces peintres, ces sculpteurs, ces

[1] *Revue des Deux-Mondes*. Décembre 1841.
[2] *Revue de Paris*. Décembre 1841.

architectes sont-ils réunis pour honorer et glorifier le génie artistique de l'antiquité personnifié par Apelle, Phidias, et Ictinus? Sont-ils assemblés en congrès sous la présidence de leurs aînés pour désigner le plus digne? Ne sont-ils ensemble que pour réfléchir à leurs travaux et causer librement des trois arts du dessin, sans autre souci, sans s'inquiéter des maîtres de la Grèce, sans songer à les égaler ni même à les imiter? Nul ne saurait le dire. Aussi Haussard, examinant ces figures modelées sur l'antique, « sur l'antique faussé et déprimé malgré tous les efforts consciencieux du calque et de l'imitation, malgré quelques semblants trompeurs de tournure et d'aspect, » et parlant de ces portraits d'artistes vêtus des costumes de leur temps, peints dans la manière propre à chacun d'eux, « travail piquant d'érudition et d'iconographie, curiosité d'optique, » demandait-il : Où est l'idée, le sens? où est la poésie, l'idéal[1]?

Le sens échappe, l'idéal est absent, cela est vrai; mais ce n'est pas tant parce que, comme le croyait Haussard, Delaroche n'avait que du talent et point de génie, que parce qu'il avait, selon sa coutume, obéi à deux principes contradictoires. S'il se fût franchement décidé pour l'un ou pour l'autre, s'il eût, à l'exemple de Ingres et de Delacroix, exclusivement poursuivi, soit la beauté de la forme et la

[1] *Temps*. 3 mars 1842. L'hémicycle de l'école des Beaux-Arts.

grandiose simplicité des lignes, soit la vie, la passion, la vigueur de la pensée, la force de l'expression, son œuvre capitale aurait probablement le caractère qui lui manque, la signification qu'on y cherche en vain. L'hémicycle, toujours du reste très-admiré des gens du monde, est donc l'éclatante confirmation du jugement sévère, quoique juste à beaucoup d'égards, porté par Planche, en 1836, sur Delaroche et son école : « La conciliation n'est qu'un nom honorable sous lequel se cache la lâcheté de l'intelligence. Cette idée qui se popularise sans s'exposer à aucun danger, qui ne sait ni résister comme la tradition, ni s'aventurer comme l'innovation, s'est malheureusement logée au cœur de l'école française, comme le ver au cœur d'une pêche. Elle réussit par ses basses flatteries à séduire et à enchaîner l'attention et les suffrages de la foule. Elle est complimentée dans les salons, encouragée par l'administration ; elle se partage les murs de nos églises et les panneaux des maisons royales ; mais elle est frappée d'impuissance par la nature même de son ambition. En essayant d'accorder le passé, pour lequel elle n'a qu'un tiède respect, avec le présent où elle n'est pas engagée, elle n'arrive qu'à éteindre les derniers restes de sa virilité[1]. »

L'hémicycle de l'école des Beaux-Arts clôt en quelque sorte la carrière publique de Delaroche. Celui-

[1] *Études sur l'école française.* Salon de 1836.

ci ne s'aventura pas de nouveau dans la peinture monumentale, et, froissé sans doute d'avoir été assez vivement critiqué à propos du *Strafford* et du *Charles Ier insulté par des soldats*, il avait, de même que Ingres après le *Saint-Symphorien*, cessé d'envoyer aux salons annuels. Mais la peinture de genre historique avait encore de nombreux représentants. La plupart avaient adopté les méthodes de Delaroche et sa façon d'interpréter l'histoire. Quelques-uns cependant, sans se départir des règles mixtes qui constituaient le fond de leur doctrine, se distinguaient par le choix des sujets, par un mode particulier d'invention et d'exécution. M. Robert-Fleury affirma sa personnalité dans le *Colloque de Poissy*, exposé en 1840. Jusqu'alors, il avait sinon hésité, au moins cherché, tâtonné, et, malgré de persévérants et conciencieux efforts, il n'était pas parvenu à dégager, à bien mettre en évidence les qualités qui lui étaient propres, la marque caractéristique de son talent. Le *Colloque de Poissy* montrait clairement les vraies tendances de son esprit, ses aptitudes naturelles ou acquises. Il fut unanimement loué par la critique, qui y signala surtout l'ingéniosité et la justesse de la mise en scène, la gravité de la composition, la variété des têtes et des expressions, l'absence d'épisodes puérils pouvant distraire l'attention du spectateur. Planche, bien qu'il trouvât que la couleur de cette toile n'avait « rien de séduisant, » jugeait que les tons y étaient « heureusement assortis » et formaient « un ensemble d'une harmonie très-suffisante[1]. »

Peintre de volonté plutôt que de tempérament, M. Robert-Fleury a, en effet, presque toujours, et peut-être à son insu, sacrifié la beauté, l'effet pittoresque à la vérité, à l'exactitude de la représentation. Dans chacune de ses compositions inspirées par quelque événement historique ou quelque épisode de la vie d'un homme célèbre, ce qu'il semble s'être proposé, ce n'est pas tant de combiner des lignes et des couleurs pour le plus grand plaisir des yeux, que de reproduire le fait lui-même, tel qu'il s'est passé ou a dû se passer. Tout, l'attitude, le geste, la physionomie des personnages, l'ajustement des costumes et la disposition des accessoires, y concourt à expliquer l'action ; les hors-d'œuvre, les détails qui pourraient être, en eux-mêmes, intéressants, mais ne serviraient pas directement à l'intelligence du sujet, y paraissent soigneusement, systématiquement évités. Les conceptions de M. Robert-Fleury, très-méditées, longuement élaborées, ont d'ordinaire un incontestable cachet de vraisemblance. Elles procèdent moins de l'imagination que de l'étude attentive du passé, du passé considéré en lui-même sans superfétation ni retranchement. Elles appartiennent presque toujours à un certain ordre

[1] *Revue des Deux-Mondes*. Salon de 1840.

d'idées généreuses, elles sont, en un sens, des protestations contre le fanatisme religieux, contre les épreuves, les persécutions qu'ont eu à subir les libres penseurs, les génies aventureux. Et ce réalisme historique à tendances morales ne fut pas sans influence sur les artistes qui avaient débuté quelques années après la Révolution de Juillet et pratiquaient la peinture anecdotique. Ceux-ci, en contact journalier avec des confrères exclusivement épris de la nature, ne se plaçaient volontiers ni au point de vue des révolutionnaires ni au point de vue des romantiques ; ils goûtaient médiocrement la poésie pseudo-théâtrale des œuvres de Delaroche, et ils avaient nécessairement de la sympathie, sinon de l'admiration, pour des compositions comme le *Colloque de Poissy*, le *Ramus*, le *Galilée*, l'*Auto-da-fé*, où dominait l'élément réel, humain et même dramatique, mais d'un dramatique ayant un cachet d'exacte vérité plutôt que de poésie.

Le nombre des peintres de genre historique, quoique encore considérable, commençait cependant à diminuer. Les événements, les anecdotes, les mœurs, les costumes des quinzième, seizième et dix-septième siècles avaient été si largement exploités, artistes et littérateurs en avaient tant et si longtemps usé et abusé, qu'il en était résulté une sorte de réaction. Les exagérations, les complications de sentiments, les bizarreries, les puérilités, les invraisemblances que, sous prétexte de couleur locale, on avait multipliées à l'excès dans la plupart des drames et des tableaux dont les sujets étaient empruntés au Moyen âge ou à la Renaissance, avaient fini par lasser beaucoup de gens. Une notable partie du public et des artistes, dégoûtée des étrangetés prétentieusement naïves et archaïques, des mièvreries romanesques et niaises, tournait les yeux vers l'antique, y cherchant des exemples de simplicité et de naturel. *Lucrèce*, la tragédie de F. Ponsard, fut la principale et la plus éclatante manifestation de ce mouvement. Cette œuvre estimable, où des admirateurs trop enthousiastes voyaient un splendide retour à la grande tragédie française, une émanation de génie cornélien, se recommandait par l'honnêteté des intentions, par la sobriété et la dignité de la pensée, par la sagesse des moyens employés. L'auteur, à bien prendre, s'était moins proposé d'imiter servilement le théâtre classique que d'exprimer des idées justes et d'une certaine élévation dans un langage clair, mesuré et en quelques endroits presque familier. Comme tentative, *Lucrèce* indiquait une situation : sans être un calque des banalités froides et vides, si chères à l'école académique, elle était une espèce de protestation contre le dévergondage d'imagination et l'indifférence morale de l'école romantique.

Il en était à peu près de même du *Soir* que Charles Gleyre exposa en 1843. Ce tableau, d'un caractère sérieux malgré la ténuité du sujet, fut diversement apprécié par la critique. M. Peisse y voyait « une imitation de la manière des peintres grecs, mais une imitation libre et intelligente qui prend dans ses modèles ce qu'ils ont de plus général et de plus abstrait, leur méthode ou, comme on dirait en musique, le mode, le ton, la mesure[1], tandis que Haussard, tout en remarquant dans le *Soir* une certaine fraîcheur et une certaine grâce d'imagination, le charme de quelques poses et de quelques airs de tête, pensait que l'artiste se trompait s'il se croyait « à courte distance de l'antique » et disait : « La grande figure langoureuse du rivage, avec sa chevelure égyptienne ou syriaque, le petit amour matelot qui laisse aller sa rame et effeuille des roses d'une façon si mignarde, les jeunes virtuoses célestes, coiffées et drapées à la manière du Guerchin et du Guide, le motif entier si prétentieux et la peinture si faible, tout cela met la barque de M. Gleyre bien loin à la dérive de l'art antique[2]. » Le premier, semble-t-il, était plus près de la vérité que le second. Le *Soir* n'est en somme ni un pastiche, ni même un essai de pastiche. Si la facture y rappelle à quelques égards le genre d'exécution des peintures de la Grande-Grèce, le sentiment y est personnel, un peu vague, d'une mélancolie toute moderne. Haussard, qui, fervent admirateur de l'antique et fort exigeant quant à la noblesse et à la pureté du style envers quiconque s'en

[1] *Revue des Deux-Mondes*. Salon de 1843.
[2] *National*. Salon de 1843.

inspirait, avait peut-être trop sévèrement jugé le *Soir*, se plut du reste à reconnaître deux ans après, dans le *Départ des apôtres allant prêcher l'Évangile*, une conception vraiment élevée et nouvelle[1]. Il regrettait que l'auteur se fût contenté de rendre son idée par le dessin juste et expressif, et se fût privé de ressources telles que l'ampleur des grands accessoires et la poésie de la lumière ; mais il loua hautement « la recherche délicate du motif, le calcul de l'ordonnance, le soin religieux de l'étude, » et c'est en effet la marque distinctive du talent de Charles Gleyre.

Esprit grave et réfléchi, Charles Gleyre s'est presque toujours adressé à l'intelligence plus qu'aux yeux ; il n'a jamais sacrifié la dignité, la sévérité de l'art aux singularités de la mise en scène, aux préciosités du faire. S'il a aimé avec une évidente prédilection les monuments anciens, s'il a assidument consulté les vases étrusques, et plus volontiers peut-être que les chefs-d'œuvre grecs de la grande époque, il n'a en aucune occasion eu recours aux futilités archéologiques, aux maniérismes de détails si fréquents dans les compositions, vulgaires ou grotesques, empruntées à la vie intime de l'antiquité par ceux qui passent, à tort ou à raison, pour ses élèves et ses disciples.

Les peintres qui, vers la fin du règne de Louis-Phi-

[1] *National*. Salon de 1845.

lippe, traitèrent des sujets antiques, ne les comprirent pas à la façon de Louis David et des artistes de son école. Ceux-ci avaient un idéal déterminé, de hautes visées en matière de style, le goût des choses héroïques; ceux-là, assez insoucieux de l'idéal, du beau style et des choses héroïques, au moins en apparence, ne songèrent probablement à l'antique que parce qu'il avait alors une sorte de vogue et qu'il était un prétexte pour peindre des figures nues ou drapées avec ampleur. Ils cédèrent à une fantaisie passagère, à un entraînement momentané, plus qu'ils n'obéirent à de fortes convictions, à une doctrine systématique et exclusive. Cela est surtout vrai de l'un d'eux, M. Couture, qui, avant les *Romains de la décadence*, exposés en 1847, n'avait jamais essayé d'interpréter l'histoire ou les mœurs de l'antiquité, et ne s'y hasarda plus après. Ses ouvrages antérieurs l'avaient désigné à l'attention comme un praticien habile, ayant le sentiment du vrai et du naturel, mais manquant « de la science positive qui attache solidement tous les membres d'une figure de haute proportion[1] ». La pensée y avait paru confuse, obscure ou plutôt insuffisante et même nulle, et l'on avait dit en 1844, à propos de l'*Amour de l'or*: « Avant de peindre comme avant d'écrire, il faut penser, et M. Couture fera bien de retenir jusque-là sa palette et sa brosse[2] ».

[1] TH. THORÉ. *Constitutionnel*. Salon de 1844.
[2] HAUSSARD. *National*. Salon de 1844.

Les *Romains de la décadence*, quoique incontestablement supérieurs à l'*Amour de l'or*, n'étaient pas conçus de manière à beaucoup modifier l'opinion de la critique sur l'auteur et la nature de son talent. Haussard cependant, séduit sans doute par le choix du sujet, y croyait voir une « idée grande dans sa donnée première, de l'énergie et de l'haleine dans l'ensemble, des détails hardiment jetés et plusieurs figures trouvées et caractérisées à la façon des maîtres[1] ». Il y signalait, il est vrai, une absence complète d'élévation et de beauté, « certain mélange de souvenirs, quelques académies qui posent trop visiblement et même un peu de remplissage, » et n'y louait franchement que l'exécution, surtout la couleur que pourtant il aurait voulue plus riche, plus vigoureuse et plus savante. Thoré, bien que lui aussi eût comme un parti pris de bienveillance admirative, ne pouvait s'empêcher de convenir que, pour être une œuvre tout à fait distinguée, les *Romains de la décadence* auraient eu besoin de « je ne sais quel souffle d'unité poétique » qu'on n'y sentait point ; mais Planche, avec sa netteté habituelle, déclarait que les deux vers de Juvénal, servant de thème à la composition, étaient « assez pauvrement rendus, » et il engageait M. Couture à s'exercer « patiemment dans la partie élémentaire et positive de la peinture avant d'aborder les compositions complexes[2]. »

[1] *National*. Salon de 1847.
[2] *Revue des Deux-Mondes*. Salon de 1847.

L'auteur des *Romains de la décadence* a, semble-t-il, prétendu dessiner avec plus d'exactitude que ne font d'ordinaire les coloristes. Les figures de son tableau, cernées de contours noirâtres, désagréables à l'œil, manquent de mouvement, et, malgré cela, ne sont pas toutes d'une parfaite correction. Suivant la pente naturelle de son talent, il a cherché la couleur et l'effet plus qu'il n'est dans les habitudes des dessinateurs. Mais il n'a pas su ou n'a pas osé prendre un grand parti d'ombre et de lumière, et « au premier abord son tableau fait l'effet d'une immense toile grisâtre sur laquelle nagent éparpillées quelques taches d'un bleu ou d'un rose plus ou moins vifs, mais mal reliées les unes aux autres[1]. » Dans les *Romains de la décadence*, l'exécution, par certains côtés adroite et brillante, est cependant très-supérieure à l'invention. Les lignes générales, la disposition des groupes principaux n'ont pas une suffisante originalité, et les types de la plupart des personnages sont d'une très-évidente trivialité. A peine découvre-t-on quelques vestiges de beauté physique ou de vigueur parmi ces êtres ravalés, dégradés, alanguis, stupéfiés par la débauche et les excès. Les deux figures debout au premier plan, celle d'un jeune homme affaissé à gauche aux pieds d'une statue, représentent, selon les admirateurs du tableau, la Philosophie et la Poésie assistant tristement aux

[1] PAUL MANTZ. *Salon de* 1847, in-12

orgies « d'un monde condamné. » Elles ne sont, à proprement parler, que des hors-d'œuvre. Elles ne participent ni directement ni indirectement à l'action, et pourraient, à la rigueur, être supprimées sans grand inconvénient pour la mise en scène. Elles sont unies par un lien si faible aux véritables acteurs du drame, qu'elles paraissent avoir été imaginées après coup dans l'unique intention de combler des vides et de balancer des lignes. La conception de l'œuvre, est, en somme, d'un ordre mixte comme l'exécution, et il y a lieu de dire avec Thoré : « Il se pourrait bien que M. Couture n'eût guère songé à ces finesses du contraste, à l'intervention de la philosophie au milieu de la corruption antique et à la leçon qui en résulte pour le sens de son poëme [1]. »

Si les *Romains de la décadence* étaient de l'antique frelaté, d'un caractère indécis, d'une portée morale vaguement indiquée et discutable, les *Jeunes Grecs faisant battre des coqs*, par M. Gérôme, qui débutait au Salon de 1847, étaient du pseudo-grec à peu près dénué de signification. Les critiques n'en saluèrent pas moins d'un concert d'éloges cette œuvre d'un talent nouveau. Il y avait là de la hardiesse sans maladroites témérités, une grâce naïve, une fraîcheur juvénile, pleine de promesses, qui les avaient mis presque tous sous le charme. Thoré y trouvait « un certain parfum de Théocrite et de la poésie

[1] *Constitutionnel*. Salon de 1847.

légère des anciens ; » Planche y admirait l'élégance, la finesse, la précision du modelé ; Haussard, « le sentiment rare de l'ensemble et de ravissantes délicatesses de trait. » Le choix du motif faisait supposer que l'auteur, une fois corrigé de quelques défauts, fruits de l'inexpérience, aurait à un haut point l'élégance de la forme, l'amour des lignes harmonieuses et pures, le culte des grands modèles. Mais, trois ans après, l'*Intérieur grec* ne tenant pas les promesses de ce premier tableau, la critique se montra moins indulgente et même presque sévère. Haussard, quoique l'intérieur, proprement dit, lui parût une restauration pleine d'attrait et de savoir, ne put s'empêcher de faire observer que cet intérieur grec, très-blâmable comme sujet, était « en réalité, un lupanar romain copié d'après la *Maison de la courtisane*, à Pompéi, » et que la disposition générale des lignes manquait « à la règle élémentaire de l'unité[1]. » M. Peisse, sans nier l'adresse avec laquelle M. Gérôme s'était tiré du mauvais pas où il s'était engagé en entreprenant de représenter un lupanar « dans le lieu et, pour ainsi dire, dans l'exercice de ses fonctions, » déclara que cet archaïsme érotique offrait un médiocre intérêt, et que cette espèce de *fac-simile* de peinture antique n'était « ni plus ingénieux, ni plus authentique, ni surtout plus agréable que ces problématiques restaurations de polychromie

[1] *National*, Salon de 1851.

architecturale qui font rage depuis quelques années[1]. »

Enfin, M. Paul Mantz s'étonna qu'un artiste recherchant avant tout la forme pure, la correction grecque, la grâce élégante, traçât des contours « d'une suprême inélégance » et peignît des figures « d'un dessin bizarre, faux, disloqué, dépourvues de modelé, de saillies, de relief, indiquant sous l'épiderme la présence d'une charpente quelconque qui puisse soutenir les chairs. Que M. Gérôme, disait-il, ait peint des courtisanes sans âme, c'est déjà hardi ; mais faire des courtisanes sans muscles, c'est pousser trop loin le mysticisme[2]. »

De zélés partisans de la couleur locale, de la science archaïque, et de la scrupuleuse exactitude dans la reproduction des détails d'architecture, d'ameublement et de costume parlèrent de la *Stratonice* à propos de l'*Intérieur grec*. Il y a pourtant un abîme entre ces deux ouvrages. Ingres, s'inspirant d'un fait historique, a voulu exprimer, et il a exprimé des sentiments humains, élevés et poétiques. Son dessin a quelque chose de vivace, de passionné, qui, jusque dans certaines exagérations ou incorrections, attire et captive le regard. M. Gérôme, bien que se préoccupant principalement de dessiner, semble, ainsi que l'a remarqué M. Delécluze[3], avoir moins pensé à rendre, par l'attitude et le geste de

[1] *Constitutionnel*. Salon de 1851.
[2] *Événement*. Salon de 1851.
[3] *Journal des Débats*. Salon de 1851.

ses figures, les sentiments qui les animent ou, si l'on veut, les intentions qui les déterminent, qu'à épurer le contour de chacune d'elles, pris isolément en lui-même, et son dessin paraît froid et inerte. L'amour est en définitive le vrai sujet de la composition dans l'*Intérieur grec*, de même que dans la *Stratonice*: seulement ici il est dramatique, plein de complications et de nuances, tandis que là il est d'une simplicité banale, presque grossière, et la facture pittoresque, si raffinée soit-elle, ne compense nullement ce fâcheux défaut.

L'école des néo-grecs, comme on appelait il y a quelques années M. Gérôme et le petit nombre de peintres qui s'étaient groupés autour de lui, est une ramification de l'école intermédiaire qui jadis reconnaissait Delaroche pour chef. Malgré ses prétentions au purisme, elle a les mêmes habitudes, les mêmes tendances ; elle évite en tout les extrêmes ; elle obéit souvent à des principes opposés ; elle associe volontiers des choses contradictoires et mélange parfois les styles. Elle aime les compromis, les termes moyens, et, même dans ses hardiesses les plus affectées, ne va jamais au delà d'une sorte de maniérisme.

Il y a toutefois deux points assez importants sur lesquels les néo-grecs diffèrent de Delaroche et de ses imitateurs immédiats. D'ordinaire ceux-ci demandaient les sujets de leurs compositions à l'histoire ; ils mettaient en scène des personnages plus ou moins célèbres, engagés dans une action quelconque, triste ou gaie, comique ou dramatique, mais ayant un caractère particulier, une signification qui lui fût propre ; ils prenaient ces personnages au sérieux et s'identifiaient avec eux le plus qu'il leur était possible ; ils s'adressaient à la sensibilité, à l'imagination du spectateur, ils s'efforçaient de faire naître une émotion, de produire une impression morale. Les néo-grecs sont, en général, médiocrement attirés par l'histoire, même par l'histoire de l'antiquité. Ils lui préfèrent les scènes de mœurs ou de simples fantaisies. Ils restent, ou du moins ils semblent rester étrangers aux sentiments de ceux qu'ils représentent, et pour un peu ils ajouteraient à l'expression de ces sentiments une nuance de ridicule. Ils s'appliquent principalement à piquer la curiosité, à amuser l'esprit, et ils traitent fréquemment, avec une légèreté presque ironique, ce qui a longtemps été ou est encore l'objet du respect ou de l'admiration des hommes, comme s'ils craignaient de paraître dupes de sots préjugés ou de grands mots vides de sens. L'un des plus distingués d'entre eux, M. Hamon, exposa en 1852 un tableau intitulé *La comédie humaine* qui eut un légitime succès. La thèse que l'auteur avait essayé de développer ne s'expliquait pas fort clairement, on crut cependant deviner que c'était la destruction de l'amour par la sagesse et la raison, ou le triomphe de Minerve sur Bacchus et l'Amour ; mais le critique le mieux avisé fut certainement celui qui, sans prétendre avoir trouvé le mot de cette énigme, y voyait « une leçon de morale sceptique ou même méphistophélétique tempérée par la gaieté aristophanesque. » M. Gérôme a voulu peindre un épisode de la vie des augures, et il a montré ceux-ci, non dans l'exercice de leurs graves fonctions, mais pouffant de rire à côté des oiseaux révélateurs. Il a pensé que l'anecdote de Phryné apparaissant nue devant l'Aréopage serait un agréable motif de tableau, et il a imaginé presque tous ces sévères magistrats, non pas frappés d'admiration pour la beauté de la célèbre courtisane, mais en proie à de lubriques désirs et grimaçant d'une façon assez grotesque.

L'ironie, a dit Hegel, est le principe en vertu duquel tout ce qui est réputé grand et vrai pour l'homme, le bien, le juste, la morale, le droit, est représenté comme n'ayant rien de réel, rien de sérieux ; et, quand elle devient le principe fondamental de la représentation, tout ce qui est dépourvu de caractère esthétique est adopté comme élément intégrant dans les œuvres d'art. L'éclectisme aurait donc abouti à l'impuissance, au néant intellectuel et moral en art aussi bien qu'en philosophie.

LA NATURE[1]

L'école française a, pendant une longue suite d'années, environ deux ou trois siècles, imité quelque école étrangère, ancienne ou contemporaine, et l'imitation a presque toujours été chez elle aussi inconsciente qu'inévitable. Vivant au milieu d'une société dont l'organisation n'était à certains égards saine et vigoureuse qu'en apparence, elle s'en est nécessairement ressentie. Elle a eu un caractère un peu artificiel, même dans ses phases les plus brillantes. Aussi, pour y rencontrer des œuvres franchement et pleinement originales, faut-il remonter à la fin du quinzième siècle, sinon jusqu'aux premières années du quatorzième, temps où, selon Auguste Comte, commença en réalité la décomposition du régime catholico-féodal. A partir de cette époque on y sent, tantôt l'influence de Rome, de Parme ou de Florence,

[1] Cette étude, publiée en 1872, était écrite avant le 4 septembre 1870. Rien n'y a été changé.

tantôt celle de Venise, de Bologne ou d'Anvers. On n'y trouve plus trace d'une foi religieuse ou sociale. Ce qui y domine, ce ne sont même pas d'ordinaire les préférences spontanées de l'artiste, ce sont les goûts plus ou moins fantasques, plus ou moins passagers, du roi ou de la cour. Les artistes vraiment supérieurs, les artistes de génie, tout en conservant le tempérament qui leur était propre et ce qu'on pourrait appeler leur instinct national, subirent eux aussi ces influences dans une certaine mesure. Parmi la foule des peintres il n'y a guère d'exceptions à faire que pour des portraitistes, tels que Janet au seizième siècle et quelques peintres de genre, tels que Chardin et Greuze au dix-huitième. Ces derniers s'inspiraient de ce qu'ils avaient sous les yeux, des scènes de la vie intime et familière, des actes de la moralité bourgeoise tant célébrée par les écrivains du parti philosophique, en particulier par Diderot, et c'est probablement à la vivacité, à la netteté de leurs impressions qu'ils durent d'avoir une manière personnelle. Mais les peintres d'histoire, même alors que la Révolution était déjà dans l'air, continuèrent, à l'exemple de leurs devanciers, à emprunter leur mode d'interprétation à un art antérieur et en quelque sorte consacré. Jacques-Louis David, tout réformateur qu'il fût, n'osa pas procéder autrement ; il n'en eut peut-être même pas la pensée. L'ordre d'idées qu'il voulait exprimer s'accommodant assez mal des formes pittoresques en vogue à l'Académie royale, il adopta le style gréco-romain, au lieu de s'en créer un émanant directement de ses idées mêmes ; et si, au plus fort de la crise révolutionnaire, il parut un instant y renoncer, il y revint peu après avec plus d'ardeur que jamais.

Ceux qui tentèrent d'émanciper l'art, après la chute de l'empire et l'exil de David, rompirent avec ces habitudes traditionnelles d'imitation. Ils demandèrent au passé des conseils, des enseignements techniques, non une manière déterminée, complète et pour ainsi dire tout d'une pièce. Il était même difficile qu'ils en eussent une commune à tous ; car, n'ayant pas à proprement parler d'idéal particulier bien défini, il leur était à peu près impossible d'inventer une manière qui, toujours identique à elle-même, se prêtât à toutes les exigences de la pensée et du sentiment, à tous les caprices de l'imagination, à tous les accidents de la réalité. La variété de manière et de facture résulta forcément de la diversité des points de vue, et il y avait presque autant de points de vue différents que d'individualités franchement caractérisées.

Les novateurs, en effet, parfaitement d'accord sur la nécessité de l'indépendance en matière d'art et sur l'insuffisance des méthodes académiques, se divisaient en plusieurs groupes distincts, dès qu'il s'agissait des sources d'inspiration, du choix des sujets et de la façon dont ceux-ci devaient être compris. Sans parti pris, sauf celui de marcher dans la voie de la liberté et du progrès, n'ayant pas de doctrine assez clairement formulée pour pouvoir démêler la vérité au milieu de la confusion religieuse, politique et sociale à laquelle ils assistaient, ils cherchaient les données de l'invention pittoresque chacun suivant son tempérament et la pente naturelle de son esprit, c'est-à-dire un peu au hasard. Ils n'échappent cependant pas à toute classification, et il y a lieu de les ranger en deux grandes catégories : dans l'une, ceux qui, allant immédiatement aux récits historiques ou aux œuvres des poëtes, ne songeaient à la nature que pour la consulter, tels que Delacroix, Scheffer et la plupart des peintres qu'on a longtemps assez improprement qualifiés de romantiques ; dans l'autre, ceux qui, partant directement de la nature, tâchaient de s'élever avec cette unique ressource jusqu'au drame et à la poésie. Ceux-ci poursuivaient le même but que les premiers, mais ils n'avaient pas le même principe. Si l'on ne tenait compte de leurs travaux nombreux et multiples, on ne connaîtrait que fort incomplétement l'évolution artistique accomplie de notre temps. Ils ont concouru non moins que les peintres d'histoire à la transformation de l'art ; ils ont, eux aussi, très-énergiquement lutté contre le parti académique ; ils ont entendu le genre d'une façon supérieure et, à quelques égards, vraiment originale ; ils y ont souvent introduit cette simplicité, cette grandeur, cette noblesse de caractère qu'on appelle le style ; ils comptaient parmi eux ces paysagistes qui ont jeté tant d'éclat sur l'école moderne ; ils ont parfois su découvrir, ils ont osé montrer les côtés héroïques ou douloureux de la vie rustique et de la vie populaire ; et ils auront certainement une place importante dans l'histoire de la peinture contemporaine.

I

LE STYLE DANS LE GENRE — LA FANTAISIE LE PETIT GENRE

Les élèves de David, quelle que fût leur admiration pour l'antique, ne poussaient pas tous l'engouement jusqu'à considérer les sujets mythologiques ou pris dans l'histoire de l'antiquité comme seuls dignes de l'attention d'un artiste sérieux. Deux d'entre eux crurent même que l'art ne dérogerait pas honteusement s'il se proposait un autre but que la réalisation de l'idéal classique et l'interprétation de faits historiques. Dédaignant le genre bâtard, moitié historique, moitié anecdotique, auquel Fleury Richard et Révoil avaient dû une sorte de réputation, ils s'appliquèrent à rendre aussi exactement que possible les scènes que leur offrait la nature. Schnetz chercha la vérité du mouvement, la justesse de l'expression, la simplicité de l'arrangement, mais aussi la largeur et la fermeté du dessin. Léopold Robert, convaincu qu'il fallait n'étudier, n'imiter que la nature, s'efforça néanmoins de la représenter sous ses aspects les plus nobles et les plus élégants. Le *Vœu à la madone*, que le premier envoya au Salon de 1831, fut accueilli aussi favorablement que l'avaient été sous la Restauration le *Sixte-Quint enfant* et la *Femme du brigand*. On y loua dans le parti académique la force du ton combinée avec celle du modelé, dans l'école nouvelle la vraisemblance et la gravité de la composition, l'heureux choix des têtes. On fit bien de part et d'autre quelques réserves relativement, soit à l'ordre d'idées qui avait servi de point de départ à l'artiste et qui n'était pas plus élevé que celui où Ribera et le Caravage ont puisé leurs inspirations, soit à l'excessive simplification des lignes, à l'absence d'air et de vie; mais la peinture de Schnetz était une espèce de terrain neutre sur lequel on pouvait à la rigueur s'entendre.

Il n'en était pas absolument ainsi de la peinture de Léopold Robert. Quoiqu'elle ne ressemblât nullement à celle qu'on avait en honneur à l'Institut et à la Villa Médicis, elle était par certains côtés en complète contradiction avec les tendances artistiques de la nouvelle école. Aussi les *Moissonneurs*, exposés la même année que le *Vœu à la Madone*, s'ils excitèrent au plus haut degré l'enthousiasme de ceux qui se rattachaient de près ou de loin au classicisme, ne rencontrèrent parmi les adversaires de l'Académie que d'assez froids admirateurs. La composition avait certes de belles parties, personne ne le contestait ; mais elle manquait de simplicité, d'unité et, en quelque sorte, de cohérence. Elle affectait trop officiellement la forme pyramidale ; elle avait quelque chose d'apprêté et de théâtral. On y apercevait plusieurs figures dont le geste et la physionomie s'accordaient mal ensemble. Gustave Planche, cherchant d'où provenaient ces défauts, les attribuait à ce qu'il appelait un abus de la nature. Il supposait que Robert, après avoir trouvé le sujet qu'il voulait traiter et en avoir essayé les lignes et les masses sous des formes innombrables, s'en allait dans la campagne de Rome, et que là, si une tête le séduisait, au lieu de la voir et de se la rappeler à l'occasion, il la copiait ; si un geste franc, hardi, animé le frappait, au lieu de l'enregistrer dans ses souvenirs il le figeait sur le papier. « De cette façon, disait-il, la passion du naturel exploitée trop en détail, réduit l'imagination de l'artiste à n'être plus qu'une mosaïque plus ou moins ingénieuse[1]. »

La méthode décrite par Planche est effectivement celle que Robert semble avoir suivie pour ses principaux ouvrages, particulièrement pour les *Moissonneurs*. Elle est fort analogue à celle des classiques purs dont elle diffère seulement en ceci, que les types y sont empruntés à la nature, non à la statuaire antique. Elle donne les mêmes résultats ; elle

[1] *Salon de* 1831. In-8.

aboutit aux mêmes inconvénients. Celui qui la pratique, prenant les figures de ces tableaux çà et là, uniquement à cause de la beauté d'un mouvement ou d'une expression et abstraction faite du rôle qu'elles ont à jouer, ne parvient presque jamais à transformer en un tout homogène cette collection de personnages que des hasards d'attitude rapprochent et qu'aucune intention morale ne paraît relier fortement les uns aux autres. Quelles que soient son habileté et sa patience, il réunit les éléments d'une œuvre pittoresque, il ne crée pas, à proprement parler, une œuvre pittoresque, saine et vivante ; il y a peut-être dans la sienne, comme le remarquait Planche à propos des *Moissonneurs*, « le motif d'une magnifique composition ; mais une table thématique n'est pas un opéra. »

Léopold Robert vivait en Italie loin du courant des idées modernes. Malgré son amour exclusif de la nature, il avait, dans son mode de composition et d'exécution, conservé trop de traces de son éducation première à l'atelier de David pour pouvoir exercer une sérieuse influence sur la jeune génération artistique. Decamps, qui, dès ses débuts, s'éloigna des errements académiques aussi franchement, aussi complétement que possible, en eut tout d'abord une très-considérable et qui devait grandir encore. Artistes et critiques ne marchandèrent ni l'admiration, ni l'éloge devant les tableaux exposés par lui au Salon de 1831. Ce qui distinguait l'*Opital des galeux*, l'*Ane et les Chiens savants*, ce n'étaient pas les sujets, nuls ou peu s'en faut, c'étaient la finesse de l'observation, la sincérité de l'impression, la souplesse, la simplicité et la vigueur de l'exécution. Ces chiens malades, ou affublés d'oripeaux fanés, avaient les mines les plus variées et les plus divertissantes. Ils étaient dessinés de main de maître ; ils dénotaient une profonde connaissance de la race canine ; puis cette peinture spirituelle et en un sens naïve, à la fois solide et transparente, ne relevait ni de la peinture flamande, ni de la peinture anglaise ; elle avait une originalité de bon aloi qui charma tout le monde. On signala, il est vrai, dans quelques figures de la *Patrouille turque* certaines exagérations de mouvement qui touchaient à la caricature ; mais l'invention était si comique, le faire si plein de verve et d'entrain qu'on n'insista pas autrement. Planche, grand admirateur de Decamps et de la *Patrouille turque*, se contenta de regretter que l'artiste abusât parfois de l'opposition des têtes et des fonds, prétendant, non sans raison, que, « avec l'habitude de *silhouetter* ses acteurs sur une muraille blanche ou un terrain clair, on anéantit l'espace où ils se meuvent, on ôte l'air qu'ils respirent. » Quant aux allures un peu bizarres des pauvres diables qui, insouciants, serviles, prêts à tout, couraient aux côtés de Cadji-bey, le calme et grave officier de police smyrniote, il les approuvait pleinement. Decamps, pensait-il, avait dû plus d'une fois assister en Orient à des scènes de ce genre, il avait voulu montrer sous son vrai jour ce qu'il avait vu au pays du despotisme, et il avait bien fait d'en accentuer, ou même d'en forcer le caractère ; car ce n'eût pas été assez de représenter la réalité telle qu'elle était matériellement, il fallait aussi en interpréter l'esprit.

Les peintres de genre de la jeune école avaient rarement de semblables préoccupations. En général, ils s'inquiétaient assez peu de la signification particulière ou du caractère moral des choses. Tout sujet leur paraissait acceptable et bon à traiter, pourvu qu'il permît de rendre une impression reçue devant la nature ou pût servir de prétexte à une exécution vive, brillante, agréable à l'œil. M. Eugène Isabey était un des plus habiles. Une *Marine* exposée par lui en 1827 avait, au dire de Planche, porté un coup fatal à la réputation aussi éclatante que mal fondée dont M. Th. Gudin jouissait depuis plusieurs années, à ces peintures où l'on voyait « partout et à propos de tout la même transparence et la même diaphanéité, le même ton alternativement beurré ou doré, les mêmes flots plus semblables à de la fumée qu'à de l'eau, les mêmes navires ivres et chancelants. » Sa *Vue du port de Dunkerque* marquait en 1831 un incontestable progrès. Le sentiment et l'intelligence de la réalité s'y manifestaient dans l'ensemble et dans les détails. La composition s'expliquait avec une clarté parfaite. Mais, après l'avoir regardée pendant quelques instants, on s'apercevait que, si la facture était singulièrement adroite, facile, riche et variée, « la poésie et la pensée étaient absentes[1]. »

On éprouvait la même déception en contemplant une *Vue des Côtes de Normandie*, où Camille Roqueplan s'était efforcé de reproduire l'aspect de la mer par un temps frais, la couleur changeante des flots, le balancement de deux ou trois barques chargées de passagers, un vif rayon de lumière frappant des falaises sous un ciel lourd et orageux, et semblait n'avoir songé à rien autre chose. Dans les tableaux où la figure humaine jouait le principal rôle, ce peintre spirituel, fécond en inventions ingénieuses, n'indiquait pas non plus avec assez de force et de précision la donnée poétique qu'il avait à développer, et se contentait trop aisément de simples improvisations pittoresques. *L'Épisode de la vie de J.-J. Rousseau* était une composition d'un effet piquant, d'une mise en scène heureusement trouvée; mais la physionomie propre à chacun des personnages y était médiocrement interprétée : aussi certains critiques, malgré leur bienveillance habituelle pour Roqueplan, rangeaient-ils la peinture de celui-ci « dans la catégorie la moins sérieuse de l'art, au troisième degré de l'individualisme perfectionné[2]. »

Quelques écrivains de la presse démocratique la

[1] Gustave Planche. *Salon de* 1831. In-8.
[2] *Tribune*. Salon de 1833.

plus avancée accusaient l'art contemporain de méconnaître « sa sainte mission de prêche et d'éducation » d'avoir trop d'insouci des questions générales, politiques ou sociales; ils lui reprochaient d'accorder une importance excessive à l'exécution matérielle et au genre, « dernière limite de l'individualisme, » et, quelle que fût leur sympathie pour le talent de Decamps, ils ne considéraient l'auteur de la *Patrouille turque* que comme le premier et le plus spirituel des individualistes. La *Bataille des Cimbres* modifia un peu leur opinion; cependant l'un d'eux, après avoir déclaré qu'elle était admirable et digne de tous les éloges, que c'était du terrible en miniature faisant frémir et reculer, ajoutait: « Si l'on se demande après la première épouvante, pourquoi l'on a si fort tremblé, on l'ignore: c'est le défaut du genre et du tableau. Quand un sujet n'est pas traité pour l'émission d'une idée ou la représentation d'une idée quelconque, le pittoresque envahit la toile, et l'art ne devient plus qu'un effet d'optique, sans doute fort beau avec M. Decamps, mais seulement un effet d'optique. C'est en cela surtout que cette bataille rappelle à chacun celles de Salvator. L'exécution en est tout à fait originale; mais l'effet produit est le même, effet sans cause réelle, confusion d'harmonies discordantes, qui frappent à la fois et terrassent l'homme sans qu'il sache après s'il sort d'un rêve ou si Dieu l'éclaire vraiment[1]. »

[1] B. Hauréau. *Tribune*. Salon de 1834.

Ces observations, assez sévères quoique formulées d'une façon courtoise et mesurée, restèrent sans contradicteurs. Si la plupart des critiques appartenant à l'école nouvelle ne croyaient guère à l'enseignement directement exercé par l'art, ils ne niaient pas que les œuvres d'art ne pussent et ne dussent avoir une valeur intellectuelle, une portée morale. Sur ce point il n'y avait donc entre eux et leurs confrères de la presse démocratico-révolutionnaire qu'une différence de degré, et ce n'était pas un motif suffisant pour les décider à réfuter ceux-ci. La *Bataille des Cimbres* leur paraissait une conception tellement complète, tellement supérieure, qu'ils trouvaient qu'elle se défendait victorieusement elle-même et n'avait besoin d'aucun plaidoyer en sa faveur. Ils y louaient sans restriction la pensée si grandiose, l'invention si facilement compréhensible pour tout le monde, l'allure des soldats romains qui rappelait si bien les rudes et infatigables Romains de l'histoire, la disposition des combattants qui était entendue « comme l'aurait pu faire un général expérimenté [1]. » Ils admiraient cette foule innombrable, cette mêlée acharnée et sanglante, ce désordre furieux et désespéré indiquant clairement « qu'il ne s'agit pas du gain d'une journée, mais de la ruine d'une nation ; » ils approuvaient pleinement l'absence de premier plan, car, « dans la toile de Decamps le héros ne s'appelle

[1] Gabriel Laviron. *Salon de* 1834. In-8.

ni Marius, ni le chef des Cimbres : Le héros c'est la foule, et pour la foule il n'y a pas de premier plan ; » et, s'ils parlaient en passant de quelques esprits bizarres et malades qui regardaient la *Bataille des Cimbres* comme une joyeuse plaisanterie, ils ne croyaient pas qu'il fallût « prendre la peine de discuter cette ironique méprise[1]. »

Les nombreux et chauds partisans de Decamps se gardaient d'oublier la beauté du paysage, l'ampleur des lignes, la solidité des terrains, et de fait le paysage a, dans la *Bataille des Cimbres*, autant et peut-être plus d'importance que les figures. Il en a même une si grande qu'on est en droit de supposer que l'artiste a d'abord été frappé d'un site sauvage et accidenté, puis que, voulant l'animer et en quelque sorte justifier son caractère dramatique, il a eu l'idée d'y placer la terrible lutte des nations barbares contre l'armée romaine. Quand on examine attentivement la composition, qui pourtant a de l'unité, une saisissante vérité, on acquiert la conviction, presque la certitude que Decamps a procédé ainsi. Quelques-unes de ses œuvres postérieures semblent prouver qu'il n'a jamais procédé différemment, entre autres le *Joseph vendu par ses frères*, où les figures, quel que soit leur mérite, n'offrent qu'un intérêt secondaire. Les mots *Vue de Syrie*, inscrits comme sous-titre au livret du Salon de 1839, indiquent, il est

[1] Gustave Planche. *Revue des Deux-Mondes*. Salon de 1834.

vrai, que c'était intentionnel de la part de l'auteur; mais il était possible d'interpréter le sujet emprunté à la Genèse, tout en le subordonnant, et Decamps n'y a réussi qu'à demi. Ses personnages, assurément fort bien groupés, font plutôt penser à des Arabes de notre temps qu'aux fils de Jacob et aux marchands Ismaélites.

Ayant au plus haut point le sentiment du pittoresque proprement dit, Decamps n'avait pas au même degré le don de l'invention, ou, si l'on veut, de l'assimilation poétique. Son éducation, ses études artistiques, ses habitudes intellectuelles avaient médiocrement favorisé chez lui le développement de cette précieuse faculté. Il ne concevait pas sans quelque effort une scène historique ou biblique, et l'on ne saurait nier que, dans son *Joseph*, ce qui impressionne le spectateur c'est moins l'action représentée, l'expression des passions humaines, que la splendeur de la nature, la transparence de l'atmosphère, la vibration de la lumière. Il se souvenait plus qu'il n'inventait, il avait été séduit par l'Orient, il y avait rencontré des types qui s'étaient profondément gravés dans sa mémoire. Aussi des sujets pris pour ainsi dire sur le vif, tels que celui du *Supplice des crochets*, mettaient mieux que tout autre ses rares qualités en évidence.

L'Italie avait été et était encore pour l'école traditionnelle et officielle ce que l'Orient était pour l'école nouvelle. Les classiques, s'ils admettaient que la nature pût être une bonne conseillère et une heureuse inspiratrice, voulaient que l'artiste ne choisît ses modèles que dans les États romains, napolitains ou toscans, seuls pays où, à leurs yeux, les hommes et les choses n'avaient ni vulgarité ni laideur. La nationalité des sujets n'avait certes pas été sans influence sur le succès qu'avaient obtenu parmi eux les ouvrages de Granet, dont la manière s'éloignait tant de celle qu'on préconisait à l'Académie. Elle touchait très-médiocrement les critiques de la jeune école ; mais en revanche quelques-uns de ceux-ci prisaient fort l'entente du clair-obscur, si remarquable dans les compositions du peintre d'*Une justice de paix en Italie.* Planche, qui avait parlé de ce tableau comme d'une œuvre hors ligne, traita mieux encore, deux ans après, le *Rachat des captifs*, et déclara en 1834, que la *Mort du Poussin* leur était supérieure à l'un et à l'autre. Il y admirait surtout la puissance unie à la sobriété, « la prodigieuse harmonie des couleurs si heureusement alliée à la parcimonie des tons, » l'habileté avec laquelle Granet avait su varier l'expression d'un sentiment unique, « la douleur de l'amitié en face de la mort ; » puis, cherchant à définir le talent de cet éminent artiste qui « n'a pas plus agi sur son temps que son temps n'a agi sur lui, » il constatait que son principal caractère était « de composer avec ses fonds et ses figures un tout homogène, un, inaliénable, indivisible, dont aucune partie ne pourrait être impunément distraite[1]. » Suivant Alexandre Decamps, Granet ne possédait pas seulement une science de dessin, une puissance de couleur, une magie de lumière qui en faisaient un maître, et devaient le maintenir à ce rang, quelle que fût jamais la direction donnée aux arts par nos mœurs ; il était aussi le seul artiste moderne qui, avec Delacroix, eût reproduit la pensée religieuse sous un aspect nouveau ; il savait « répandre sur tous ses personnages un recueillement vrai et profond, exprimé avec autant de fermeté que de naïveté « même dans des ouvrages tels que la *Communion des premiers chrétiens*, où sa peinture était plus lourde, plus noire, plus sèche qu'à l'ordinaire, et ce n'était qu'ainsi qu'on pouvait comprendre l'art religieux[2]. »

A une ou deux exagérations près, tout cela était parfaitement exact ; cependant il n'y avait pas là de quoi convaincre la plupart des critiques de la jeune école : l'art religieux ne les intéressait que s'il était dramatique et passionné ; la peinture de Granet était, à leur avis, trop simple, trop monotone ; c'étaient toujours « les mêmes intérieurs avec des maquettes en guise de personnages[3] ; » c'était « un art très-joli et très-aimable à qui il ne fallait demander ni gravité, ni élévation de sentiment, ni force supérieure de facture, et qui faisait mieux les *bons*

[1] *Revue des Deux-Mondes*. Salon de 1834.
[2] *National*. Salon de 1836.
[3] TH. THORÉ *Revue de Paris*. Salon de 1838.

hommes sous le froc qu'en grand habit de guerre[1]. »

Decamps avait déployé une telle habileté dans ses intérieurs et ses paysages, il avait si heureusement composé et ajusté ses figures, il avait combiné de si savantes recettes, il avait donné tant de vigueur et de transparence à ses ombres et à ses demi-teintes, en particulier dans *Un corps de garde sur la route de Smyrne à Magnésie*, qu'on était devenu fort exigeant en matière d'exécution et de pittoresque et qu'on s'était pris d'une sorte d'engouement pour l'Orient. On préférait de beaucoup celui-ci à l'Italie qui avait l'irrémissible tort d'avoir été exploitée, prônée à outrance par les classiques de toute espèce. Bon nombre de peintres, quoique adversaires déclarés de l'Académie, craignaient de tomber dans la banalité en reproduisant les scènes de la vie moderne, rustique ou familière ; ils avaient cherché des éléments d'invention qui eussent de la nouveauté, de l'imprévu, qui permissent l'emploi de toutes les ressources de l'art ; et à cet égard nulle contrée au monde ne leur avait paru aussi féconde que l'Orient. La plupart, même parmi ceux qui visitèrent l'Egypte, la Syrie ou l'Asie mineure, tirèrent un assez médiocre parti de leurs voyages et de leurs études ; il marchèrent sur les traces de Decamps et ne le suivirent qu'à une distance fort lointaine. Mais M. Diaz sut se faire une place à part. Les petites compositions, d'un ca-

1 Ph. Haussard. *Temps*. Salon de 1840.

ractère moitié réel moitié fantastique, dans lesquelles il semblait s'être inspiré des contes arabes ne manquaient pas d'originalité ; elles révélaient en outre une singulière adresse de brosse et un très-remarquable sentiment de la couleur.

Les *Bohémiens se rendant à une fête* attirèrent l'attention de tout le monde, même celle de M. Delécluze. L'infatigable défenseur des saines doctrines, tout en affirmant à plusieurs reprises que c'était « une fantaisie peinte » non un tableau, que le paysage était informe et inacceptable, reconnaissait que ces bohémiens, hommes, femmes, enfants, bêtes et gens, étaient si brillants de couleur, qu'on « croyait voir couler au fond de ce ravin obscur un ruisseau de diamants, de rubis, de topazes et d'émeraudes. » Il ajoutait qu'on devait approuver l'artiste d'avoir sacrifié quelques-unes de ses figures pour donner plus d'éclat à deux ou trois têtes principales, puisque, en agissant ainsi et malgré la futilité du sujet, il avait « rempli une des plus importantes conditions de l'art, celle de concentrer son sujet dans une unité puissante[1]. » Haussard, qui apercevait, avec quelque apparence de raison, sous ces vifs éloges, l'arrière-pensée d'exalter M. Diaz aux dépens de Delacroix si souvent « nié, tourmenté, rabaissé » par M. Delécluze et ses amis, se montra moins enthousiaste, ou, pour mieux dire, moins indulgent.

[1] *Journal des Débats*. Salon de 1844.

S'il ne reprocha point à l'auteur des *Bohémiens* et de l'*Orientale* « son petit monde conventionnel de poésie et de conte arabe » et même lui en fit gloire, il le blâma vertement de l'avoir réalisé d'une façon « trop fugitive. » Il s'étonna qu'on eût « mis en théorie et idéalisé le système de pochade qui brillait dans ces deux tableaux ; » enfin, rappelant que « sacrifier en terme de peinture, c'est subordonner par un savant parti de lignes, de lumière et de couleur, le détail à la masse et dégager ainsi l'effet pittoresque, l'intérêt dominant, » il prétendit que l'art des sacrifices entendu comme M. Diaz l'avait pratiqué c'était ébaucher ou laisser inachevée la moitié de son tableau, c'était « donner pour un calcul profond l'insuffisance ou l'impuissance, et sacrifier l'œuvre elle-même[1]. »

L'éclat, la richesse, la variété des tons, la prestesse et la fermeté de la touche faisaient oublier à la majorité des amateurs les défaillances que Haussard et quelques autres constataient dans les tableaux de M. Diaz. Cependant l'artiste tint compte des observations de la critique. Il s'efforça, non sans succès, de donner plus de précision et de réalité à son dessin, plus d'unité à ses effets. Au Salon de 1846, Haussard signala l'*Abandon*, une jolie étude qu'il trouvait toutefois « un peu trop vraie, faute de choix, » la *Léda* et les *Délaissés*, où l'auteur avait cherché

[1] *National*. Salon de 1844.

« la variété des chairs et le ton local des draperies ; » la *Sagesse* où il avait manifestement poursuivi « l'expression même et la convenance du mode dans la couleur[1]. » M. Diaz persévéra, il se préoccupa de plus en plus de la ligne, du contour, de la forme, de la tournure, de l'élégance, de la composition ; mais, entraîné par le désir de perfectionner sa manière, il arriva bientôt, peut-être insciemment, au pastiche. Les compositions qu'il imaginait relevaient de la fantaisie pure, la pensée y jouait un rôle trop modeste pour servir de fondement à un style vraiment original ; aussi ne put-il s'en créer un qu'en faisant, çà et là, des emprunts en rapport avec ses goûts et ses instincts pittoresques et fut-il irrésistiblement amené à imiter soit Prudhon, soit le Corrège, soit même le Parmesan. Il compromit ainsi en partie ses qualités natives et ne parvint pas complétement à acquérir les qualités auxquelles il aspirait. Dans ses paysages où il s'est contenté de rendre l'aspect de la nature tel qu'il apparaît à un œil merveilleusement organisé, il a montré combien il eût eu intérêt à obéir à son tempérament, à rester lui-même. Alexandre Decamps, parlant d'une *Vue prise dans les gorges d'Apremont*, déclarait en 1837, que M. Diaz avait « pénétré dans ce qu'a de plus sévère l'emploi de la couleur sans s'écarter de la vérité[2], » et Haussard disait en 1847 d'un *Intérieur de forêt :* « c'est de la nature

[1] *National*. Salon de 1846.
[2] *National*. Salon de 1837.

qui semble une magique convention, c'est de la poésie qui n'est que de la réalité pure[1]; » et tous deux n'étaient que justes.

Quinze ans après les premières tentatives de rénovation artistique, on ne pouvait se contenter d'une exécution incomplète, si séduisante fût-elle par certains côtés. On goûtait médiocrement la poésie vague et indécise qui, au début de la lutte contre l'école académique, avait contribué au succès de quelques œuvres secondaires. On commençait à considérer la réalité comme l'élément principal et le point de départ obligé de toute invention. Au charme de la fantaisie, à la richesse d'imagination, on préférait la justesse d'observation, la vérité d'aspect, la finesse du rendu, surtout dans une peinture de genre. Ces qualités distinguaient incontestablement *Un peintre dans son atelier* exposé par M. Meissonier au Salon de 1843; aussi l'admiration fut-elle générale. *Le docteur anglais*, *Le Liseur*, *La partie d'échecs*, *Le fumeur* avaient déjà révélé chez l'auteur un vif sentiment de la nature, une rare intelligence de l'attitude, du geste et de la physionomie, et avaient fait songer aux Flamands et aux Hollandais de la bonne époque. Mais *Un peintre dans son atelier* leur était bien évidemment supérieur. La mise en scène était excellente; les personnages, merveilleusement imaginés, pleins de vie, de naturel et d'expression, étaient

[1] *National*. Salon de 1847.

en parfait accord avec l'atelier, avec les divers objets au milieu desquels ils se trouvaient, tandis que précédemment on avait, non sans motif, demandé à M. Meissonier « d'encadrer mieux ses figures dans les accessoires de la composition.[1] » Ces types du dix-huitième siècle avaient une saisissante vérité ; ces trois hommes portaient le costume de nos pères avec une aisance extrême, on avait « une idée de leur caractère, de leur humeur, de leur esprit ; » on aurait pu « dire une partie de leur histoire ; or, c'est ce qu'on appelle créer[2]. » Haussard, qui, ainsi que la plupart de ses confrères, rendait pleine justice au talent du *Peintre dans son atelier*, faisait toutefois quelques réserves parfaitement fondées. M. Meissonier, disait-il, semblable aux Flamands par « l'idéal donné aux petites choses du genre, » sait éviter le pastiche et rester « original même à leur école ; » son style, s'il a beaucoup moins de force et d'ampleur que celui de ses modèles, se soutient par l'élégance et le charme ; son dessin est aussi pur et aussi précis ; « il raffine même certaines parties, les mains surtout, mieux que ces maîtres... Mais son infériorité manifeste, radicale, en face des Flamands, a tenu jusqu'ici et tient encore à sa couleur et à sa lumière ; il faut à sa couleur plus de transparence, à ses teintes plus de dégradation, pour qu'une figure de troisième plan n'avance pas sur le premier ; il

[1] *Temps*. Salon de 1842.
[2] L. Peisse, *Revue des Deux-Mondes*. Salon de 1843.

faut à sa lumière plus d'unité, plus d'effet dominant, pour que le groupe principal ne se noie pas dans le même jour : double défaut capital de cet ouvrage même que nous venons de louer et admirer si franchement[1]. »

Le pittoresque n'avait pas cessé d'être en faveur vers la fin du règne de Louis-Philippe ; mais on commençait à comprendre qu'il n'est pas à lui seul l'art tout entier. Des peintres qui, jusqu'alors, ne s'étaient proposé dans la combinaison des formes et des couleurs que l'agrément de l'aspect, s'inquiétaient du caractère et de la signification de leurs compositions. C'était, entre autres, le cas de Roqueplan. L'auteur d'un *Épisode de la vie de J.-J. Rousseau*, qui était resté plusieurs années sans exposer, reparut au Salon de 1847 avec trois tableaux où il avait cherché la tournure et l'expression, beaucoup plus que dans ses précédents ouvrages. Il avait transformé sa manière. Il s'était efforcé d'écrire nettement sa pensée. Malheureusement cette pensée, ne s'appuyant sur aucune donnée historique ou poétique, n'étant inspirée, dirigée par aucune doctrine déterminée, avait quelque chose de vague ; elle manquait de vigueur et de portée. Roqueplan avait renoncé aux fantaisies faciles et brillantes ; il avait pris ses sujets dans la nature ; il les avait choisis avec goût ; il avait tâché de les interpré-

[1] *National*. Salon de 1843.

ter avec une scrupuleuse exactitude; mais, faute d'un principe suffisamment clair et défini, il n'avait pu aller au delà. Malgré son bon vouloir, il n'avait guère modifié que sa facture; il avait poussé la fermeté du dessin jusqu'à la dureté ; il avait abusé des tons « ternes et crayeux; » et cette austérité aussi nouvelle que systématique fit regretter à quelques critiques « les vives nuances du *Lion amoureux*, du *Concert chez Van Dyck* et de tant d'autres attrayantes compositions[1]. »

La manière grave et neuve dont Decamps avait rendu les scènes de la vie orientale, l'habileté avec laquelle, dans la *Bataille des Cimbres*, il avait disposé les masses des combattants au milieu d'un paysage triste et tourmenté, sous un ciel lourd et orageux, avaient fait supposer qu'il entendrait d'une façon originale et toute moderne la peinture d'histoire de moyenne dimension. Le *Samson combattant les Philistins*, le *Siége de Clermont*, l'*Episode de la bataille des Cimbres* ne répondirent pas complétement à l'attente générale. Le *Samson*, suivant un critique qui cependant trouvait la composition pleine de mouvement, était le plus faible des travaux exposés par Decamps en 1839, et aussi le seul où se remarquait une imitation évidente ; les groupes de soldats, le paysage, la couleur même, moins vraie qu'à l'ordinaire accusaient « un pasticcio, de Salva-

[1] Paul Mantz. *Salon de* 1847. In-12.

tor Rosa[1]. » Le *Siége de Clermont*, l'*Épisode de la bataille des Cimbres*, dessin au crayon noir rehaussé de blanc, parurent des œuvres d'un rare mérite; mais on remarqua que l'auteur, en entrant dans l'histoire, y avait trouvé la tradition, qu'il y avait naturellement cherché des appuis; que, bien qu'il eût emprunté avec infiniment d'intelligence, il n'avait pu tout à fait effacer la trace de ses études, et que ces dessins avaient « quelque chose de singulier, de bizarre et de bâtard qu'on ne rencontre pas dans sa manière habituelle[2]. » Quoique les neuf dessins de l'*Histoire de Samson* fussent très-ingénieusement composés et que deux d'entre eux, le *Samson brisant ses liens*, le *Samson tournant la meule*, fussent à peu près irréprochables, un des plus sincères admirateurs de Decamps ne put s'empêcher de reconnaître qu'on y voyait çà et là des vulgarités « en désaccord avec le caractère sévère et élevé du style général » et quelques réminiscences de ces sujets spirituels où l'auteur de l'*Histoire de Samson* maniait « la caricature avec tant de finesse[3]. » Si dans l'*Eliezer et Rebecca*, le plus important des derniers tableaux que Decamps envoya au Salon, plusieurs parties avaient un beau caractère, de la simplicité et même de la grandeur, les figures étaient groupées d'une façon « insuffisante et défectueuse, » elles étaient

[1] *Revue des Deux-Mondes*. Salon de 1839.
[2] LOUIS PEISSE. *Revue des Deux-Mondes*. Salon de 1842.
[3] TH. THORÉ. *Constitutionnel*. Salon de 1845.

« éparpillées et mal rattachées les unes aux autres[1]. »

Pour traiter avec supériorité des sujets empruntés à l'histoire et aux œuvres des poëtes, ce n'est pas assez d'avoir une extrême adresse de main et le sentiment du pittoresque. Il faut en outre être placé, soit par le mouvement de sa propre pensée, soit par celui des idées générales contemporaines, à un juste point de vue historique ou poétique. C'est là ce qui a manqué à Decamps. Sauf la *Bataille des Cimbres*, celles de ses œuvres qui n'appartiennent pas spécialement au genre ont été conçues à une époque de transition. L'effervescence intellectuelle qui avait précédé et suivi la Révolution de Juillet s'était peu à peu calmée; celle qui donna naissance à la Révolution de Février et devait être si brusquement comprimée, était encore à l'état latent. Parmi ceux qui s'occupaient de philosophie, de politique, d'organisation sociale, les uns, satisfaits des progrès accomplis depuis le commencement du siècle, affirmaient qu'aucun nouveau progrès n'était possible; les autres croyaient que la situation présente des choses n'était nullement définitive, que les conditions des sociétés seraient tôt ou tard améliorées, et que, la notion du vrai devenant de jour en jour plus précise et plus étendue, il devait nécessairement en résulter certaines modifications dans celles du beau et du bien.

[1] PAUL MANTZ. *Evénement*. Salon de 1850-1851.

L'opinion de ceux-ci n'était pas si solidement établie, si nettement formulée qu'elle pût s'imposer à un artiste tel que Decamps ; l'opinion des premiers choquait l'espèce d'instinct révolutionnaire qui ne l'avait jamais abandonné. Il n'avait donc conseil à prendre que de lui-même. Il aurait peut-être eu des conceptions originales d'un ordre élevé, s'il s'était inspiré des récits du passé ou des légendes bibliques en dehors de toute préoccupation étrangère ; mais il s'inquiétait fort de la tradition, qu'il connaissait incomplétement, il avait toujours présent le souvenir de l'Orient moderne, son esprit s'y était en quelque sorte absorbé, immobilisé, et il était à peu près inévitable que ses compositions fussent d'un caractère incertain, d'un style hybride.

Doué, comme Decamps, de remarquables facultés artistiques, M. Meissonier a, ainsi que lui, touché à l'histoire ; mais il l'a fait en de tout autres circonstances, et il est arrivé à un résultat très-différent. Bien qu'il ait au plus haut degré la finesse d'observation, l'ingéniosité, la dextérité, on lui a justement reproché de préférer les types anciens, qu'il est obligé de deviner, à ceux de notre temps qu'il pourrait étudier directement et à fond, de sacrifier trop souvent l'ensemble aux détails, d'abuser parfois des proportions microscopiques et d'incliner au tour de force. De pareilles habitudes, de pareilles tendances semblaient devoir lui interdire à jamais l'interprétation sérieuse et vraie de sujets historiques ; cependant son 1814, *campagne de France*, exposé au Salon de 1864, est à tous égards une œuvre considérable. Les quelques défauts que signalent les délicats dans ses tableaux d'intérieur ou de plein air, pourtant si séduisants par l'invention et la disposition de la mise en scène, n'y existent point ou du moins y passent inaperçus. La composition a, du reste, ici plus de valeur, elle offre plus d'intérêt que l'exécution.

Le choix du motif est excellent. Les événements contemporains, la restauration du pouvoir personnel ont forcément attiré l'attention de tous sur le premier empire. On a voulu se rendre compte des choses de cette époque. On les a examinées, analysées, pesées, percées à jour. Soumis à une critique sévère et impartiale, les essais de réorganisation sociale, les hauts faits militaires, tant célébrés jadis, n'ont plus paru que les divers moments d'une monstrueuse aventure que rien ne saurait légitimer, justifier ou excuser, ni en politique, ni en morale. Pour quiconque pense et réfléchit, le prestige de la légende napoléonienne s'est évanoui ; la réalité seule et l'enseignement qu'elle porte avec elle sont restés. Le 1814, *campagne de France*, est en quelque sorte le résumé pittoresque d'un jugement équitable, précis, et, il y a lieu de l'espérer, définitif. Le Napoléon Ier n'est plus le général victorieux, triomphant, plein d'ardeur guerrière et de foi en ses entreprises, dictant ses volontés aux souverains de l'Europe ; c'est l'ambitieux déçu, pourchassé, fatigué, découragé, affaissé, ayant perdu toute confiance en son étoile. Ceux qui l'accompagnent ne sont plus ces soldats audacieux, ces brillants officiers qui entraient en vainqueurs dans toutes les capitales et croyaient que le monde leur appartenait; ce sont des hommes harassés, tristes, humiliés, perplexes et peut-être songeant déjà moins aux malheurs de la patrie qu'à leurs grandes situations et à leurs riches dotations compromises. M. Meissonier a-t-il conçu son sujet ainsi de propos délibéré? Cela importe peu. Il a osé entrer dans le vif de l'histoire. Il n'a pas tenté de renouveler ou de transformer une banale poésie. Il s'est borné à écrire un morceau de prose; mais celui-ci est d'un ordre supérieur. Il a été, sciemment ou non, le traducteur d'une pensée actuelle, vivante, qui s'impose de plus en plus à l'esprit des gens sensés, et il l'a exprimée avec beaucoup de franchise et de fermeté. Il y a certes là un mérite qui n'est ni médiocre ni vulgaire. Eût-il quelques imperfections, et, s'il en a, elles sont insignifiantes, le 1814, *campagne de France*, est donc, parmi les tableaux exécutés sous le second empire, du très-petit nombre de ceux qui ont une sérieuse valeur, et c'est peut-être le seul qu'il faille considérer comme un véritable tableau d'histoire.

II

LA NATURE ET LE PAYSAGE

Ce fut seulement à partir de 1851 que la réforme du paysage prit une allure franche et décidée. Jusque-là, elle n'avait guère consisté qu'en modifications de facture ou de composition d'assez médiocre importance. Aligny avait cherché l'ampleur et la simplicité des lignes plus que ne faisait l'école traditionnelle. Corot avait tâché d'atteindre à l'expression en rendant naïvement les effets qu'il avait observés en Italie, et malgré d'évidentes maladresses d'exécution, il y avait parfois réussi. Mais il n'y avait au fond aucune différence entre le principe qui les dirigeait tous deux et celui qui servait de guide aux partisans des doctrines classiques et orthodoxes.

Un changement de méthode plus ou moins timide dans la pratique de l'art ne pouvait suffire aux paysagistes de l'école révolutionnaire. Ceux-ci voulaient une transformation complète, radicale, en rapport avec celle que les événements, le progrès en toutes choses avaient apportée dans les idées et les sentiments de la nouvelle génération. D'accord sur ce point, tous épris de la nature, ils ne comprenaient cependant pas tous le paysage de la même façon.

Les uns se bornaient à copier le plus exactement, le plus scrupuleusement possible ce qu'ils avaient devant les yeux; les autres, convaincus que la réalité est un thème qui a besoin d'être développé, s'efforçaient en l'interprétant d'exprimer leurs pensées, leurs émotions personnelles. Ces derniers étaient spécialement en butte aux critiques des écrivains du parti académique. Paul Huet, moins disposé que personne aux concessions et aux compromis, eut à les subir durant toute sa vie. On ne disait pas qu'il manquait d'imagination, mais on trouvait son imagination déréglée, bizarre, singulièrement encline à la mélancolie et à la tristesse. Au Salon de 1831, ceux mêmes qui jugeaient les paysages héroïques, conventionnels et académiques « peu aimables » déploraient « qu'au lieu de ces belles campagnes, d'un noble aspect, aux magnifiques lignes monumentales, » on ne leur offrît plus que « des lacs empestés, des marais impraticables, des rochers affreux. » Ils ne se piquaient guère d'ailleurs d'être conséquents, et ils accusaient Paul Huet, dont les paysages leur suggéraient ces observations chagrines, d'avoir une manière très-voisine de celle de Watteau, le peintre des fêtes galantes. Rien pourtant ne ressemblait moins à un Watteau que le *Soleil couchant*, le plus important des tableaux exposés par Huet en 1831. Si quelques négligences d'exécution pouvaient, à la rigueur, justifier une pareille assertion de la part des contempteurs de la peinture du dix-huitième siècle, le sentiment qui dominait la composition y contredisait absolument. Ce sentiment était essentiellement moderne, il procédait de celui qui animait les poëtes contemporains, et Planche, pour qui le *Soleil couchant* était « le plus beau, le plus vrai paysage du Salon, » prétendait que les débuts de Paul Huet rappelaient les *Premières Méditations* de Lamartine : « En présence de ses œuvres, écrivait-il, comme à la lecture des *Méditations*, on éprouve la même impression ; c'est la même rêverie vague et immense ; le même entraînement vers les pensées graves et indéfinissables ; on voit s'ouvrir devant soi le même horizon lointain et infranchissable[1]. »

Nul paysagiste, en effet, n'a été plus que Paul Huet en communauté d'idées et de sentiments avec les inventeurs littéraires de son temps. Dans ses principaux ouvrages, surtout dans ceux qui datent de la première moitié de sa carrière, il y a comme un reflet de la pensée byronienne. La nature y est envisagée en elle-même et pour elle-même. Les détails inutiles ou indifférents y sont volontairement supprimés. Les lignes y sont simplifiées, combinées en vue d'un effet à produire, d'une impression à rendre. La couleur y est riche et vigoureuse ; l'harmonie des tons y est en quelque sorte passionnée et dramatique. En tout et partout l'âme humaine s'y manifeste avec ses inquiétudes, ses doutes et ses

[1] *Salon de* 1831. In-8.

désespoirs, avec ses aspirations généreuses et ses ambitions inassouvies. Les créations du plus grand génie poétique du dix-neuvième siècle n'eurent pas seules de l'influence sur l'imagination de Paul Huet, mais ce furent celles qui y laissèrent la trace la plus profonde. Vivant à une époque où l'on avait tour à tour de hautes visées et d'amers découragements, Paul Huet a exprimé ces perplexités de l'esprit avec autant de franchise et de puissance qu'il est possible de le faire quand on n'a à mettre en scène, comme moyens d'expression, que des arbres, des ciels et des terrains. Aussi la plupart de ses œuvres ont un caractère sérieux, parfois même un peu sombre, en complète contradiction avec le goût classique en matière de paysage.

Les admirateurs systématiques de la beauté, de la sérénité antique réprouvaient la véhémence du sentiment et la fougue de l'exécution dans le paysage, non moins que dans la peinture d'histoire, et M. Delécluze reprochait surtout à Paul Huet, de « vouloir être plus poétique que la nature, ce qui n'est pas raisonnable[1]. » Ils n'avaient probablement guère plus de sympathie pour l'exactitude de l'imitation et la précision de la facture dans la représentation de scènes empruntées à nos mœurs ou de sites appartenant à notre pays ; cependant ils traitaient avec une certaine indulgence ceux qui semblaient

[1] *Journal des Débats*. Salon de 1848.

s'en préoccuper exclusivement. Le manque absolu d'idéal leur paraissait-il plus excusable que la recherche d'un idéal autre que l'idéal traditionnel? Croyaient-ils que les dociles copistes, les scrupuleux admirateurs de la nature ne songeaient à rien de pareil? Cela est possible, mais au moins sur le dernier point, ils étaient dans l'erreur. Delaberge, lui-même, qui étudiait avec une si minutieuse patience, les moindres détails des objets représentés, ne considérait vraisemblablement pas le trompe-l'œil comme le dernier mot de la peinture. Il accordait une égale attention à tous les éléments de ses compositions, il apportait un soin extrême à l'exacte reproduction des plus petites parties des choses et neutralisait ainsi de très-sérieuses qualités de coloriste, parce que c'était, supposait-il, la meilleure, la seule manière d'exprimer et de bien mettre en évidence la poésie de la réalité. Il ne méconnaissait nullement cette poésie. Il ne pensait même pas, selon toute apparence, qu'aucune autre pût lui être comparée. S'il la supprimait, c'était à son insu, uniquement par excès de zèle.

La plupart des paysagistes de la jeune école s'inspiraient exclusivement de la nature, comme Delaberge; mais ils ne prétendaient pas à cette précision mathématique du rendu, à laquelle l'auteur de la *Vue de Basse-Normandie* a sacrifié « l'unité lumineuse, l'unité linéaire de sa composition[1]. » Ils se

[1] GUSTAVE PLANCHE. *Revue des Deux-Mondes*. Salon de 1835.

souciaient avant tout de la vérité d'aspect. Ils préféraient la sincérité de l'impression à la science de l'arrangement, à la perfection du faire. Ils s'accommodaient de n'importe quels motifs, pourvu que ceux-ci prêtassent à un effet suffisamment pittoresque. Les premiers tableaux de M. Cabat furent d'autant plus remarqués que les sujets y étaient fort simples et l'interprétation pleine de naïveté et de bonhomie, d'une naïveté et d'une bonhomie qui d'ailleurs n'excluaient ni la finesse ni l'habileté. Ils rappelaient peut-être un peu trop les œuvres des maîtres flamands et hollandais ; mais on était tellement las des pompeuses et niaises conventions, décorées du nom de paysage historique par l'école officielle, que c'était aux yeux de beaucoup de gens un mérite de plus.

Les souvenirs de Ruïsdael et d'Hobbema, tout visibles qu'ils fussent dans les paysages de l'école révolutionnaire, n'y étouffaient certes point l'originalité. Des qualités très-personnelles distinguaient les *Côtes de Granville* que Théodore Rousseau exposa au Salon de 1833. C'était un sentiment profond et complet de la vie de la nature, une ferme volonté d'accepter franchement les conditions de la réalité, une singulière aptitude à trouver l'effet juste, l'effet caractéristique, l'effet le plus propre à faire ressortir les particularités du site choisi, de la végétation représentée. Tous les critiques parlèrent avec éloges des *Côtes de Granville*. Le paysage que Rousseau envoya l'année suivante au Salon ne fut guère moins favorablement traité. M. Delécluze, lui-même, bien qu'il blâmât l'auteur d'avoir cherché et peint un site aride et sans charmes, « dont les lignes étaient pauvres et où la végétation semblait desséchée et rabougrie par l'ingratitude du terrain, » reconnut que « cette horrible nature était rendue et imitée avec un soin si religieux que le tableau commandait l'attention[1]. »

Ce « soin religieux » de ne rien omettre d'essentiel et de donner aux diverses parties du paysage leur véritable physionomie, tout en les faisant concourir à l'harmonie de l'ensemble, ne préserva pas Rousseau des rigueurs du jury. Un écrivain de la presse radicale avait dit en 1833 : « Tant que durera l'anarchie dans l'art comme dans l'État, tant qu'une pensée grande ne viendra pas régénérer le monde par l'inspiration spontanée d'un Verbe nouveau, il faudra bien qu'on s'en tienne à la représentation fidèle de la nature. Nous, critiques républicains, nous pourrons vanter avec nos réserves habituelles, le retour des formes pures et simples signalé par les débuts de MM. Cabat, Rousseau, Delaberge, Flers et Dupré. MM. Cabat et Rousseau, tous deux jeunes et pleins d'avenir, nous paraissent commencer une nouvelle ère pour le paysage[2]. » Éclairée peut-être par ces paroles qui posaient nettement la question

[1] *Journal des Débats*. Salon de 1834.
[2] *Tribune*. Salon de 1833.

révolutionnaire au point de vue de l'art, et certainement hostile à toute innovation de quelque espèce qu'elle fût, l'Académie des Beaux-Arts n'avait reçu en 1834 qu'un seul tableau de Rousseau. A partir de 1836, elle les refusa systématiquement tous. Elle s'était enfin aperçue que l'imitation, telle que l'entendait Théodore Rousseau, était en aussi complète opposition avec les théories académiques que l'interprétation, telle que la comprenait Paul Huet.

Malgré les injustes refus du jury, Rousseau ne changea ni de direction ni de méthode. Il continua à puiser aux sources vives de la réalité. Il se familiarisa de plus en plus avec l'infinie diversité d'aspects des arbres, des plantes, des terrains et des ciels aux différentes heures du jour ; il précisa de plus en plus les formes ; il associa de plus en plus la vérité à la puissance de la couleur ; et Haussard n'exagéra point en disant de l'*Avenue des Châtaigniers* : « le choix pittoresque et hardi de cette avenue, la force et la séve de ces vieux châtaigniers, la belle et capricieuse forêt de leurs rameaux, l'harmonie des masses de verdure, les jeux savants des lumières et des ombres seraient applaudis même par Ruïsdael et Hobbema[1]. » Ce remarquable tableau ne fut pas plus admis au Salon que les précédents ; mais ce criant déni de justice ne détourna de leur

[1] *Temps*. Salon de 1841.

voie ni Rousseau ni ceux qui marchaient sur ses traces. Ils persévérèrent à s'inspirer uniquement de la nature. Ils y cherchèrent sinon le style, au moins le caractère, et le rencontrèrent souvent. Chacun obéit, sans idée préconçue, à son tempérament particulier, et se créa un mode d'exécution approprié à sa manière de voir et de sentir. M. Jules Dupré, par exemple, n'imita pas plus Flers ou Rousseau que tout autre artiste « naturaliste. » En dépit de certaines analogies d'invention ou de facture entre ses œuvres et les leurs, il resta lui-même, il garda une incontestable originalité. S'il n'eut pas comme Flers la simplicité et la fine bonhommie, comme Rousseau la vigueur et la passion, il rendit avec un rare bonheur le charme, l'élégance de la campagne, l'intime poésie des sites rustiques ou solitaires; il trouva « sur sa palette le secret des scintillants rayons de lumière qui, au travers des massifs des arbres, éblouissent quelquefois les yeux par l'éclatant mirage du ciel, et qui jettent tant de profondeur et de magie dans la perspective aérienne des seconds plans de ses tableaux[1]. »

Les paysagistes de la jeune école n'avaient tout d'abord songé qu'à la nature. Celle au milieu de laquelle ils vivaient leur paraissait tellement abondante en richesses pittoresques, qu'ils n'avaient pas un seul instant pensé qu'il pût leur être utile ou

[1] Alexandre Decamps. *National*. Salon de 1839.

profitable de sortir de France. Les pays méridionaux les tentaient moins encore que les autres pays. L'Italie surtout leur était suspecte. Les paysages historiques si chers à l'Académie, et qui leur semblaient, à eux, si fastidieux et si ridicules, en venaient presque tous. Et c'était là, supposaient-ils, qu'Aligny, dont ils estimaient du reste le talent sobre et sévère, avait pris l'habitude de simplifier les lignes à l'excès, de découper les formes avec sécheresse, de substituer aux vibrations de l'air et des rayons du soleil une lumière immobile, monotone et trop également répandue. Quelques-uns cependant finirent par viser au style.

Ils crurent que, pour s'élever jusqu'à lui, il ne suffisait pas de bien connaître nos champs et nos bois, nos collines et nos plaines, et ils allèrent au delà des Alpes étudier de nouveaux et plus nobles modèles. Il leur eût fallu, pour ne pas s'égarer, traduire naïvement leurs impressions, sans s'inquiéter des théories et des idées d'une époque très-différente de la leur, et c'est ce qu'aucun ne sut faire franchement, pas même M. Cabat, l'un des plus habiles et des plus distingués. Volontairement ou non, il vit la nature italienne à travers les œuvres des maîtres romains et bolonais. L'absence de spontanéité, encore assez peu sensible dans la *Vallée de Narni*, apparut à tous les yeux dans la *Samaritaine*. La façon dont le sujet était conçu, la disposition des lignes, le coloris lourd et terne y trahissaient l'effort, l'ambition du haut style et de l'austérité à la Poussin. Marilhat, qui avait débuté avec des paysages d'Orient pleins de vérité et de caractère, se fourvoya, lui aussi, dans le paysage *composé*, et il y compromit ses meilleures qualités, l'exactitude, la précision, la fermeté d'exécution. Comme il n'avait pas adopté ce genre conventionnel par esprit de système, il l'abandonna dès qu'il se fut aperçu que ses facultés et son éducation le rendaient peu propre à le pratiquer, et il retrouva devant la nature son juste sentiment des choses, sa sûreté de dessin, sa netteté de touche. Mais il n'en fut pas de même de M. Cabat. Les imperfections de *la Samaritaine*, sa coloration froide et morne, l'espèce de voile sombre étendu sur toute la toile pouvaient être attribués à une fantaisie d'ascétisme religieux, suffisamment indiqué d'ailleurs par le choix d'une parabole chrétienne pour sujet. Un *Ruisseau à la Judie* où, selon Planche, « les tons du Poussin étaient sans application, » prouva qu'il y avait parti pris. Aussi Thoré, quelle que fût sa bienveillance pour l'auteur, fut-il obligé d'avouer que l'Italie avait été « funeste au talent sincère et naïf » de M. Cabat, que, si celui-ci avait « gagné du côté de la composition et du style, » il avait « bien perdu du côté de la lumière, de la richesse et de la variété[1]. »

La modification subie par le talent de M. Cabat

[1] *Constitutionnel*, Salon de 1846

était en contradiction avec la tendance générale de l'art. On tenait de plus en plus compte de la réalité. On admettait moins que jamais que « l'expression morale » ou « l'ordonnance grecque et monumentale » pussent suppléer l'air, la lumière, ce qui en peinture constitue la vie de la nature. Les tableaux de M. Paul Flandrin en étaient dénués, ils attiraient rarement l'attention de la critique, qui cependant y constatait un certain atticisme d'invention et de composition. Ceux de Corot avaient un caractère de vérité de plus en plus marqué, leur succès allait croissant. Le *Soir*, exposé au Salon de 1847, fut loué plus unanimement que ne l'avait été aucune autre œuvre de l'auteur : le motif était très-simple, l'effet très-juste, le sentiment très-individuel et très-sincère. C'était de la nature choisie et interprétée d'une façon poétique ; mais c'était de la nature naïvement et finement observée et Thoré, bien qu'il goûtât médiocrement une « exécution embarrassée, » une « couleur morne et mal plâtrée, » mettait le *Soir* fort au-dessus du *Jeune berger jouant avec sa chèvre* « sorte d'idylle un peu blême[1]. » L'année suivante, Haussard, tout admirateur qu'il fût de l'idéal grec et de la belle ordonnance dans le paysage, disait de plusieurs tableaux ou études du peintre du *Soir :* « l'expression ineffable, les naïves mélodies de ces scènes champêtres laissent loin derrière

[1] *Constitutionnel*. Salon de 1847.

elles la grandeur et le style que M. Corot a cherchés dans le site d'Italie[1]. »

Pour s'être notablement rapproché de la nature, Corot n'en resta pas moins une individualité à part, un classique romantique s'il est permis d'accoler ces deux mots. Il ne renonça ni aux nymphes, ni aux bergers nus ou à demi vêtus dans le goût antique. Il donna aux terrains et aux masses d'arbres des formes élégantes, mais d'une élégance monotone et un peu convenue, et, comme par le passé, usa très-modérément des ressources de la palette. Enfin ses œuvres firent souvent encore penser à Théocrite et à Virgile, tandis que la très-grande majorité des paysages n'éveillait aucun souvenir de ce genre. La plupart des paysagistes, en effet, n'avaient qu'un but, peindre et surtout bien peindre ; ils se moquaient volontiers de l'idéal, quel qu'il fût, et ne s'inquiétaient nullement de raffiner on de quintessencier. Troyon était un des plus habiles et des mieux doués. Il avait une exubérance d'exécution, une vigueur de brosse, une abondance de pâte peu communes ; il aimait la réalité, il la comprenait en général très-bien au point de vue purement matériel et pittoresque ; mais il ne sentait pas le besoin de l'interpréter dans un sens ou dans un autre, et paraissait « ne pas même entrevoir la nécessité d'imprimer à ses compositions le cachet de sa pensée, de sa volonté[2]. »

[1] *National*. Salon de 1848.

[2] G. Planche, *Revue des Deux-Mondes*. Salon de 1840.

Dans ses tableaux, les diverses parties, prises en elles-mêmes, quoiqu'elles eussent un aspect sain, robuste, plaisant à l'œil, n'avaient pas de caractère qui leur fût propre et donnât de la variété à l'ensemble sans toutefois en détruire l'unité ; il n'y en avait aucune qui, plus accentuée que les autres, attirât spécialement le regard et déterminât la signification ou le sens de la composition. Lorsque les animaux y jouèrent le principal rôle, il en fut à peu près de même. Troyon avait singulièrement amélioré sa facture ; son dessin était devenu plus ferme et plus sûr, sa couleur plus simple et plus savante. Il peignit des bœufs, des vaches et des chiens avec beaucoup d'exactitude et de vérité ; il les représenta tantôt en action, tantôt au repos ; il reproduisit de son mieux leurs allures, leurs habitudes physiques ; et cependant ses animaux manquent parfois d'une vitalité particulière qui les distingue de ce qui les entoure ; ils ont rarement cette personnalité que M. Jadin a très-finement saisie, très-habilement exprimée dans ses portraits de chiens, sinon dans ses tableaux de chasse. Entre les chiens de Troyon et ceux de M. Jadin, il y a la différence qui existe entre l'instinct et l'intelligence, et la nuance mérite d'être notée.

La peinture de Troyon, quelle que soit sa valeur, ne parle qu'aux yeux : les œuvres de Théodore Rousseau s'adressent autant à l'esprit qu'aux yeux. Elles procèdent toutes d'idées qui, peut-être discutables à certains égards, ne manquent assurément ni de grandeur, ni d'élévation. Elles indiquent toutes une énergique volonté, une conviction ferme et arrêtée, et qu'elles plaisent ou non, elles s'imposent à l'attention. Un critique qui considérait Rousseau comme « un de ces talents excentriques qu'on ne peut contester en gros, mais dont on est involontairement porté à se défier un peu, » M. Peisse, définissait d'une façon très-nette et très-juste, en 1849, les tendances du peintre à qui la Révolution de février venait de rouvrir les portes du Salon : « Ce qu'il paraît surtout aimer et chercher dans le paysage, écrivait-il, ce n'est pas, comme d'autres, la beauté des lignes, la magnificence des effets, la richesse décorative de la scène ; c'est l'expression forte et concentrée du caractère fondamental et, si l'on peut dire, des qualités spécifiques d'une localité déterminée, boisée ou nue, plane ou montueuse ; ce qu'il veut prendre sur le fait, c'est la vie organique de la nature agissant sourdement partout ; et l'impression qu'il cherche à produire est moins celle qui résulterait d'un spectacle plus ou moins attachant que celle, plus intime, plus profonde, plus pénétrante, mais aussi plus vague, qu'on éprouve lorsque, transporté dans une solitude agreste, hors de la vue et des occupations des hommes, on se sent, pour ainsi dire, vivre de la vie générale de la nature qui bruit dans l'air, s'exhale du sein de la terre et vibre dans le moindre brin d'herbe comme dans les cimes mouvantes des grands bois[1]. » M. Delécluze, infiniment moins perspicace et moins apte aux fines analyses esthétiques, se bornait, l'année suivante, à protester dédaigneusement contre le système de peinture pratiqué par Rousseau ; mais son évidente mauvaise humeur prouvait suffisamment que « la foi nouvelle dans l'art » avait à ses yeux une importance réelle et lui semblait menaçante pour l'avenir des saines doctrines. M. Mantz, bien qu'il regrettât de voir dans quelques paysages de Rousseau « une insuffisance d'exécution, une imperfection de facture dont les amants du vrai se trouvent malgré eux blessés, » déclarait hautement que ces paysages étaient « des œuvres magistrales, des créations admirables par l'effort qu'elles révèlent et par le résultat atteint ; incomplètes par endroits, mais merveilleuses par le sentiment général[2]. »

Le manque de précision ou plutôt l'inégalité du faire était en effet le principal et peut-être l'unique défaut de plusieurs paysages qu'exposa Rousseau au Salon de 1851 ; si la nature y était représentée dans son ensemble sous son aspect le plus saisissant et le plus poétique, des détails, des morceaux importants n'y avaient ni assez d'assiette, ni assez de réalité. Cependant Rousseau n'avait pas d'ordinaire cette espèce d'incertitude ou de négligence d'exécution, autant qu'on le prétendit alors, et, d'ailleurs, une fois

[1] *Constitutionnel*. Salon de 1849.
[2] *Événement*. Salon de 1850-1851.

remis en contact avec la masse du public dont il avait été trop longtemps séparé, il s'en corrigea vite. Le *Marais dans les Landes* du Salon de 1853, les cinq ou six tableaux nouveaux ou inconnus de l'Exposition universelle de 1855 étaient traités de manière à contenter les juges les plus sévères.

Arrivé à la pleine maturité du talent, Rousseau était devenu tellement maître du matériel de l'art, qu'il avait écrit sa pensée dans ses derniers tableaux plus clairement que dans tout autre, et qu'on put mieux que jamais se rendre compte du principe qui le guidait, du but qu'il poursuivait. Ce qui le dirigeait, c'était toujours l'amour ardent, exclusif de la nature; ce qu'il se proposait, c'était toujours, ainsi que l'avait dit M. Peisse, quelques années auparavant, « l'expression du caractère fondamental d'une localité déterminée, » la reproduction « de la vie organique de la nature agissant sourdement partout. » Il n'avait nullement varié là-dessus; mais il accusait avec une netteté de plus en plus grande, avec une sûreté de plus en plus complète, le mode d'existence et en quelque sorte la physionomie particulière des différentes parties constituant le site qu'il avait choisi, ou pour mieux dire, imaginé, car de pareilles imitations de la réalité sont de véritables conceptions. Il laissait à chacune d'elles le rôle qui lui appartenait; il ne donnait à aucune plus d'importance qu'il ne convenait; et ses paysages, frappants par le beau caractère de l'aspect général, intéressants par la vérité et l'intelligente interprétation des accessoires, charmaient, faisaient penser, satisfaisaient en même temps l'œil et l'esprit. Il y avait équilibre entre ce qu'il s'agissait d'exprimer et le moyen de l'exprimer. Malheureusement cet équilibre ne tarda pas à se rompre.

Entraîné sans doute par l'idée qui le dominait, Rousseau sembla bientôt regarder la nature comme un être doué d'une âme agissante, souffrante et consciente d'elle-même, animée de sentiments et de passions qui se manifestent aussi bien dans la moindre parcelle que dans l'universalité des choses, dans la plus petite plante que dans le chêne le plus gigantesque, dans le plus insaisissable grain de sable que dans la roche la plus colossale. Convaincu que rien dans la nature n'est inutile ou indifférent, que tout y a sa raison d'être, y exerce une action, il crut que chaque chose, si infime soit-elle, a une signification particulière, pittoresque ou esthétique, il s'appliqua à découvrir celle-ci, il s'efforça de la mettre en évidence, et plus d'une fois il oublia qu'on doit en art se résoudre à quelques sacrifices quand on veut charmer ou émouvoir. Il en vint même à penser que tous les spectacles offerts par la nature sont du domaine de l'art, et, dans son respect quasi-religieux pour tout ce qui émane de cette puissance mystérieuse, il tenta de représenter à la fois sur une même toile et l'infiniment petit et l'infiniment grand. Son entreprise, conçue en dehors des vraies conditions de la peinture, était chimérique. Malgré son goût de l'exactitude qui était presque dégénéré en manie, malgré sa rare habileté technique, il échoua. Le dernier tableau qu'il exposa, la *Vue du Mont-Blanc*, prise des montagnes du Jura, avec son immense horizon, ses innombrables plans si savamment indiqués, son exécution si adroite et si soignée, n'a ni beauté pittoresque, ni grandeur. Devant cette œuvre bizarre, le spectateur peut admirer la force de volonté, la patience de l'artiste, mais, en définitive, il est médiocrement impressionné.

Une sorte de foi panthéistique en la nature a égaré Théodore Rousseau ; une notion de jour en jour plus juste et plus compréhensive de la nature a raffermi la marche de Paul Huet. Quand, vers le milieu du règne de Louis-Philippe, le mouvement intellectuel s'est ralenti, ou du moins modifié, Huet a eu quelque hésitation. Sollicité d'un côté par la réalité qui commençait à préoccuper exclusivement la plupart des artistes, de l'autre par les inventions poétiques ou romanesques contemporaines qui avaient eu et avaient encore une grande influence sur son imagination, il n'a pas su tout d'abord prendre un parti : de là des tâtonnements, une certaine indécision de caractère dans quelques-unes de ses compositions. Mais peu à peu il a abandonné ce que son mode de conception et d'interprétation avait d'excessif et d'un peu factice, il n'a gardé que ce que celui-ci avait de large et de vraiment original, et il s'est franchement inspiré de la réalité. Il n'a pas pour cela changé de méthode. Pas plus qu'auparavant il n'a accentué outre mesure les détails ou les accessoires. Il a continué à s'efforcer de traduire d'une façon saisissante une impression reçue, une émotion éprouvée. Il s'est appliqué autant que jamais à exprimer les idées qu'un site donné éveillait en lui. Seulement, il a contemplé, étudié, imité la nature avec plus de soin, de sympathie, de respect, d'exactitude. Il y a trouvé des ressources, des forces nouvelles ; et ses dernières œuvres égalent ou plutôt surpassent presque toutes celles qui les ont précédées. L'*Inondation à Saint-Cloud*, le *Bois de la Haye*, les *Ruines du château de Pierrefonds* se recommandent non moins par la vérité que par le caractère et le sentiment poétique. Ces trois paysages font en outre penser aux luttes de l'homme contre les éléments, aux joies du travailleur quand, après une longue et laborieuse journée, les ombres du soir l'avertissent que l'heure du repos est venue, aux générations disparues laissant à peine quelques traces de leur passage et à la nature toujours vigoureuse et impassible ; or, de telles pensées sont plus saines, plus fortifiantes pour l'intelligence et l'imagination, que de chimériques rêveries sur l'âme de la plante, de l'arbre ou de la terre.

III

LA NATURE ET LA FIGURE HUMAINE

Quelques-uns des artistes qui débutèrent après la Révolution de Juillet n'admettaient guère plus les théories romantiques que les théories classiques. Ils se souciaient aussi peu des cathédrales gothiques et de la chevalerie que des temples antiques et des héros grecs ou romains. Enthousiasmés de la victoire populaire, animés de sentiments, de passions démocratiques, ils ne croyaient pas qu'il y eût rien de plus touchant que les souffrances du prolétaire, rien de plus noble que sa vie de labeur et de dévouement. Ils tentèrent de montrer la réalité telle qu'elle est, et, tout en restant dans de strictes conditions pittoresques, ils tâchèrent d'en faire ressortir un enseignement moral. Ils furent hautement encouragés par les écrivains du parti radical. « L'actualité et la tendance sociale de l'art, disaient deux de ceux-ci, sont les choses dont nous nous inquiétons le plus ; ensuite vient la vérité de représentation et l'habileté plus ou moins grande d'exécution matérielle. Nous lui demandons avant toute autre chose l'actualité, parce que nous voulons qu'il agisse sur la société et qu'il la pousse au progrès ; nous lui demandons la vérité, parce qu'il faut qu'il soit vivant pour être compris. Tout le reste, répétons-le, appartient au domaine des utopies et des abstractions[1]. »

M. Jeanron fut un des premiers, sinon le premier, à donner l'exemple. Ses *Petits patriotes* étaient une ingénieuse et spirituelle glorification des efforts du peuple pour conquérir la liberté ; sa *Scène de Paris*, une protestation contre les angoisses et les douleurs du pauvre. Si les critiques de la presse avancée signalèrent dans ces tableaux quelques erreurs de dessin, « des tons d'une localité généralement monotone, » ils approuvèrent sans réserve le choix des sujets et la manière dont ceux-ci avaient été compris. Ils félicitèrent l'auteur d'avoir pris ses modèles dans le peuple de Paris, dans le peuple révolutionnaire par excellence, et ne lui reprochèrent pas, ainsi que plusieurs de leurs confrères, d'avoir donné à ses personnages des formes pauvres et des têtes d'une laideur repoussante. Pour eux, le but de l'art était bien moins la réalisation de la beauté que l'expression de la vérité, surtout d'une vérité pouvant avoir une action moralisatrice et de propagande, et c'est en effet là ce que M. Jeanron semble avoir cherché dans ses *Scènes parisiennes*, comme dans ses *Forgerons de la Corrèze*, dans ses *Paysans limousins*, comme dans son *Repos du laboureur*, remarquable paysage qui, en 1847, suggérait à

[1] LAVIRON et GALBACCIO. *Salon de* 1833. In-8.

Thoré ces très-justes réflexions : « C'est la campagne des environs de Paris, triste et nue, mais pourtant fertile, une campagne prolétaire en quelque sorte, qui ne s'appartient pas à elle-même, qui renonce au luxe et au caprice pour produire avec fécondité. M. Jeanron a toujours été un peintre plébéien, jusque dans l'expression du paysage. Il aime les plaines laborieuses qui ne se reposent jamais, ou les rochers sauvages et indomptés. Les fleurs exquises ne poussent point dans ses champs, pas plus que les bijoux sur les haillons de ses rudes ouvriers ou de ses mendiants[1]. »

Les « naturalistes, » malgré leur préférence pour les sujets modernes et les scènes populaires, n'avaient pas de répugnances invincibles pour les sujets historiques ou les scènes anecdotiques empruntés au passé. Ils voulaient seulement que la nature y fût toujours religieusement suivie et respectée, et c'est à cause de cette préoccupation exclusive de la nature qu'ils s'étaient eux-mêmes donné le nom de naturalistes. Ennemis déclarés du pastiche et de la couleur locale, ils voyaient dans les maîtres non des modèles à imiter docilement, « mais des enseignements à l'aide desquels on pourra se diriger vers un art plus complet en évitant les écueils où ils ont touché. » Partant de ce point que « les objets ne peuvent pas plus exister sans forme que sans couleur, » ils trou-

[1] *Constitutionnel*. Salon de 1847.

vaient « aussi absurde de nier le dessin pour ne faire que de la couleur, que de nier la couleur pour faire exclusivement du dessin. » M. Gigoux, suivant eux, possédait plus que personne les qualités qui constituent le vrai peintre : il avait le juste sentiment de la couleur, la science du dessin « qui indique largement les grandes masses et articule avec précision les attaches, » et, par dessus tout, « une rare aptitude à saisir le caractère de ses personnages et à les rendre dans une pose et dans un effet qui leur soient propres. » Aussi déclarèrent-ils qu'il n'y avait aucun ouvrage au Salon de 1834 qu'on pût opposer avec avantage au *Saint-Lambert et Madame d'Houdetot*, au *Comte de Comminges reconnu par sa maîtresse* et à la *Bonne Aventure*[1].

Ces compositions avaient certainement du mérite; cependant l'éloge était excessif, car elles n'avaient rien de supérieur en tant que conceptions poétiques ou pittoresques, et elles ne dénotaient qu'une sérieuse habileté de praticien. On ne commença guère à sainement apprécier le talent de M. Gigoux qu'après la *Cléopâtre* exposée au Salon de 1838. On reconnut que, dans cette vaste toile, chaque groupe pris isolément était bien entendu; mais tous ces groupes ne parurent pas suffisamment reliés les uns aux autres, et l'on trouva les prétentions de l'auteur « à la connaissance typique des races et à l'érudition

[1] Gabriel Laviron, *Salon de* 1834. In-8.

historique » assez mal justifiées [1]. Ce qui manquait en effet à ce tableau « plein de détails riches et bien traités, » c'était surtout la spontanéité de la pensée. On y sentait l'effort d'un esprit opiniâtre cherchant un peu au hasard les données de l'invention. Les tentatives de ce genre se succédèrent. M. Gigoux interpréta tour à tour les légendes religieuses et les récits historiques. Tantôt fidèle, tantôt infidèle aux théories incomplètes et assez mal digérées qu'il avait essayé d'appliquer lors de ses débuts, il ne parvint ni à découvrir un ordre d'idées ayant un caractère franchement moderne, ni à se créer une manière vraiment originale. Grâce à son étude assidue des maîtres de toutes les écoles, il ne put pas toujours éviter les réminiscences, et plus d'une fois l'indécision de la pensée amena chez lui les défaillances de la main. Haussard écrivait un jour « qu'on ne saurait imaginer rien de plus affligeant que la chapelle Sainte Geneviève à Saint-Germain-l'Auxerrois, par M. Gigoux [2], » et la plupart de ceux qui tout d'abord avaient proclamé ce dernier l'espoir de la peinture française renoncèrent bientôt à louer ses ouvrages.

Les partisans du « naturalisme » croyaient presque tous qu'il ne fallait représenter que des scènes directement perceptibles et tangibles, c'est-à-dire prises sur le vif. La peinture d'histoire n'avait guère

[1] Frédéric Mercey. *Revue des Deux-Mondes.* Salon de 1838.
[2] *National.* 31 décembre 1843.

été parmi eux qu'un accident, et un accident peu propre à les faire changer d'opinion. Les passions politiques qui les avaient poussés, quelques années auparavant, à s'inspirer de la vie dure et misérable du travailleur des villes, s'étaient momentanément calmées. Ils tournèrent leurs regards vers les occupations et les mœurs des campagnes. Ils allèrent au loin, dans des contrées reculées et presque sauvages, au milieu de populations revêtues de costumes d'un caractère particulier, d'une élégance rustique, chercher des sujets ayant moins de signification, mais plus de pittoresque. M. Adolphe Leleux étudia la Bretagne sans autre parti pris que celui de rendre avec exactitude ce qu'il avait sous les yeux, et la Bretagne donna à sa peinture « une individualité, un caractère pur et franc qui n'est pas commun dans notre école[1]. » Le *Paralytique* et la *Korolle* furent très-remarqués au Salon de 1842. On y signala la composition « savamment réglée, » l'exécution « pleine de goût et d'harmonie » et surtout l'expression simple et vraie des sentiments habituels, des dispositions natives de la race bretonne. « Le sujet de la *Korolle*, disait M. Poisse, ressemble aux sujets des tableaux flamands. Rien ne ressemble moins cependant à une kermesse que la scène de M. Leleux. Ses bons paysans dansent, sautent et tournent bien, et le mouvement de ronde est rendu avec beaucoup

[1] HAUSSARD, *Temps*. Salon de 1842.

d'art et de justesse ; mais l'impression morale n'est pas celle de la fête et de la joie. C'est une gaieté plus tendre que vive et qui n'est qu'à la surface, il y a de la tristesse au-dessous[1]. »

L'action était en général secondaire et sans importance dramatique dans les tableaux de M. Leleux. Les personnages mis en scène n'étaient guère intéressants que par l'originalité de leur allure, par la vérité, ou, comme le disait Haussard, l'ingénuité de leur physionomie. La nature fournissait les motifs dont certaines combinaisons de groupes, certains agencements de lignes déterminaient seuls le choix ; et, ces motifs étant empruntés à la vie journalière des habitants des campagnes, les violences de mouvement ou d'expression étaient plus que rares. Dans ces conditions, il fallait soit s'ingénier à trouver, pour chaque figure, des manières d'être, des airs de tête variés et bien individuels, soit tâcher d'accuser fortement le caractère propre aux divers types nationaux. M. Leleux adopta, non sans succès, ce dernier parti. En dépit de ce que deux ou trois critiques prétendirent lorsqu'il exposa les *Navarrais chantant à la porte d'une posada*, le Breton ne perçait pas sous ses Espagnols. Si ceux-ci se ressemblaient un peu entre eux, ils étaient plutôt graves que mélancoliques et ne rappelaient nullement les paysans solides, calmes, naïfs et résignés de la Bretagne. La

[1] *Revue des Deux-Mondes*. Salon de 1842.

différence de race était nettement indiquée, et l'auteur, en changeant de modèles, avait même sensiblement modifié son exécution. Son dessin, toujours habile et juste, avait plus de précision et de fermeté, sa couleur plus de vivacité, de vigueur et d'éclat. Ces qualités étaient, deux ans après, devenues assez complètes pour qu'on classât en première ligne au Salon les *Contrebandiers aragonais*, où le site abrupte et les figures d'une tournure résolue, d'une coloration sauvage, étaient dans une harmonie parfaite, où le peintre avait « saisi à merveille cette étrangeté des types et ce caractère particulier aux hommes qui vivent en dehors de la civilisation[1]. »

L'aspect sinistre des rues de Paris pendant l'insurrection de juin 1848, frappa M. Leleux. Les hommes qui, poussés par la misère et la faim, engagèrent cette grande bataille contre les défenseurs de l'ordre social établi, avaient un caractère et une allure qu'on retrouve en partie dans le *Mot d'ordre*. Beaucoup d'entre eux n'avaient qu'une audace brutale, une inquiétude de bêtes fauves pourchassées, des convoitises grossières et toutes matérielles. Mais il y en avait de non moins nombreux qu'animaient la colère, le désespoir, la haine des inégalités et des injustices sociales, une exaltation fébrile, un amour ardent, presque mystique, de la liberté et du progrès. Les uns avaient des accoutrements dépenaillés et en

[1] Th. Thoré. *Constitutionnel.* Salon de 1846.

quelque sorte de hasard, les autres des vêtements à la fois propres et décents dénotant des habitudes d'ordre et de travail. Ceux-ci combattaient pour des idées peut-être erronées, assurément humaines et généreuses; ceux-là obéissaient à des instincts, cédaient à des appétits. Les trois insurgés du *Mot d'ordre* sont de cette dernière catégorie, leurs attitudes, leurs gestes, leurs physionomies en font foi, et l'on a dit avec raison que ce qui manquait à cette composition si bien entendue, si pleine de vérité, c'était « un point grandissant, un éclair moral dans cette dégradation physique du trio populaire[1]. »

Cet éclair moral apparaissait seulement chez les véritables acteurs du drame sanglant qu'on appelle l'insurrection de juin, chez ceux qui avaient pris les armes pour la revendication d'un droit, ou du moins de ce qu'ils considéraient comme tel. Or, M. Leleux n'avait peint, selon sa coutume, que ce qu'il avait été à même d'observer et d'étudier directement, et il n'avait vu, c'est probable, que d'insouciants ou stupides soldats de l'émeute. Le *Mot d'ordre* était une habile reproduction de la réalité ; ce n'était pas une conception poétique ou pittoresque dans le sens élevé du mot. Demander un sujet à la nature et l'accepter tel qu'il se présente sans vouloir le modifier en rien, c'est le plus souvent s'enlever la possibilité de donner à un sujet toute l'importance es-

[1] Pr. Haussard. *National.* Salon de 1849.

thétique qu'il comporte. Le *Mot d'ordre*, quel que soit son mérite, en est une preuve suffisamment convaincante ; car on ne saurait admettre que l'auteur, s'il n'y eût été déterminé par l'esprit de système, aurait laissé la scène choisie à l'état simplement épisodique, quand il lui suffisait d'un effort d'imagination pour la transformer en une scène d'un caractère plus général et d'une signification plus haute. La *Sortie* montra bientôt avec plus d'évidence encore les inconvénients de cette manière de procéder. Les deux femmes éplorées étaient très-justes d'expression ; mais la composition était boîteuse, mal équilibrée, et l'on ne saisissait bien le rapport existant entre la désolation de ces deux femmes et la baïonnette, le bourgeron et le bas de jambe coupés par le cadre qu'après un instant de réflexion. La disposition générale parut essentiellement défectueuse ; on s'étonna d'en rencontrer une semblable dans l'œuvre d'un artiste qui, plus d'une fois, avait fait preuve d'un rare sentiment du groupe et de l'arrangement, et l'on attribua cette erreur à un respect excessif pour les données vraies de la nature, même alors qu'elles sont en contradiction avec les plus rigoureuses exigences de l'art. « Un tableau, écrivit à propos de la *Sortie*, un très-sincère admirateur de M. Leleux, n'est point l'image fidèle des objets qu'on voit en ouvrant au hasard sa fenêtre. C'est un ensemble de lignes et de couleurs, une combinaison de plans et d'effets, une chose voulue, raisonnée où intervient la puissance créatrice de l'homme[1]. »

La tendance à représenter les choses telles qu'elles s'offrent à nos yeux, à n'en rien retrancher, s'était manifestée de plus en plus ouvertement après la Révolution de Février. Les vieilles idées d'organisation sociale étaient très-controversées. Les vieilles institutions étaient fortement ébranlées. Le vieil ordre intellectuel et moral était profondément troublé. On cherchait des moyens d'amélioration et de progrès; on discutait des utopies; on élaborait des théories; on construisait des systèmes; et on ne parvenait d'ordinaire à rien formuler qui fût net, précis, compréhensif et en même temps logique, simple et pratique. Des faits ou, si l'on veut, des sentiments et des idées ayant revêtu une forme visible et palpable, c'est-à-dire s'étant réalisés dans la nature peuvent seuls devenir des éléments d'invention artistique. Or les questions nouvelles qu'on agitait de toutes parts étaient encore à l'état purement spéculatif ou peu s'en fallait, elles étaient toutes relatives à la vie sociale, individuelle ou de famille, et c'était forcément là que les artistes les plus favorables au mouvement qui s'était produit, devaient prendre les sujets de leurs compositions. Convaincus d'ailleurs que les rapports habituels des hommes entre eux, leurs mœurs, le spectacle de

[1] PAUL MANTZ. *Evénement.* Salon de 1850-1851.

leurs joies et de leurs douleurs sont aussi intéressants, ont autant de valeur esthétique que les actions exceptionnelles des héros, ou les événements historiques les plus importants, ces artistes pensaient qu'il y avait lieu de toujours préférer les sujets de ce genre à ceux de tout autre, et l'un d'eux avait choisi les proportions de la nature pour rendre une scène intime des plus simples. M. Courbet avait eu un notable succès avec l'*Après-dîner à Ornans*. On y avait loué l'originalité et la force du sentiment, la peinture solide et expérimentée, l'audace « de ces portraits de famille déguisés en tableau de genre colossal, » et plus encore « une honnêteté domestique qui touche profondément [1]. »

Encouragé par le succès, M. Courbet voulut affirmer plus nettement son principe. Il peignit l'*Enterrement à Ornans*, s'abandonna aveuglément à son goût pour la réalité, même fastidieuse et anti-pittoresque, dépassa le but et tourna contre lui ceux qui avaient applaudi à ses premières tentatives. Haussard lui reprocha de s'être « exagéré lui-même hors de toute mesure, d'avoir fait de ses qualités des défauts énormes, de sa naïve rudesse une sorte de sauvagerie toute crue, de son sentiment original, une charge excentrique, de son indépendance une bravade. Dans un *Enterrement*, ajouta-t-il, cette longue file de masques burlesques et de difformités

[1] Pr. Haussard. *National*. Salon de 1849.

prises sur le fait, ce clergé de village et ses acolytes impayables, ces deux marguilliers aussi cramoisis de trogne que de robe, ce loustic en chapeau tromblon et moustaches à crocs qui porte le cercueil, cet épais fossoyeur qui pose solennellement un genou sur le bord de la fosse, ce sérieux, ce bouffon, ces pleurs, ces grimaces, ce deuil endimanché en habit noir, en veste, en béguin, tout cela figure un enterrement carnavalesque sur dix mètres de longueur, une immense complainte en peinture où il y a pour rire bien plus que pour pleurer[1], » M. Mantz accorda que l'exécution était remarquable, que « sans un manque presque complet de lumière, sans quelques autres défauts, tout serait réussi, » que le groupe des femmes en deuil était empreint d'une émotion véritable ; mais il protesta contre les figures groupées autour de la fosse, « figures d'une laideur non pas triste et émue, mais grotesque et intolérable. » Il blâma surtout les deux têtes des sacristains qu'il supposait des portraits, parce que « la fantaisie la plus exubérante ne saurait s'élever ou descendre à ce degré de trivialité plate et d'incorrecte hideur, » il prétendit que placer de pareilles têtes au milieu d'une composition sérieuse, c'était toucher « aux frontières extrêmes de l'art réaliste, » et déclara qu'il était « temps de s'arrêter sur cette pente au bout de laquelle est un précipice, » car M. Courbet

[1] *National*. Salon de 1850-1851.

n'était plus dans la vérité, il était « dans la laideur, c'est-à-dire dans l'exception, dans l'accident [1]. »

L'*Enterrement à Ornans* révèle effectivement mieux qu'aucun tableau moderne les inconvénients et les dangers du réalisme pris au pied de la lettre, pratiqué d'une façon systématique et absolue. Les choses ont été représentées exactement comme elles se sont passées. Les personnages existent en chair et en os ; ils sont ressemblants ; nul changement n'a été apporté à l'ordre suivant lequel ils étaient placés. L'auteur s'est scrupuleusement conformé à sa théorie, ou, du moins, à la théorie qu'on lui prête. Il n'y a pas de raison d'en douter. Et pourtant la scène ne paraît ni animée ni vivante. Isolés ou disposés par groupes, les personnages sont disséminés comme au hasard, ainsi qu'il arrive souvent en pareille circonstance, et l'œil du spectateur ne sait où se fixer. On voit d'un côté des femmes affligées, exprimant fortement une douleur profonde et vraie, de l'autre des hommes plus ou moins endimanchés, distraits, ennuyés, indifférents ou causant de leurs affaires ; rien n'est plus fréquent à ces sortes de cérémonies, et l'impression morale est aussi incohérente que l'impression optique. L'auteur a probablement cédé au désir de mettre la sensibilité des femmes et les vifs regrets que leur cause la perte des êtres aimés

[1] *Evénement*, Salon de 1850-1851.

en parallèle avec l'égoïsme, la sécheresse de cœur, les préoccupations mesquines, les instincts grossiers de beaucoup de bourgeois contemporains. Mais cette donnée, intéressante peut-être pour l'observateur et l'humoriste, se prête assez mal à une composition pittoresque, ou tout au moins nécessitait une ingéniosité, une habileté technique, une connaissance approfondie des exigences et des ressources de l'art qui, ici, font en partie défaut. Le peintre de l'*Enterrement à Ornans* a, du reste, rarement essayé de développer un thème de cette importance. Le plus souvent il a représenté des figures isolées, largement exécutées, mais avec lourdeur et mollesse; ou il a traité des sujets de deux ou trois figures seulement, sujets peu compliqués, passablement vulgaires au fond, mais dont l'originalité caractéristique, très-cherchée et assez alambiquée, dégénère parfois en bizarrerie, en singularité, voire même en monstruosité! Et c'est en définitive le paysage, où l'invention joue un rôle moins considérable que dans les tableaux de genre, de grande ou de petite dimension, qu'il semble préférer et qui lui a permis surtout de montrer ses sérieuses qualités de praticien.

Les habitudes et les mœurs des habitants à demi oisifs des villes, principalement des petites villes de province, ont presque toujours un cachet d'étroitesse, d'indécision, de banalité dont l'art s'accommode difficilement. Le mode d'existence et les occupations des travailleurs des campagnes ont, dans leur simplicité rustique, tout autrement d'ampleur et de caractère. En reproduisant les unes, le peintre de l'*Enterrement à Ornans* est arrivé au commun, au trivial, et quelquefois à des caricatures peu dignes de l'art. En s'inspirant des autres, J.-F. Millet s'est élevé jusqu'au style, sans sortir des conditions de la réalité, sans même tenter d'embellir celle-ci dans le sens ordinaire et classique du mot. Il avait tâtonné quelque temps avec des esquisses à la Boucher, avec l'*Œdipe détaché de l'arbre*, tableau singulier et presque incompréhensible au dire de Thoré, qui, toutefois, trouvait « dans cette fantasmagorie un brosseur audacieux et un coloriste original [1], » lorsqu'il exposa, d'abord, un *Vanneur* qui, malgré des empâtements excessifs et des rugosités de mur grossièrement crépi, dénotait un sentiment énergique, très-juste et très-personnel, puis un *Semeur*, « figure étrange et puissante qu'on n'oublie pas après l'avoir vue [2]. » Ce paysan, à l'allure ferme, au geste noble et hardi, se silhouettant vigoureusement sur le ciel, semblait une personnification héroïque de l'homme domptant, asservissant, fécondant la terre, et l'œuvre entière traduisait, sous une forme à la fois poétique et pittoresque, une des principales idées qui dominaient, qui dominent encore les esprits droits et clairvoyants, celle de la grandeur, de la prééminence du labeur humain. On pouvait relever quel-

[1] *Constitutionnel.* Salon de 1847.
[2] Pr. Haussard. *National.* Salon de 1850-1851.

ques exagérations ou duretés de touche dans ce remarquable tableau ; mais rien de pareil ne déparait la *Tondeuse de moutons*, les *Moissonneurs*, le *Berger* du Salon de 1853. La spontanéité, la netteté, la sincérité du sentiment et de la pensée avaient eu comme conséquence obligée, presque immédiate, la simplicité et la sobriété de l'exécution.

La vie de la famille, l'affection réciproque du mari et de la femme, l'amour du père et de la mère pour l'enfant, ont souvent, au fond des campagnes, une tranquillité, une gravité, une beauté morale, quelque chose de primitif et de fort qu'on rencontre rarement ailleurs. Le *Paysan greffant un arbre*, qui était à l'exposition universelle de 1855, en est une image fidèle. Au milieu d'une de ces enceintes moitié cour, moitié jardin, qui précèdent les habitations dans nos campagnes, un homme qui vient de couper un arbre au-dessous des branches, maintient de la main gauche la greffe que de la droite il engage dans le bois préparé pour la recevoir. Sa femme, portant dans ses bras leur enfant encore au maillot, regarde avec sollicitude le chef de la famille qui, absorbé par son travail, paraît accomplir un des actes importants de son existence, suivre respectueusement un usage consacré. Autour d'eux, tout respire l'ordre, la propreté, un modeste bien-être ; leurs vêtements n'ont ni tache, ni trou ; ils se ressentent des soins assidus de la ménagère. Cet homme, greffant un arbre sous les yeux de sa femme au moment où vient de leur naître un fils, représente admirablement, on ne saurait le nier, nos paysans français, laborieux, économes, implantés, pour ainsi dire, dans le sol, vivant et mourant aux lieux de leur naissance, que ne leur font jamais abandonner ni le goût des aventures, ni l'appât du gain ; et l'ensemble de cette scène si pleine de vérité a un caractère patriarcal, symbolique, quasi-religieux.

L'injustice de certaines inégalités sociales, la mauvaise répartition des richesses, l'extrême abondance où vivent quelques-uns, la pénurie dans laquelle végètent le plus grand nombre, sont au moins aussi frappants aux champs qu'à la ville. Nulle composition ne l'a, de notre temps, mieux fait sentir que les *Glaneuses* exposées au Salon de 1857. Trois pauvres paysannes, couvertes de hardes misérables, mais décentes, s'en vont ramassant çà et là quelques maigres épis, tandis qu'à l'extrémité du vaste champ où elles errent courbées vers le sol, de nombreux moissonneurs, surveillés par le propriétaire ou le fermier, mettent gerbe sur gerbe et entassent en hautes meules la plantureuse récolte. Rien n'est plus simple, rien n'est moins prétentieux, rien n'a moins l'air de vouloir prouver quoi que ce soit, rien ne rappelle moins les arrangements factices, les combinaisons artificielles, et pourtant l'impression est aussi vive que profonde. L'idée de la composition se dégage claire, précise, saisissante, et la moralité du sujet ressort du sujet lui-même. Les *Glaneuses* sont, à tous les points de vue, l'œuvre la plus importante et la plus complète de Millet. Celui-ci a continué à reproduire des scènes de la vie rustique; mais, à mesure que s'éloignait le temps où l'ardeur des discussions, le zèle pour la vérité, la justice, l'humanité exaltaient toutes les âmes généreuses, la vigueur et la puissance de ses conceptions ont diminué. Réduit à ses propres forces, ne recevant plus l'impulsion d'une pensée générale dont de funestes circonstances ont entravé le développement, il est resté comme invention dans des limites assez restreintes, il a répété d'ordinaire deux ou trois types de tête qui, à la longue, sont d'un charme et d'un intérêt contestables, et sa facture elle-même est devenue moins ferme et moins sûre.

La nature, ou, en d'autres termes, la réalité est, en art, le fondement de tout. C'est toujours à elle qu'il faut revenir. Les artistes de l'école moderne qui, en haine des conventions arbitraires tant nouvelles qu'anciennes, l'ont prise pour modèle unique, exclusif, ont accompli une évolution nécessaire. Mais ils n'ont pu se borner à copier indéfiniment l'apparence matérielle des êtres et des choses. Ils ont dû tôt ou tard chercher à en découvrir, à en exprimer le sens, la signification, le caractère particulier, et alors, faute d'une préparation suffisante, ils se sont presque tous plus ou moins fourvoyés. Sans notions précises et positives, même rudimentaires, sur l'ensemble et les rapports des êtres et des choses, et, par conséquent, sans direction ni doctrine, quand ils ont touché à un point quelconque du monde intellectuel et moral, tantôt ils ont écouté les conseils d'un stérile et grossier scepticisme, tantôt, ce qui est peut-être pis encore, ils ont adopté les idées, ils ont suivi les errements, soit de l'école théologique, soit de l'école métaphysique.

LA SCULPTURE

La sculpture, pendant la Révolution et sous l'Empire, passa par les mêmes phases que la peinture : elle n'eut pas même fortune. Parmi les œuvres qu'elle produisit à ces deux époques, aucune n'était comparable ni au portrait de Marat, ni aux tableaux des *Sabines* ou du *Sacre*. Les groupes, les figures, qu'inspirèrent l'enthousiasme patriotique, l'amour de la liberté et de l'égalité, la foi en la République, valaient plus par l'élévation des idées que leurs auteurs s'étaient efforcés d'exprimer que par la façon dont ces idées avaient été comprises et interprétées. Lorsqu'ils n'étaient pas empruntés à la mythologie ou à l'histoire de l'antiquité, les sujets choisis par les artistes les plus fermement attachés aux principes de la Révolution avaient le plus souvent un caractère trop général, trop abstrait et trop complexe. C'étaient des conceptions philosophiques ou politiques telles que la Liberté, la République, la Nature, le Peuple, l'Éducation publique, le Dévouement à la Patrie, la Montagne, l'Instruction publique.

Au temps de la Révolution, le spectacle des grands événements qui s'accomplissaient, l'espoir de la rénovation, de la régénération universelle, exaltaient les âmes, enflammaient les imaginations. On croyait tout réalisable ; on ne reculait devant aucune difficulté, aucune impossibilité, et l'on tentait de représenter sous une forme sculpturale, même des êtres de raison, des espèces d'entités métaphysiques. Il fallait dès lors inventer, créer des types, ou accepter les types traditionnels et les modifier suivant les idées nouvelles. Les plus audacieux, ou, pour mieux dire, les plus passionnés, prirent le premier parti. Ils ne furent pas très-heureux dans leurs essais, si l'on en juge par la figure colossale du Peuple, dont Jacques-Louis David donna le modèle, et sur les membres de laquelle il aurait voulu qu'on inscrivît les mots : Lumière, Nature, Vérité, Force, Travail. Cette fantaisie, renouvelée des premiers temps du moyen-âge, indiquait une médiocre ingéniosité, une puissance d'expression plus médiocre encore, et semble justifier l'opinion de ceux qui n'ont vu dans cette figure « qu'une énergie toute matérielle [1]. » Les plus nombreux reproduisirent des personnages allégoriques déjà connus et consacrés, et se contentèrent de cher-

[1] Jules Renouvier. *Histoire de l'Art pendant la Révolution.* In-8.

cher à les caractériser conformément aux tendances de l'époque.

La statue antique qui leur servit de modèle ne fût-elle, comme l'a prétendu M. Jules Renouvier, « que l'armature ou le noyau sur lesquels furent appliquées des formes vivantes? » Il est assez difficile de le savoir : la plupart des monuments composés et modelés pendant la période révolutionnaire pour des concours ou des fêtes nationales n'ont pas dépassé l'épreuve de l'argile ou du plâtre et ne nous ont pas été conservés. Quoi qu'il en soit, ce qui est parvenu jusqu'à nous, sous forme de sculpture ou sous forme d'estampe, n'est pas de nature à faire beaucoup regretter le reste.

Sous l'Empire, la pensée était en suspicion. L'homme qui exploitait la France avait abattu la tribune. Il persécutait les écrivains indépendants. Il était en garde contre les nobles sentiments, les généreuses passions. Il dédaignait tout ce qui ne contribuait pas, si peu que ce fût, au maintien ou à l'accroissement de son pouvoir rétrograde. Et la seule activité intellectuelle qu'il tolérât était de peu de ressource pour l'art. Aussi, tant que dura sa funeste domination, la sculpture resta tout au moins stationnaire. Travaillant au milieu d'une société réduite au silence, ou condamnée à de serviles adulations, les statuaires n'y cherchèrent plus d'inspirations d'aucun genre. Ils se livrèrent plus exclusivement, plus aveuglément que jamais, à l'étude ou, pour mieux dire, à l'imitation des monuments de l'art gréco-romain, et, à deux ou trois exceptions près, ils ne firent, en dehors de commandes officielles composées et exécutées platement et à contre-cœur, que de froids pastiches de l'antique aussi pauvres de facture que nuls d'invention.

Lorsque la France fut enfin délivrée du joug qui pesait sur elle, l'esprit de progrès se réveilla partout, dans l'art aussi bien que dans la littérature, en sculpture comme en peinture. L'idéal classique, tel qu'on l'avait entendu et poursuivi en sculpture pendant les quinze premières années du siècle, ne répondait à aucun des besoins de la pensée moderne. La personnification des forces de la nature et des vertus patriotiques ou civiques, enfantée à la fin du siècle précédent par un grand mouvement de transformation sociale, n'était plus en rapport avec la situation générale des choses. Elle avait d'ailleurs abouti à la reproduction des personnages allégoriques de l'antiquité et, presque inévitablement, elle y aurait encore abouti. De pareilles conceptions ont en outre un caractère indéterminé, peu favorable aux réformes du genre de celle dont on entrevoyait vaguement la nécessité. Les « éléments religieux » qui, selon M. Jules Renouvier, survivaient, lors de la Révolution, « au milieu de tous les besoins d'innovation et de toutes les notions philosophiques, » et qui avaient conduit les artistes « privés du riche héritage fourni aux arts par l'Eglise et par la Cour, à improviser des images de divinités et de souverainetés nouvelles, » n'existaient plus qu'à l'état de souvenir. Les sculpteurs, soucieux de ne pas répéter indéfiniment des idées rebattues et des formes conventionnelles, avaient donc à chercher un ordre de sujets tout à la fois précis et élevé et offrant néanmoins un assez vaste champ à l'imagination. D'une complète indifférence en matière de mythes, tant métaphysiques que religieux, ils devaient nécessairement prendre pour unique objet d'étude et seule source d'inspiration l'homme, ses actions, ses sentiments et ses passions, c'est-à-dire éliminer de leurs inventions l'élément divin ou purement idéal, et n'y admettre que l'élément réel ou simplement humain. Il le firent spontanément, d'instinct, par la force des choses, nullement de propos délibéré, par esprit de système. Ils parlèrent souvent de l'absolue beauté, de l'éternel idéal ; mais de fait ils ne s'inquiétèrent jamais sérieusement que de la vérité du mouvement, de la justesse et de la force de l'expression.

I

Le nouveau principe ne se manifesta tout d'abord ni très-nettement ni très-franchement, cependant son influence se fait déjà sentir dans certaines œuvres de P.-L. Rolland, le maître de David d'Angers. L'*Homère*, qui est aujourd'hui au musée du Louvre, est beaucoup plus vrai, plus simple, plus individuel que ne l'étaient en général les productions analogues contemporaines. Ce n'est pas tant le poëte souverain qu'admirent et révèrent les siècles que le rhapsode errant, le chantre inspiré, naïf et, si l'on peut parler ainsi, presque bonhomme, des temps primitifs. L'*Homère* n'a pas l'immobilité, la raideur de style qui rendent les sculptures de l'école classique si fastidieuses, toutefois il n'est dénué ni de grandeur ni de noblesse. Il n'est peut-être pas d'une complète originalité; mais il n'est pas une réminiscence, il est moins encore un agencement de morceaux pris çà et là dans les chefs-d'œuvre de l'art gréco-romain, et surtout il dénote une indépendance de goût et d'esprit, un amour de la nature, une intelligence des règles suivies et des procédés employés par les artistes de l'antiquité, bien rares à la fin du dix-huitième et au commencement du dix-neuvième siècle.

Les jeunes statuaires considéraient l'étude de l'antique comme le préliminaire obligé de la pratique de l'art ainsi que leurs confrères de l'école classique proprement dite. Seulement ils s'y adonnaient avec plus de discernement que ceux-ci. Ils ne confondaient pas dans une égale admiration tous les monuments qu'Athènes et Rome nous ont laissés, et, s'ils consultaient respectueusement les grands et beaux modèles, ils ne se proposaient point de les copier ou de les imiter. David d'Angers montra dans l'*Innocence implorant la Justice*, terminée en 1824, une connaissance approfondie des lois observées par les Anciens. Ce bas-relief, qui orne un des œils-de-bœuf de la cour du Louvre, est incomparablement au-dessus de tous les ouvrages du même genre placés dans cette cour. La belle disposition des lignes, la simplicité de l'arrangement, la sûreté, la sobriété du goût, la sévérité du style permettent de penser que David aurait lutté avec un incontestable avantage sur le terrain des conceptions allégoriques et mythologiques. Mais, il fut irrésistiblement entraîné vers un autre ordre d'idées. La représentation de personnages historiques l'attira, l'absorba de jour en jour plus fortement. Néanmoins, le *Racine*, dont le marbre fut exposé en 1827, révélait quelque hésitation et un reste de préjugés d'école. Après le *Condé jetant son bâton de maréchal dans les lignes de Fribourg*, où le costume de la Cour de Louis XIV avait été reproduit jusque dans les moindres détails, après le *René d'Anjou* dans lequel la forme des vêtements du temps avait été scrupuleusement respectée, ce qui n'avait pas sensiblement nui à leur succès, la fantaisie de « faire de l'auteur d'*Athalie* une statue antique » était assez étrange et ce n'était pas trop de « la poétique élévation du visage » et de la finesse de rendu des principaux morceaux pour racheter cet anachronisme.

La question du costume était la pierre d'achoppement de la réforme de la sculpture. Beyle, qu'on ne saurait accuser de classicisme systématique, affirmait que « la sculpture ne peut rien sans le *nu* » et il reconnaissait que le *nu* nous choque ou nous ennuie. Il appelait de tous ses vœux une révolution en sculpture qui changeât la face de l'art et il invitait les sculpteurs modernes à inventer, comme Canova, « un nouveau genre de beau idéal. La sculpture, disait-il, n'a pour rendre les habitudes de l'âme que la forme des muscles, donc il lui faut le *nu*. » Il oubliait, volontairement ou non, l'attitude, le geste, le caractère du visage ou de la physionomie qui sont bien aussi d'incontestables moyens d'expression. Il citait à l'appui de sa thèse « la noble statue si remplie de la pensée tragique que le jeune David a osé faire à demi vêtue. Un temps viendra, ajoutait-il, où M. David se permettra un peu plus de nu ; on sentira qu'il vaut mieux pour la gloire de nos grands hommes ne pas leur élever de statues que de les faire sur le modèle du Racine à la Sorbonne. [1] »

Beyle n'était pas seul à penser de la sorte. Les plus chauds partisans de la réforme en sculpture n'allaient pas, sous la Restauration, jusqu'à demander qu'on représentât les personnages des deux derniers siècles, moins encore ceux du dix-neuvième, avec le costume porté par eux de leur vivant, tant les exi-

[1] *Revue trimestrielle* 1828. Salon de 1827.

gences de la statuaire et les formes lourdes ou étriquées de ces costumes leur paraissaient incompatibles. David lui-même était de cet avis, puisqu'il habilla d'une simple draperie la figure du général Foy. La plupart des critiques ne songèrent point à l'en blâmer, mais il n'en fut pas de même de Gustave Planche. Il appartenait à la jeune génération qui avait débuté dans la presse immédiatement après la Révolution de Juillet, et qui devait peut-être à cette circonstance d'avoir, en matière d'art, des opinions plus nettes, plus radicales et plus justes que celles de sa devancière. Il remarqua que « l'artiste, en même temps qu'il exécutait trois bas-reliefs avec le costume français de 1827, habillait la statue du général plus simplement encore que Démosthène » et il s'en étonna avec raison. « S'il est vrai, écrivit-il, comme nous n'en doutons pas, que le nu soit un des éléments principaux, une des données les plus indispensables de la sculpture, quoique assurément cette vérité souffre des exceptions nombreuses, nous aimerions mieux, et de beaucoup, que le général fût absolument nu. » Il rappela que Pigalle « fit une statue de Voltaire absolument nu à l'âge de soixante-dix ans » et il déclara que « ce parti si singulier qu'il semble » lui paraissait « encore préférable au parti moyen que M. David a adopté. » Condamnable en principe, ce genre de composition était ici d'autant plus inexcusable que si la tête, les mains et les jambes étaient « admirablement exécutées, » étaient

« de la chair vivante et pleine de sang, » la draperie ne valait « rien, » la disposition en était « mauvaise, disgracieuse, lourde.[1] »

La statue du général Foy, quoiqu'elle se distingue par de sérieuses qualités, a été peut-être trop vantée. La pose, sans être précisément théâtrale, paraît un peu affectée. Le geste n'a rien de faux ni d'excessif, et pourtant il ne semble pas complétement exempt d'emphase. L'impression qu'on éprouve résulte-t-elle en partie de l'emploi du nu et de cette malencontreuse draperie ? c'est probable ; mais le nu, la draperie sont les conséquences presque inévitables de la conception qui est une sorte de compromis entre les idées traditionnelles et les idées nouvelles. David a voulu montrer le général Foy transfiguré, vivant, par delà les mondes, dans les régions éthérées, d'une vie sereine, immortelle et pour ainsi dire absolue. S'il en était autrement le nu serait inexplicable. Les Anciens, on l'a souvent fait observer aux partisans exclusifs du nu, représentaient les empereurs eux-mêmes vêtus de leur costume habituel tant qu'ils n'avaient pas été mis au rang des dieux. Puis, David cédant à son tempérament particulier, ou entraîné par le mouvement contemporain, a donné à la figure l'attitude de quelqu'un qui discute et s'efforce de persuader. La transfiguration de l'homme après la mort est difficilement acceptée par

[1] *Salon de* 1851. In-8.

la pensée moderne. L'action, et en sculpture discussion, persuasion ne signifient pas autre chose, est de l'ordre réel et n'est guère admissible chez les êtres transmondains et surnaturels. De là dans la statue du général Foy un caractère incertain, équivoque que ne compensent pas quelques morceaux habilement modelés.

Le mode de composition adopté pour la statue du général Foy est d'une parfaite orthodoxie au point de vue académique et même au point de vue spiritualiste. Mais David, tout membre de l'Institut qu'il était, ne poussait pas à l'extrême le respect des théories académiques, et son spiritualisme, s'il existait, devait être assez vague et obscur ; on peut le supposer sans lui faire injure. La Révolution de Juillet, à laquelle il applaudit autant que personne, modifia quelques-unes de ses idées ou du moins leur donna plus de fermeté et de précision. L'effervescence intellectuelle et morale qui précède, accompagne ou suit les commotions de ce genre, est toujours favorable au progrès, même dans les arts. Des questions auxquelles on n'avait jadis touché qu'avec une sorte de timidité, furent discutées avec ardeur, avec passion et finalement envisagées sous leur véritable jour. Ces discussions exercèrent une évidente influence sur David, que le radicalisme de ses opinions disposait à ne pas reculer devant les hardiesses de certaines conclusions philosophiques. Ses scrupules académiques diminuèrent sensiblement, ses velléités de spiritualisme l'abandonnèrent, et il fit une de ses œuvres les plus remarquables, la statue de Gouvion Saint Cyr. Il accepta franchement les conditions de la réalité. Il représenta son modèle vêtu de l'uniforme ; il s'appliqua « à respecter, mais en même temps à élargir les différentes parties du vêtement, de façon à trouver des plis abondants et des lignes heureuses ; » et il sut « unir la grandeur à l'élégance[1]. » Il ne chercha point l'idéal en dehors des données fournies par la vie militaire et le caractère personnel du maréchal Saint-Cyr. Il s'efforça d'exprimer dans l'attitude et la physionomie la vigueur, l'austérité de l'éminent homme de guerre, la fermeté, la haute intelligence du véritable organisateur. Il y réussit pleinement. Et, sans s'écarter un instant de la plus stricte vérité, il atteignit à une élévation, à une noblesse de style incontestables.

En dépit des essais de rétrogradation monarchique et religieuse tentés sous l'Empire et sous la Restauration, les idées dont les hommes de la grande révolution ont été les énergiques promoteurs avaient gagné assez de terrain pour que la sculpture eût à compter avec elles, surtout quant au choix des sujets et aux sources d'inspiration. « La peinture en portrait et l'art du buste, a dit Diderot, doivent être honorés chez un peuple républicain, où il convient

[1] Gustave Planche. *Portraits d'artistes*. II, 66.

d'attacher sans cesse les regards des citoyens sur les défenseurs de leurs droits et de leur liberté. Dans un état monarchique c'est autre chose, il n'y a que Dieu et le roi [1]. » On n'était pas en république, mais les anciens dogmes philosophiques avaient singulièrement perdu de leur autorité; on ne croyait plus aux institutions politiques du passé, et dans le parti avancé beaucoup étaient persuadés que la royauté quasi-légitime n'aurait qu'une existence éphémère et qu'elle ne tarderait pas à être remplacée par un régime plus logique et plus progressif.

David, qui appartenait à l'opinion démocratique, n'était probablement pas éloigné de penser ainsi. La situation générale des choses, la disposition d'esprit d'une notable portion du public, ses propres tendances ne pouvaient donc que l'engager à continuer la série de bustes et de médaillons à laquelle il devait déjà quelques-uns de ses succès les plus mérités. Les bustes de Volney, de Desgenettes, de Jérémie Bentham avaient été fort remarqués ; ceux de Gœthe et de Chateaubriand le furent plus encore. Dans l'un et dans l'autre la charpente osseuse était indiquée avec beaucoup d'exactitude et de fermeté ; le caractère particulier du modèle était rendu avec autant de finesse que d'habileté. Aussi M. Lenormand, grand admirateur de David, ne rencontra pas de contradicteur lorsqu'il dit du buste de Gœthe : « Le sentiment

[1] *Essais sur la peinture*, ch. V, p. 88.

du colossal se retrouve dans le moindre des innombrables détails de cette tête; c'est à la fois autant de plans que la nature en donne et autant de largeur qu'elle en conserve dans cette multiplicité d'accidents. Les cheveux n'ont pas cette tournure de bonhomie que l'Allemagne a rêvée pour son poëte séculaire : âpres et hérissés, il la couronnent comme une forêt touffue. C'est la rudesse d'Arminius unie à la finesse de Voltaire. » Quand au buste de Chateaubriand « plus parfait peut-être » comme conception, M. Lenormand y constatait « sous le rapport de l'exécution, des détails d'une haute importance. On voit, disait-il, que l'artiste a constamment rendu, de préférence, la masse apparente des objets, sans chercher, comme on le fait si souvent en sculpture, à détailler des parties que le marbre ne peut reproduire : c'est ainsi qu'il a laissé les cheveux dont le mouvement est si noble et accompagne si poétiquement la physionomie dans une masse générale, dont le ciseau reproduit seulement l'effet; c'est ainsi qu'il s'est refusé à donner aux sourcils une épaisseur qui est rarement dans la nature, et qu'en pinçant les bords du bandeau qu'ils forment au-dessus des yeux, il a suppléé à l'absence du signe coloré qui appartient à la peinture[1]. »

Le portrait était, de tous les genres, celui qui convenait le mieux au talent de David. L'imagination

[1] *Temps*. Salon de 1831.

y joue certainement un rôle, mais un rôle en somme assez secondaire. Or, l'imagination n'était pas, comme on dit aujourd'hui, la faculté maîtresse de David. Il avait en revanche le coup d'œil juste, l'esprit d'observation, le sentiment de la forme individuelle et de ses variétés caractéristiques. Il saisissait avec une rare sagacité la signification d'une tête, d'une physionomie, et, servi par un habileté technique peu commune, il savait mieux que personne faire apparaître sous les traits d'un visage, dans la construction d'un crâne, une individualité intellectuelle et morale. De pareilles qualités trouvaient surtout leur emploi dans la pratique du portrait, à laquelle David semblait d'ailleurs prédestiné par son éducation et ses opinions politiques. Admirateur passionné de la Révolution, sans cependant avoir une notion bien nette des idées générales qui devaient en être la conséquence, il identifiait celles-ci avec les principaux personnages de cette grande époque. Il avait pour ces derniers une sorte de culte, et il regardait comme leurs dignes continuateurs ceux qui, à leur exemple, dévouent leur vie à la défense du progrès, de la liberté, de la patrie, ceux qui s'efforcent d'éclairer ou de charmer l'humanité. Tout concourut donc à la formation de cette merveilleuse suite de médaillons qui reste le plus solide fondement de la gloire de David. Les diversités infinies du masque humain, les nuances les plus délicates de l'expression y sont rendues avec une précision, une fermeté, une souplesse de modelé que nul, de notre temps, n'a surpassées ni même égalées. Chacune de ces têtes a un cachet particulier, une originalité qui lui est propre, et l'ensemble de la collection fait penser à certains dessins de maîtres, études préparatoires d'une de ces grandes compositions historiques qui ont été longuement méditées, rarement commencées et n'ont jamais été terminées.

Parmi les sculpteurs qui avaient débuté sous la Restauration, aucun ne suivit l'exemple de David, aucun ne comprit qu'il fallait chercher l'idéal moderne dans la réalité vivante, et peut-être plus encore dans la réalité historique. Ces sculpteurs avaient en général assez médiocre souci de la pensée. Ils ne songeaient guère qu'à la forme, à la forme considérée en elle-même et pour elle-même, indépendamment de ce qu'elle représente ou exprime, et en fait d'idéal ils ne supposaient point qu'il pût y en avoir un autre que l'idéal poursuivi par l'antiquité. Ils montraient dans le choix des modèles dont ils s'inspiraient moins d'exclusivisme que leurs devanciers de la période impériale. Ils étudiaient peut-être la nature avec plus de soin et de goût. Mais les critiques qui, parlant en 1831 « des morceaux d'une sculpture plus accentuée ou plus vivante [1], » exposés depuis une dizaine d'années, semblaient croire leurs auteurs capables d'accomplir une réforme sérieuse en

[1] Charles Lenormand. *Temps*. Salon de 1831.

statuaire, s'illusionnaient grandement sur ce qu'on pourrait attendre des théories et des méthodes académiques. On le vit de reste lorsque Cortot, l'une des illustrations de l'école, exposa le *Soldat de Marathon* au Salon de 1834. Ceux mêmes qui avaient jugé favorablement des travaux antérieurs de l'artiste furent forcés de reconnaître que cette statue était « un ouvrage froid, ne dépassant pas les bornes d'une impression d'estime, » que le mouvement n'était « autre chose qu'une pose habilement académique sans le moindre rapport avec l'action d'un homme qui, chargé de la nouvelle d'une immense victoire, court douze lieues, jusqu'à ce qu'il tombe aux pieds de ses concitoyens, en élevant en l'air la palme, symbole de la victoire [1]. »

Les œuvres des sculpteurs qui restèrent fidèles aux traditions classiques laissèrent, en général, le public, même le public lettré et artiste, assez froid et indifférent, surtout après la révolution de Juillet. Celles de Pradier firent seules exception. Presque toujours elles abondaient en réminiscences de l'antique et manquaient d'unité ; mais elles offraient souvent des morceaux copiés sur nature, exécutés avec un tel sentiment de la vie, avec un si merveilleux talent de praticien, qu'elles attiraient les regards en dépit de la nullité de l'invention. Toutefois on rencontre rarement des morceaux de ce

[1] Charles Lenormand. *Temps*. Salon de 1834.

genre dans les premiers ouvrages de Pradier. Ce qui principalement y domine c'est la recherche de la forme, de la forme comprise suivant certaines règles plus ou moins conventionnelles, c'est la préoccupation de l'élégance et de la grâce, de l'élégance et de la grâce poursuivies, sinon atteintes, même aux dépens de la vérité du caractère et de l'expression. M. Delécluze a dit avec raison d'*Un fils de Niobé*, que néanmoins il trouvait très-digne d'éloges, car l'auteur s'était réglé sur la nature et les proportions des statues du célèbre groupe antique: « L'effroyable blessure faite au dos de ce jeune Niobé commandait une force d'expression aussi grande que celle donnée aux enfants de Laocoon, et cependant il est bien loin de laisser paraître les symptômes d'une douleur aussi vive. Ce défaut se manifeste surtout par la manière trop élégante avec laquelle il porte sa main gauche à la flèche qu'il veut retirer et par la froideur de la tête[1]. »

Ce n'était pas seulement le drame, la passion, la souffrance physique ou morale, que Pradier était peu capable de concevoir et d'exprimer, c'était aussi ce qu'on appelle, en langage académique, le beau idéal ou haute-beauté. Sa *Psyché* avait des formes trop accentuées pour satisfaire pleinement un classique comme M. Delécluze, qui se figurait « l'idéal de ce personnage, qui est un emblème de l'âme, plus dé-

[1] *Moniteur*. Salon de 1822.

lié, plus fin, plus délicat, » et surtout n'ayant pas une tête aussi « terrestre[1]. » Les *Trois Grâces* étaient « un travail d'une prodigieuse habileté ; » mais Pradier s'était « bien plus occupé de l'arrangement et de l'entrelacement des bras de ses trois modèles que de l'intime vérité des attitudes, que de l'expression des gestes attribués à chacune d'elles ; » les têtes étaient « d'une pauvreté désespérante, » et l'ensemble du groupe éveillait « plutôt le désir que l'admiration, » ce qui permettait d'affirmer que l'artiste n'avait « pas rencontré la vraie beauté ; car en présence de la beauté, l'admiration précède le désir et souvent même l'exclut[2]. »

Les critiques, qui avaient aussi sainement jugé d'*Un fils de Niobé*, de la *Psyché* et des *Trois Grâces*, se relâchèrent peu à peu de leur sévérité. Ils se laissèrent séduire par une adresse de main de jour en jour plus grande, par un travail de ciseau de plus en plus voisin de la perfection. Pourtant ils eurent souvent encore à signaler des défaillances de l'espèce de celles contre lesquelles ils avaient déjà protesté. Planche fit remarquer que Pradier ne voyait dans les chefs-d'œuvre de nos musées qu'un type d'élégance et de beauté qu'il s'appliquait à rajeunir par l'étude de la nature, plutôt qu'à reproduire littéralement ; il déclara qu'il ne croyait pas cette route la plus vraie et la plus heureuse ; mais il prétendit qu'*Un Satyre*

[1] *Journal des Débats*. Salon de 1824.
[2] Gustave Planche. *Salon de* 1831. In-8,

et une Bacchante était une merveilleuse interprétation de l'antiquité[1], et c'était pousser l'indulgence un peu loin. Ce groupe dont, suivant Laviron, il était impossible « d'expliquer le sujet d'une façon décente[2] » rappelait l'antique bien plus par le titre que par la conception ou le style. Haussard, fervent admirateur des chefs-d'œuvre de la statuaire grecque, ne se borna pas à blâmer durement Pradier de glisser sur « cette mauvaise pente de la lubricité. » Il lui reprocha en outre de n'être sculpteur que « par un certain don de nature, par habitude de grande école, » et de n'avoir pas « l'intelligence du génie et des conditions suprêmes de son art. » Lorsqu'il eut à le louer pour « la disposition ingénieuse et pudique » de la *Phryné*, il fit observer que cette figure n'était pas « dans les vigoureux principes de la composition antique, » qu'elle n'en avait « que les brillants dehors, » qu'elle péchait « gravement par l'ensemble » et ne valait que « par les détails[3]. »

II

La recherche systématique du style et du sentiment antique conduit à de froids pastiches tels que

[1] *Revue des Deux-Mondes*. Salon de 1834.
[2] *Salon de* 1834. In-8.
[3] *National*. Salon de 1845.

le *Soldat de Marathon* ou *Un Fils de Niobé*. Unie à l'étude partielle et directe de la nature, elle donne naissance à des œuvres d'un caractère équivoque d'un ordre secondaire, pareilles à la *Phryné*. François Rude le comprit en quelque sorte instinctivement. Bien qu'il eût reçu comme sculpteur une éducation première toute classique, il s'inspira franchement, uniquement de la nature. Son *Jeune Pêcheur napolitain* fut favorablement accueilli par la critique. Les uns y virent « une démonstration par les faits de la marche que les Anciens ont suivie dans l'art.[1] » Les autres le considérèrent comme « un démenti formel donné aux règles académiques prescrivant le grec et le romain comme remède au *mauvais goût qui triomphe*, » et ceux-là ajoutaient que « les Académiciens entendent par *mauvais goût qui triomphe* le métier mis après la pensée, le génie avant la routine.[2] » De fait le *Jeune Pêcheur napolitain* annonçait un artiste consciencieux, un observateur patient, un homme doué d'un véritable talent, et, ainsi que le disait Planche, quoique l'ensemble fût peut-être un peu froid, il était, « dans le style paisible et simple, un morceau remarquable[3]. »

La statue de Rude avait le mérite d'être conçue en dehors de toute préocupation classique ou mythologique, de représenter, sous une forme jeune et indi-

[1] Charles Lenormand. *Temps*. Salon de 1833.
[2] Laviron et Galbaccio. *Salon de 1833*. In-8.
[3] *Revue des Deux-Mondes*. Salon de 1833.

viduelle le corps humain tel qu'il s'offre à nos yeux. Il en était de même du *Danseur napolitain* de Duret. D'une exécution moins exacte, moins souple, moins poussée que le *Pêcheur*, le *Danseur*, quoique manquant un peu d'unité, avait autant de vérité et peut-être plus d'animation et d'élégance. Les sujets étaient heureusement choisis ; ils permettaient l'emploi du nu dans une large proportion. Mais on se fatigue à la longue de semblables sujets, où l'imagination joue un rôle des plus modestes, où presque toujours, et pour ainsi dire fatalement, l'artiste est bien plutôt amené à reproduire la réalité qu'à exprimer une idée ou un sentiment poétique, et Haussard put un jour écrire sans choquer beaucoup le monde artiste : « M. Duret, nous l'espérons, en a fini avec les pêcheurs, danseurs et improvisateurs italiens ! [1] »

Les sculpteurs les plus dédaigneux des théories et des méthodes académiques s'inspiraient également de la réalité ; mais ce qu'ils avaient en vue ce n'était pas seulement la réalité matérielle, c'était aussi, c'était surtout, la réalité vivante, la réalité morale observée, étudiée, interprétée suivant les notions historiques, philosophiques, politiques, sociales, les plus actuelles et les plus avancées. Ils n'essayaient pas de réagir contre l'esprit moderne. Ils obéissaient au contraire spontanément, docilement à son impul-

[1] *Temps*. Salon de 1839.

sion. Ils ne se rattachaient pas en fait de tradition à une seule et unique époque de l'art, et si, à cet égard, ils avaient des préférences personnelles, ils n'avaient ni préjugés, ni partis pris exclusifs. Ils ne supposaient pas qu'il y eût des sujets dignes et des sujets indignes de l'art, des genres nobles et d'autres qui ne le sont pas ; ils n'avaient d'aversion que pour l'insignifiance ; ils puisaient aux sources les plus diverses, et s'adressaient pour leurs inventions à la Bible et aux récits mythologiques comme aux chroniques et aux fantaisies du moyen-âge et de la renaissance, à l'animalité aussi bien qu'à l'humanité.

Personne ne songea à nier les remarquables qualités, la haute valeur des *Animaux* exposés par M. Barye, en 1831. M. Lenormand trouva que le *Tigre dévorant un crocodile* était un morceau plein de force et d'originalité, comparable « aux plus parfaits ouvrages qui nous soient restés de l'antiquité dans ce genre [1]. » Planche ne découvrit qu'un défaut dans le *Lion au serpent*, « l'impitoyable réalité, » il prétendit que si M. Barye « consentait à l'exagération et au sacrifice, » il serait moins *réel* et plus *vrai*, et il termina en disant : « Artiste heureux, s'il en fût, puisqu'il n'a pour être complet qu'à supprimer la moitié de ses efforts [2]. » Mais les critiques ayant des opinions aussi radicales en art

[1] *Temps*. Salon de 1831.
[2] *Etude sur l'École française*. Salon de 1836.

qu'en politique furent les seuls qui signalèrent clairement, qui définirent avec justesse le caractère particulier, la supériorité véritable du talent et des œuvres de M. Barye. Ils admirèrent principalement le tact et la finesse dont l'auteur du *Lion au serpent* avait fait preuve en remontant « de la domesticité à la nature, de l'abâtardissement à l'état normal, » la sagacité avec laquelle il avait choisi une action lui permettant de représenter son modèle « dans une pose qui fait valoir tout le développement de sa taille colossale[1]. » Ils louèrent M. Barye moins encore de son talent d'exécution que de « sa manière d'aimer les animaux, de s'identifier avec les animaux, de descendre dans leur intelligence. » Ils affirmèrent ne pouvoir « rendre avec des paroles précises la foule de sentiments qui bouillonnent dans l'animal blessé, la fureur, l'effroi, le désir de la vengeance, l'horreur du reptile, la douleur et le courage. » Et ils ajoutèrent, non sans raison : « Il serait plus facile de parler du Laocoon ; il n'y a rien en lui qui ne soit humain, tandis qu'ici rien ne l'est[2]. »

Éloigné des expositions par les rigueurs du jury académique, qui avait refusé plusieurs de ses groupes sous prétexte qu'ils n'étaient pas assez faits, que c'était de l'orfévrerie non de la sculpture, M. Barye n'envoya pas au Salon son *Lion* de bronze,

[1] Laviron et Galbaccio. *Salon de* 1833.

[2] Jean Reynaud. *Revue encyclopédique*. T. LVII. Salon de 1833.

terminé en 1847 pour le jardin des Tuileries. Par le caractère de la conception autant que par les masses et les lignes générales, le nouveau *Lion* différait sensiblement du *Lion au serpent* avec lequel il était destiné à faire pendant. La recherche du style, de l'aspect monumental y était visible. Ce *Lion* où M. Barye s'était appliqué et avait réussi à concilier l'expression de la vie, condition essentielle de l'art moderne, avec la simplicité calme et grave, qualité inhérente à la statuaire grecque de la grande époque, indiquait une tendance nouvelle, qui s'accusa nettement dans le *Combat d'un Centaure et d'un Lapithe*, exposé au Salon de 1850. Haussard parla avec un vif enthousiasme de la belle composition du groupe, de l'énergie du mouvement, de l'harmonie des lignes, de la savante précision et de la franchise de l'exécution, et il dit, comme suprême éloge de ce remarquable ouvrage : « Il est grec surtout, et bien moins encore par la forme que par le fond, que par toutes les hautes conditions de sculpture dont il est doué si amplement. Il tient des œuvres antiques comme il en faut tenir, sans plagiat ni pastiche, par les seules consonnances du génie, même imitateur [1]. » Ce genre de mérite ne pouvait toucher beaucoup ceux qui sont convaincus que l'artiste a tout avantage à ne point se placer en dehors du milieu intellectuel et moral dans lequel il vit, ceux

[1] *National.* Salon de 1850-1851.

qui croient, avec le poëte, qu'il vaut mieux sur des pensers nouveaux faire des vers antiques que sur des pensers antiques faire des vers nouveaux. Aussi, tout en rendant pleine justice au *Combat d'un Centaure et d'un Lapithe*, lui préférèrent-ils le *Jaguar dévorant un lièvre*, exposé la même année, car M. Barye n'y avait eu d'autre prétention que d'y représenter un félin, aux membres frémissants et solidement attachés, satisfaisant les instincts carnassiers de sa race, et il y avait réalisé une sorte de conception idéale et toute moderne de la férocité avec une vigueur, avec une puissance sans pareilles.

De jeunes sculpteurs qui exposèrent pour la première fois après la révolution de Juillet, avaient été séduits par les œuvres élégantes et ingénieuses de la Renaissance. Ils avaient étudié Jean Goujon, Sarrazin, Germain Pilon, et ils avaient tâché de s'approprier leurs procédés. Un des mieux doués, Antonin Moine, avait dans sa manière quelque chose qui, selon Planche, « manque, en général, à la sculpture moderne, » il était « singulièrement pittoresque et coloré. » Ses cadres de médaillons du Salon de 1831 n'étaient « guère que des pastiches de médailles florentines repoussées et ciselées, » cependant il y avait là « quelques portraits simples et vivants; » ses *Lutins* étaient une « composition charmante et pleine d'expression, » les têtes étaient « malignes et rieuses, les attitudes vraies et bien trouvées [1]. » M. Delécluze, qui n'aimait pas le pittoresque, même en peinture, ne manqua pas de critiquer sévèrement les œuvres de Moine, quoiqu'il reconnût chez celui-ci « de la délicatesse de main et le sentiment de la vérité. » A propos de l'*Ange du jugement dernier* il l'accusa de « violer de la façon la plus complète les lois de l'art et de la nature, la pondération des corps [2]. » Cette figure au premier abord paraissait, il est vrai, assez étrange, mais le torse et les membres étaient, disait Planche, « modelés avec souplesse, avec naïveté. Employé qu'il est à réveiller les morts, ajoutait-il, l'Ange du jugement dernier n'a pas d'autre expression possible que l'action, et sous ce point de vue la tête est bien ce qu'elle devait être. » De semblables considérations, pas plus que la composition très-pondérée de la *Foi* et de l'*Église*, deux figures dont la draperie, « ondoyante et fine, » rappelait « par sa grâce et sa délicatesse les Parques sculptées au tympan du Parthénon [3], » ne pouvaient décider M. Delécluze à juger les œuvres et le talent de Moine autrement qu'il ne faisait. Revenu des velléités d'indulgence qu'il avait semblé avoir quatre ou cinq ans auparavant, il condamnait absolument tout ce qui était, si peu que ce fût, en contradiction avec les principes de l'école traditionnelle ; et, chaque fois qu'il par-

[1] *Salon de* 1831. In-8.
[2] *Journal des Débats*. Salon de 1836.
[3] Gustave Planche. *Etudes sur l'Ecole française*. Salon de 1836.

lait de l'école nouvelle, il traitait les sculpteurs plus durement encore que les peintres.

Les sculpteurs de la nouvelle école ne choisissaient pas d'ordinaire spontanément les motifs de leurs compositions dans la Bible, les Évangiles ou les Vies des Saints et des Saintes. Leur esprit, de même que celui du public lettré, n'était, en général, nullement tourné vers les choses religieuses. L'un d'eux cependant, M. Étex, obtint un très-notable succès avec un sujet emprunté à la Genèse, *Caïn et sa race maudits de Dieu.* Les critiques furent unanimes à déclarer que ce groupe méritait une attention toute spéciale ; mais ils s'occupèrent uniquement de la disposition des lignes, de la nature des types, de l'agencement des figures, de la qualité de l'exécution. Seul, Jean Reynaud s'inquiéta de la signification du *Caïn*, de sa portée morale, de sa valeur esthétique. Il approuva hautement M. Étex d'avoir exprimé « une idée plus religieuse que celle de l'auteur de la Genèse. Il n'a point, dit-il, imaginé l'homme en révolte ouverte et disputant avec Dieu, mais il a voulu nous montrer l'homme abandonné de Dieu, n'étant plus soutenu par en haut et retombant sur la terre comme une masse inerte. Le Caïn de M. Étex, c'est l'homme sans la grâce, l'homme replongé dans le sommeil de l'âme, où la conscience hébétée n'est plus maîtresse des perceptions lucides ; c'est le Caïn tel qu'il doit paraître lorsqu'on s'élève vers un Jehovah plus grand que celui de Moïse, et plus voisin du Dieu que la philosophie nous enseigne[1]. » Telle était, en effet, l'impression qu'on ressentait devant le *Caïn*, telle était probablement aussi celle que l'auteur avait voulu produire. Mais est-ce bien là, au point de vue moderne et révolutionnaire, la vraie, la juste interprétation du mythe biblique? Loin d'être « le symbole de la résignation et de l'abrutissement, » Caïn n'est-il pas, comme on le dit six ans plus tard, lorsque l'œuvre de M. Étex fut exposée en marbre, « le symbole de la protestation et de la lutte? Le travailleur Caïn ne représente-t-il pas dans l'esprit de la tradition l'ardeur incessante et le génie de l'action[2]? » La question, semble-t-il, valait la peine d'être examinée et étudiée; mais les critiques n'y songèrent pas ou, du moins, la passèrent sous silence. Ils se contentèrent de relever quelques défauts, la lourdeur des extrémités, la maigreur ou l'exagération de certaines parties, et s'accordèrent à signaler de nombreuses et fortes qualités, la hardiesse du dessin, la largeur du modelé, le caractère des têtes, la vérité des mouvements, le grand aspect sculptural de l'ensemble, le pathétique de la composition.

Les inventions dramatiques, l'expression des passions violentes, de la souffrance physique et morale chez de simples mortels avaient toujours été, à de

[1] *Revue encyclopédique*. T. LVII. Salon de 1833.
[2] *Constitutionnel*. Salon de 1839.

très-rares exceptions près, rigoureusement exclues de la sculpture. Elles devaient nécessairement y pénétrer. C'était la conséquence naturelle, presque inévitable, et du mouvement littéraire de la restauration, et de cet autre mouvement moins défini, moins bien compris de tous, mais plus sérieux et plus durable, qui, accéléré par les événements politiques, portaient les âmes généreuses à s'occuper de plus en plus des déshérités de ce monde. Les faits sur lesquels s'appuyaient ceux qui agitaient, discutaient ces hautes questions de justice et d'humanité, les idées qu'ils défendaient avec énergie frappèrent l'esprit de jeunes artistes sans aucune attache académique, et s'imposèrent en quelque sorte à leur imagination. M. Auguste Préault envoya au Salon de 1833 la *Mendicité*, qui, autant et peut-être plus par le fond que par la forme, s'éloignait des données habituelles de la sculpture. Ce bas-relief, au dire de Jean Reynaud, n'était guère qu'une ébauche, mais la pensée y était clairement indiquée; l'auteur y avait montré « que dans la pierre gît une voix et que le ciseau de l'artiste peut la faire sonner comme une parole éloquente. » Devant la *Mendicité*, Jean Reynaud, ne s'abandonnant pas, comme devant la *Famille de Caïn*, aux vagues rêveries métaphysiques qui souvent l'égaraient, ne méconnut pas le caractère véritable, essentiel, du sujet, ce que l'artiste avait voulu représenter. C'était la famille « du prolétaire délaissé par l'injustice, » c'étaient des êtres sur les traits desquels l'abrutissement s'était cruellement appesanti sans pourtant en avoir « entièrement chassé toute noblesse[1]. »

Les critiques « naturalistes, » examinant la *Mendicité* à un point de vue plus spécialement technique, y remarquèrent surtout « le relief compris d'une manière toute monumentale, ce qui est rare dans la sculpture française depuis que les écoles se sont emparées de la direction de l'art[2]. » Ce qui, suivant eux, distinguait la *Tuerie* du Salon de 1834, c'était encore « l'entente des reliefs, » la largeur, la simplicité des plans « coupés par des ombres savantes, calculées de manière à faire sentir toute la valeur des saillies. » Cependant ils y auraient désiré « plus de tranquillité dans certaines parties et quelques plans vides entre les figures.[3] »

Le jury académique faisant, bien contre son gré, des concessions aux besoins de réformes et d'innovations de tout genre qui s'étaient produits après la révolution de Juillet, avait admis au Salon quelques-uns des ouvrages envoyés par M. Préault. Mais, le jour où l'agitation intellectuelle lui parut assez calmée pour qu'on pût essayer de rétablir « l'ordre » dans les idées et les choses de l'art, il n'en reçut plus aucune. Plusieurs critiques protestèrent, et parmi eux il y en avait un qui parfois s'était montré plus

[1] *Revue encyclopédique*. T. LVII. Salon de 1833.
[2] Laviron et Galbaccio. *Salon de* 1833. In-8.
[3] Gabriel Laviron. *Salon de* 1834.

que sévère à l'égard de M. Préault dont, écrivit-il, il avait « souvent combattu les égarements,» mais dont il ne pouvait « méconnaître ni le talent ni l'originalité ![1] » Tout fut inutile. Le *Christ expirant* placé aujourd'hui à l'église Saint-Gervais et à propos duquel, lorsqu'en 1830 il fut exposé à l'église Saint-Germain l'Auxerrois, Haussard disait : « M. Préault avait cherché tout exprès la difficulté anatomique, il l'a vaincue presque partout ; on lui demandait l'épreuve de l'étude, il en est sorti sans rien perdre de sa fougue et de son sentiment énergique[2] ; » le *Christ expirant* fut refusé de même que le *Charlemagne*, la *Douleur*, l'*Adoration des Mages*, la *Reine de Saba*. Il fallut qu'un jury élu, institué après la Révolution de février, remplaçât le jury académique pour que les portes du Salon fussent rouvertes à M. Préault. « Le nouveau Christ, écrivait Haussard en 1849, a peut-être le jet moins imprévu, la disposition moins large que le Christ expirant de Saint-Gervais ; mais il est aussi poignant, sans être aussi sauvage. D'ailleurs, c'est toujours de la statuaire à part, composée, massée, touchée nerveusement et poétiquement. *Douleur* est une petite figure de bronze dont l'expression puissante s'accorde avec une certaine grandeur de style et de mouvement. Mais le génie pur et entier de l'artiste n'est empreint et entaillé nulle part plus profondément que dans ce *Masque*

[1] Gustave Planche. *Études sur l'École française.* Salon de 1836.
[2] *Temps.* Salon de 1840.

funéraire, tête osseuse dans un linceul, doigt glacial posé sur une bouche morte[1]. »

Les défenseurs des saines doctrines ont tantôt affecté de dédaigner, tantôt violemment critiqué au point de vue plastique les œuvres de M. Préault. Pourtant le plus convaincu, le plus persévérant d'entre eux, celui de tous qui s'est montré le plus hostile à l'école nouvelle, a dit du second Christ, exposé en bronze en 1851 : « Quant au *Christ en croix*, si nous lui ôtons par la pensée sa couronne d'épines et qu'il se présente à nos yeux comme le bon larron, alors cette figure est très acceptable. Du moment que nous ne serons plus en droit d'exiger cette nature épurée ni ces formes d'élection que revêt le fils de Dieu, et que nous n'aurons à demander, au contraire, qu'un homme de peine bien robuste, énergiquement musclé, attaché et mort sur une croix, nous louerons l'artiste parce qu'en effet il a rendu avec talent la nature de ce dernier personnage[2]. » La part d'éloges contenue dans ces lignes est tout ce que peuvent attendre des sectateurs du classicisme ou de l'éclectisme ceux qui de nos jours ont tenté la réforme de l'art. Ils partent les uns et les autres de principes complétement opposés. Ils s'appuient, ceux-là sur l'absolu, notion arbitraire, chimérique et décevante, ceux-ci, sur le relatif, c'est-à-dire sur la réalité physique, intellectuelle et morale. Les premiers préten-

[1] *National*. Salon de 1849.

[2] Et.-J. Delécluze. *Journal des Débats*. Salon de 1850-1851.

dent que leur principe est le fondement obligé de tout art supérieur, surtout en sculpture. Mais en dépit de leurs assertions dogmatiques et de leurs théories surannées, le principe contraire, qui domine seul aujourd'hui en science et en philosophie, a pleinement affirmé son efficacité et sa puissance dans l'ordre des conceptions artistiques, et même sculpturales.

Bien que le *Christ en croix* n'ait pas « cette nature épurée ni ces formes d'élection que revêt le fils de Dieu, » bien que, selon l'interprétation moderne du mythe de la rédemption, il ne soit qu'un homme se dévouant, souffrant, mourant pour ses semblables, il est d'un saisissant caractère, il n'a rien de banal ou de vulgaire, et fait une impression profonde. M. Préault a exposé à différentes époques des cadres de médailles, études ou portraits. Par la manière dont les lignes générales sont entendues et la charpente osseuse accusée, par le choix des détails, ceux-ci exagérés à dessein, ceux-là franchement éliminés, quelques-unes de ces médailles, tout en gardant une individualité très-marquée, peuvent être considérées comme des types de certains groupes de la famille humaine. De ce nombre en particulier sont une tête de femme Yoway qui, avec son front peu développé, ses pommettes saillantes, ses orbites carrés, ses yeux petits et enfoncés, exprime de la façon la plus vraie la douceur, la naïve simplicité, la soumission de ces pauvres créatures à peau rouge, humbles servantes des guerriers ; puis une tête d'Européenne dont l'arcade sourcilière, la mâchoire, le nez, les narines presque anguleux, la lèvre mince, la bouche crispée font songer à ces femmes nerveuses, passionnées, romanesques, impérieuses, qui vivaient par le cœur, par l'imagination avant que le second empire leur eût appris à imiter la désinvolture, à avoir les goûts, les habitudes et les mœurs du demi-monde. Ces médailles intéressent, fixent le regard, et cependant elles ne rappellent en quoi que ce soit l'Antiquité ou la Renaissance. La statue de Marceau qui est sur une des places publiques de Chartres respire la jeunesse et l'héroïsme. La composition est aussi simple, aussi calme que possible. Marceau debout, bien d'aplomb, d'une main tient des papiers et de l'autre joue avec la dragonne de son sabre. Quelques critiques ont trouvé les jambes trop fortes par rapport au reste de la figure, mais à tort, semble-t-il. Les hommes de l'âge qu'avait le général républicain quand il fut tué, ont d'ordinaire les jambes relativement fortes, les reins cambrés, le ventre très-peu saillant, la poitrine légèrement en avant et relevée. C'est une règle que les Anciens, pour leurs statues de jeunes guerriers, ne manquaient pas d'observer, et M. Préault a mieux fait de les imiter en cela que dans leurs modes de conception ou leurs combinaisons de lignes. Quoi qu'il en soit à cet égard, l'allure martiale de la figure, la belle et noble expression de la tête procèdent d'une pensée, d'un sentiment tout modernes, ce qui n'empêche pas la statue de Marceau d'avoir du caractère et de la grandeur.

La race, la patrie, l'humanité, telles que les comprend aujourd'hui quiconque pense et réfléchit, éveillent des idées qui ont évidemment plus de signification et de portée, plus de valeur esthétique qu'un idéal épuisé et vieilli, fût-il classique ou catholique.

III

Les occasions de faire de la sculpture monumentale sont en général assez rares, sauf aux époques où domine une doctrine religieuse ou politique précise et définie, où fonctionne un système d'organisation sociale régulier et incontesté, et qui, par cela même, sont exceptionnellement favorables au développement des trois arts du dessin. La première moitié du dix-neuvième siècle n'a pas été de celles-là. Cependant il y avait divers monuments à achever ou à compléter, et l'on a exécuté, durant cette période, quelques travaux de sculpture monumentale, d'une certaine importance, entre autres les frontons de la Madeleine, du Palais-Bourbon et du Panthéon.

Le fronton de la Madeleine est une œuvre hybride où M. Lemaire a essayé, sans succès, de concilier le sentiment chrétien, nécessité par le sujet qu'il avait choisi, et les souvenirs de l'antique, vers lesquels l'entraînaient ses goûts, ses habitudes d'école et le style du monument qu'il avait à décorer. Celui du Palais-Bourbon est une composition des plus pauvres, dans laquelle Cortot a gauchement groupé des Mars, des Minerve, des banalités classiques de tout genre, lourdes, froides, aussi dénuées de caractère que d'élégance et qui n'ont même pas le mérite de garnir suffisamment le vaste champ de pierre qu'elles devraient animer. Il n'y a guère entre ces deux frontons que la différence du mauvais au pire, de la vaine recherche à la nullité absolue, et le fronton du Panthéon est le seul des trois qui ait une véritable valeur.

Quand David d'Angers eut terminé le fronton du Panthéon, Planche étudia, analysa celui-ci avec un soin minutieux. Il en considéra l'ensemble et les détails, examina pour ainsi dire une à une les nombreuses figures mises en scène, et loua à peu près sans réserve la disposition générale, l'agencement des lignes, l'exécution des différentes parties de la composition. Il ne blâma guère que la conception. « Sans doute, écrivit-il, il est permis de comprendre et de traduire diversement la légende inscrite au-dessous du fronton du Panthéon ; mais la diversité des commentaires et des traductions ne peut abolir le sens général de cette légende, et nous croyons que la reconnaissance de la patrie pour les grands hommes embrasse tous les moments de notre histoire et tous les ordres de mérites qui ont honoré notre pays ; car, s'il en était autrement, le Panthéon, au lieu d'être un monument national, serait un monument de circonstance, au lieu de s'adresser au peuple entier, il s'adresserait à une classe déterminée de la société française, et si beau qu'il fût, il n'aurait plus qu'une importance secondaire. Je dis que cette légende : *Aux grands hommes la patrie reconnaissante* doit embrasser tous les ordres de mérites ; car la patrie, c'est-à-dire la conscience une et continue des générations qui se succèdent sur le sol que nous habitons, est nécessairement impartiale et clairvoyante. » Partant de cette idée, dont on ne saurait nier la justesse, Planche ne pouvait approuver David qui « a cru devoir demeurer fidèle aux principes de la Révolution française. » Il prétendit avec raison que, si cette manière de concevoir le sujet avait le mérite de l'unité, elle avait certainement « moins de grandeur et de richesse. Le statuaire, ajouta-t-il, a cru qu'il devait plutôt restituer qu'agrandir la pensée qui avait changé la destination primitive de Sainte-Geneviève. Il a vu dans le fronton du Panthéon l'occasion d'exprimer une opinion politique, précisément conforme aux espérances, à la conduite de la Révolution française. Le sujet ainsi conçu se rétrécit et perd le caractère d'impartialité qu'il devait avoir ; mais si nous blâmons la conception de M. David, nous ne le condamnons pas absolument, car il a usé de son droit en choisissant dans notre histoire un moment déterminé, et le problème se réduit à savoir s'il a bien exprimé ce qu'il voulait. »

Planche n'hésita pas à se prononcer pour l'affirmative. Il loua hautement, comme il convenait, la façon ingénieuse dont David a rempli les extrémités angulaires du fronton en y plaçant les élèves des écoles savantes, les jeunes générations qui, derrière ceux que couronne la Patrie, préparent par l'étude la grandeur de l'avenir. Mais il fit remarquer qu'il y avait quelque chose de fortuit dans la réunion des hommes groupés autour de la Patrie reconnaissante, puisqu'on y trouve Fénelon dont il est impossible d'expliquer la présence au milieu de personnages appartenant tous au dix-huitième siècle ; que « l'ordre selon lequel sont disposés les portraits pourrait être changé sans inconvénient et même avec avantage » et surtout il regretta que l'artiste, voulant représenter le peuple et l'identifiant avec l'armée, n'ait placé dans la partie droite du fronton que Bonaparte seul à la tête de soldats des diverses armes. « L'œil, dit-il, après avoir reconnu les différents portraits qui occupent la partie gauche, cherche à reconnaître les guerriers en qui M. David a personnifié la gloire militaire, et cette étude inutile nuit à l'effet général de l'ouvrage [1]. »

Malgré la sévérité avec laquelle Planche a jugé le fronton du Panthéon, sévérité que, suivant lui, « l'importance du sujet et le nom du statuaire prescrivaient » les éloges dans son appréciation l'emportent de beau-

[1] *Portraits d'artistes*, II. M. David. Le fronton du Panthéon.

coup sur les critiques. L'œuvre était nouvelle; elle était encore entourée d'échafaudages. On voyait de très-près des figures beaucoup plus grandes que nature, c'est-à-dire dans des conditions où les plus compétents sont exposés à se tromper, et l'on se laissait facilement aller à admirer des détails de forme, des traits caractéristiques, des jeux de physionomie fins, ingénieux, très-intéressants en eux-mêmes, mais qui de loin, à la distance voulue, échappent forcément à l'œil le plus exercé et passent inaperçus.

Aujourd'hui qu'il n'est possible de regarder le fronton du Panthéon que du point où le spectateur doit et a toujours dû être, c'est-à-dire du sol de la place, on se rend plus exactement compte des qualités et des défauts de la composition de David. Celle-ci a un mouvement, une animation peu ordinaires en sculpture. Le sujet s'en comprend d'une façon claire et précise, sans accessoires symboliques ou hors-d'œuvre d'aucun genre. Les figures allégoriques n'y manquent certes pas de style, et la figure de la Liberté a une originalité véritable et de bon aloi. La plupart des personnages historiques y ont une individualité incontestable. Enfin le costume moderne y est interprété avec une singulière habileté. Mais il y a une sorte de discordance entre les deux parties du fronton dont les masses ne paraissent pas suffisamment en équilibre. David, avant tout portraitiste éminent, a tenu, c'est probable, à faire voir et reconnaître tous les savants, écrivains et orateurs politiques qui occupent la partie gauche. Dans ce but, difficile à atteindre à cause de l'éloignement du spectateur, il a rangé ceux qui sont debout sur deux lignes parallèles, de manière qu'on pût distinguer chacun d'eux à la tête sinon au costume et à l'allure. Or, ces deux lignes parallèles, auxquelles rien d'analogue ne répond dans la partie droite, où la disposition des figures est moins symétrique et plus vivante, où la lumière vient frapper et par conséquent colorer différemment les reliefs et les creux, troublent l'harmonie et détruisent l'unité de la composition qui, sans elles, pourrait avoir une grande et belle ordonnance.

En signalant le désaccord qui existe entre les deux parties du fronton du Panthéon, occupées, l'une par des personnages ayant tous un nom dans l'histoire, l'autre par d'obscurs soldats, et l'espèce de hasard qui semble avoir présidé à la réunion des hommes groupés autour de la Patrie, Planche a fait observer que des erreurs de ce genre se rencontrent fréquemment chez les sculpteurs contemporains. « La statuaire, a-t-il dit, trouve si rarement l'occasion de représenter de grandes scènes ou d'exprimer des idées complexes, qu'elle oublie peu à peu la science de la composition proprement dite. Livrée tout entière au soin de l'exécution, elle se trouble dès qu'il faut établir des relations logiques entre des figures nombreuses. » Une pareille explication, acceptable s'il s'agissait d'un artiste secondaire, sans parti pris ni opinion politique bien arrêtée, n'est point admissible alors qu'il est question de David. Fervent admirateur de la Révolution, il aurait dû savoir quels sont ses grands et véritables représentants, il aurait dû tout au moins savoir qui a été son ennemi le plus acharné, le plus perfide et le plus dangereux, et à cet égard il s'est mépris étrangement. Qu'il ait préféré la Fayette, Mirabeau, Malesherbes, Jacques-Louis David, Carnot à Danton, à Camille Desmoulins, à Condorcet, à Rolland, à Vergniaud, les constitutionnels et les jacobins aux girondins et aux cordeliers, il n'y a pas lieu de beaucoup s'en étonner. Quoique le Gouvernement de Juillet lui eût demandé un programme et lui eût laissé toute liberté, il a pu craindre que celui-ci ne fût repoussé s'il avait une signification politique trop nette et trop accentuée. Mais qu'il ait personnifié la gloire militaire et le peuple de la Révolution en Bonaparte et son armée; car les soldats qui suivent Bonaparte sont bien son armée à lui, puisque, parmi eux, on aperçoit un marin de la garde, corps de création essentiellement impériale, c'est ce que rien ne saurait excuser. L'armée de la Révolution, c'était le peuple combattant pour son indépendance et la défense de la patrie; celle de Bonaparte une réunion d'hommes à peu près séparés de la nation, indifférents ou plutôt hostiles à toute idée de liberté, de progrès ou de justice, et ne connaissant d'autre loi que la volonté de leur chef. Dès qu'on compare et réfléchit, il est difficile de les confondre.

Le regain de popularité qu'a eu Bonaparte dans certaines classes de la société après la chute de la Restauration et pendant presque toute la durée du Gouvernement de Juillet ne justifie nullement David. Plus cet absurde et monstrueux engouement était général, plus il était nécessaire de lutter contre lui. « Quoique toute appréciation personnelle doive rester essentiellement étrangère à la nature et à la destination de notre analyse historique, écrivait Auguste Comte, peu de temps après l'achèvement du fronton du Panthéon, chaque philosophe doit, à mon gré, regarder maintenant comme un irrécusable devoir de signaler convenablement à la raison publique la dangereuse aberration qui, sous la mensongère exposition d'une presse aussi coupable qu'égarée, pousse aujourd'hui l'ensemble de l'école révolutionnaire à s'efforcer, par un funeste aveuglement, de réhabiliter la mémoire, d'abord si justement abhorrée, de celui qui organisa de la manière la plus désastreuse, la plus intense rétrogadation politique dont l'humanité dut jamais gémir. » L'artiste, en un sens, a les mêmes obligations que le philosophe. Il ne suffit pas qu'il possède une habileté pratique consommée, une connaissance approfondie des conditions et des ressources de son art. Il faut, de plus, qu'il ait des vues justes et précises sur le véritable caractère des personnages qu'il met en scène et sur le rôle qu'ils ont joué dans l'histoire. Sans cela, il court risque d'exprimer des idées fausses et de ne pas donner à son œuvre toute la signification, toute la portée morale qu'elle doit avoir. C'est ce qui est arrivé à David. Un artiste capable de s'élever jusqu'à une saine et forte conception historique, Eugène Delacroix, par exemple, aurait probablement fait figurer dans sa composition, comme l'a dit Planche, des personnages appartenant à toutes les époques de notre histoire, et représentant tous les ordres de mérites. Mais, s'il se fût limité au dix-huitième siècle et à la Révolution, il aurait cherché une personnification de la gloire militaire de ce temps « parmi tant d'illustres généraux que la défense révolutionnaire avait suscités, » et, n'eût-il été ni républicain, ni démocrate, son choix ne se serait certes pas arrêté sur « un homme presque étranger à la France, issu d'une civilisation arriérée, et spécialement animé, sous la secrète impulsion d'une nature superstitieuse, d'une admiration involontaire pour l'ancienne hiérarchie sociale[1]. »

La quasi-légitimité se fût peut-être opposée à l'introduction de Hoche, de Marceau, ou de tout autre général républicain dans le fronton du Panthéon. Elle ne fit évidemment nulle difficulté à propos de celle de Bonaparte. Elle semblait prendre à tâche d'entretenir et de flatter l'aveugle enthousiasme de la foule pour la légende napoléonienne.

[1] *Cours de philosophie positive*, VI, 315.

Un de ses premiers soins fut de hâter les travaux de l'Arc-de-Triomphe, qui, commencé sous l'Empire, fut enfin terminé en 18[illegible]. Cela lui valut peut-être un surcroît de sympathie dans la masse de la population; mais assurément cela ne servit en rien au progrès de l'art. Les sculptures de ce monument mal conçu, de proportions défectueuses, colossal mais sans grandeur, sont pour la plupart au-dessous du médiocre. Planche fut à peu près le seul critique qui en parla lorsqu'elles furent découvertes. Il reconnut que le *Départ* de Rude était « une composition sage et bien ordonnée, » où il y avait « de l'énergie et de l'élan dans le mouvement des figures; » mais il protesta contre le génie de la guerre poussant le cri d'alarme et dans lequel il lui était impossible de « voir autre chose qu'une femme des halles que la colère suffoque, et dont les cris inarticulés ne sauraient encourager personne. » Il refusa de prendre au sérieux le *Triomphe* de Cortot, dont le Napoléon, « type inachevé d'indolence et de niaiserie, » la Renommée et l'Histoire « d'une banalité désespérante, » les villes vaincues et agenouillées, dignes « des grilles d'une barrière, » lui paraissaient le comble de l'insignifiance et du ridicule. Il prétendit que le sens des deux compositions de la *Résistance* et de la *Paix* était plus que difficile à pénétrer, et que leur auteur, M. Étex, en poursuivant la grandeur et le style, n'avait rencontré que l'emphase et la raideur. Il signala quelques qualités estimables dans un ou deux des bas-reliefs historiques des faces principales et des faces latérales qui « semblent accrochées aux parois de l'édifice et n'ont pas l'air d'en faire partie, » passa en revue les bas-reliefs des tympans et des voûtes, et conclut en disant : « Il est fâcheux que ces bas-reliefs appartiennent à un monument national ; mais, nationaux ou non, ces bas-reliefs sont la honte de la sculpture, et, pour échapper à la colère, il faut rire à gorge déployée ; c'est le seul moyen de ne pas maudire les hommes qui gaspillent la pierre[1]. »

Quelque sévères et même brutales que soient ces appréciations de Planche, elles n'ont rien d'excessif. Elles sont parfaitement justes et fondées, sauf en ce qui concerne le *Départ* de Rude. Le Génie poussant le cri d'alarme ne relève pas de l'idéal antique, c'est évident ; mais il n'est ni vulgaire ni ignoble comme l'a affirmé Planche. Il explique, il caractérise la composition, il est en complète harmonie avec l'ensemble du groupe qui, de l'avis de tous, est un des plus remarquables morceaux de sculpture exécutés depuis un demi-siècle, et qui a un aspect vraiment monumental.

L'Arc-de-Triomphe n'avait pas de couronnement. Rien n'avait été décidé d'avance à cet égard. M. Barye, à qui l'on avait demandé un projet, présenta une esquisse qui, ainsi que l'a dit Planche, remplis-

[1] *Portraits d'artistes*. Arc de triomphe de l'Étoile. 1856.

sait toutes les conditions du programme : « l'aigle impériale, ailes déployées, étreignait de ses serres puissantes les blasons animés des nations vaincues, représentées aux quatre coins de l'acrotère par des fleuves enchaînés. » On hésita quelque temps, puis on abandonna définitivement ce projet de peur d'éveiller les susceptibilités des gouvernements étrangers. Le parti auquel on s'arrêta est doublement regrettable. L'esprit de conquête est en contradiction avec les principes de justice les plus incontestables, avec les tendances les plus respectables de la civilisation moderne ; mais, on l'a fait observer, le monument lui-même n'est que la glorification de l'esprit de conquête et, puisqu'on avait eu le tort de le continuer, il valait mieux aller jusqu'au bout et le compléter. M. Barye était alors dans la vigueur de l'âge et du talent, et son œuvre, telle qu'elle était conçue, aurait fait au moins un magnifique couronnement à l'Arc-de-Triomphe qui, en l'état où il est, ne se recommande ni par la richesse ni par la beauté. Il avait, en outre, là une excellente occasion d'exécuter d'importants travaux de sculpture monumentale que souvent déjà ses admirateurs avaient réclamés pour lui, et qu'il n'obtint que plusieurs années après dans des conditions bien différentes.

Les quatre groupes de M. Barye qui surmontent les colonnes de deux des pavillons du nouveau Louvre sont composés d'un homme, d'un enfant et d'un animal. Ils ont, on peut le supposer, des qualités égales à celles qu'on rencontre habituellement dans les ouvrages de l'auteur du *Combat d'un Centaure et d'un Lapithe*. Tous ceux qui les ont vus de près en ont parlé avec admiration. Malheureusement d'en bas, c'est-à-dire du seul endroit d'où l'on puisse aujourd'hui les regarder, on les voit à peine. De plus les membres d'architecture, les détails d'ornementation devant lesquels ils se trouvent les coupent d'une manière disgracieuse et en rendent les lignes incohérentes.

Des artistes d'un talent supérieur, incontestable et incontesté, ont trop souvent oublié de notre temps qu'il ne faut pas concevoir et exécuter un morceau de sculpture destiné à être vu en plein air, à une grande hauteur, comme si celui-ci devait être placé dans un musée ou dans une niche, à peu de distance de l'œil du spectateur. La sculpture monumentale a des exigences qui lui sont propres. L'exagération de certaines parties, le sacrifice de certaines autres parties y sont aussi nécessaires et même plus nécessaires que dans n'importe quelle branche de l'art. Seulement ces exagérations et ces sacrifices doivent y être entendus de façon à concourir non pas tant à la beauté de telle ou telle forme qu'à celle de l'effet général. C'est vraisemblablement ainsi que M. Préault a procédé dans ses travaux de sculpture monumentale, et il a eu lieu de s'en féliciter. Ses trophées, *la Paix*, *la Guerre*, sont au point le plus élevé du vieux Louvre, du côté du Carrousel, et, malgré l'éloignement, on distingue très-bien les divers éléments de la composition. Les deux figures, vigoureusement construites, mais sans recherche de détails, se détachent dans une juste mesure des accessoires et attributs accumulés près d'elles et derrière elles. Mais ce qui fait le principal mérite de *la Paix* et de *la Guerre*, ce qui évidemment a été la constante préoccupation de l'artiste, c'est la silhouette de l'ensemble qui s'enlève sur le ciel avec beaucoup de grandeur et de caractère, et met ces beaux trophées au premier rang des sculptures de la place du Carrousel.

Les sculpteurs qui se sont éloignés des voies suivies par l'école traditionnelle l'ont fait, en général, moins franchement que les peintres, et il s'en faut qu'ils aient été aussi nombreux que ceux-ci. Leurs tentatives, souvent heureuses, presque toujours intéressantes, n'ont pas eu sur la majorité de leurs confrères toute l'influence qu'elles auraient dû avoir. La plupart des sculpteurs sont restés fidèles aux théories et aux pratiques du classicisme. Ils persévèrent à croire que les sujets mythologiques et antiques sont les seuls qui conviennent réellement à leur art, et c'est en quelque sorte à contre-cœur qu'ils en traitent d'autres. Ils y sont souvent obligés par les commandes officielles, ils sentent que c'est le meilleur, peut-être le seul moyen d'attirer les regards du public, et ils s'y résignent. Mais habitués, pour ainsi dire à leur insu, à subordonner la pensée à la forme, convaincus que cette dernière, telle qu'ils ont appris à la comprendre, est propre à exprimer tous les ordres de sentiments et d'idées, ils appliquent à l'interprétation des données que leur impose la force des choses des procédés et des méthodes peu en rapport avec elles. Ils se figurent sans doute que, de cette façon, ils servent les intérêts élevés de l'art, sauvegardent ce qu'ils appellent les saines doctrines, et font à l'esprit de progrès toutes les concessions qu'on est en droit de leur demander; mais leurs persévérants et consciencieux efforts pour accorder des inventions d'un certain genre et d'un certain caractère avec un mode d'exécution qui y répugne n'ont guère abouti jusqu'à présent qu'à des résultats à peu près négatifs. Leur conception absolue de la beauté plastique les a empêchés de se créer un style d'une originalité vraiment moderne : ils ont été tant de fois dans la nécessité de traiter des sujets contemporains ou appartenant aux derniers siècles, qu'ils ont fini par perdre en partie le sentiment, l'intelligence ou le goût du véritable style académique.

SIMPLE OBSERVATION

SUR L'ARCHITECTURE

Depuis près d'un demi-siècle, l'architecture s'agite et le hasard la mène. Elle s'est engouée tour à tour des styles les plus différents ou même les plus opposés. Elle a adopté, tantôt celui-ci, tantôt celui-là. Elle est allée de l'un à l'autre. Elle ne s'est arrêtée à aucun. Les principes qui semblent l'avoir dirigée sont, en apparence, très-divers, très-variés, quelquefois même très-nouveaux. En réalité ils se réduisent à deux, très-anciens, très-connus, au moins maintenant, souvent en lutte, à jamais inconciliables, et dont l'un, le plus généralement admis encore aujourd'hui parmi les architectes, s'accorde assez mal avec la marche naturelle, nécessaire, des idées et des choses.

De nombreux monuments civils et religieux ont été construits, terminés ou restaurés pendant les quarante ou cinquante dernières années. Ils ont été examinés, étudiés, discutés dans les recueils spéciaux, mais à un point de vue presque toujours purement technique. La presse proprement dite s'en est rarement occupée. La critique ne se souciait peut-être point de toucher aux questions architectoniques, dans lesquelles d'ordinaire elle n'est guère plus compétente que le public lui-même ; ou bien elle jugeait inutile de parler d'édifices, souvent mal appropriés à leur destination ou ayant des extérieurs peu en harmonie avec celle-ci, et dont tout le mérite réside en quelques détails plus ou moins ingénieusement ajustés et d'une valeur esthétique plus ou moins contestable. Pourtant elle n'est jamais restée complétement indifférente aux changements de goût, de système ou de méthode qui se sont produits en architecture. Si elle a souvent négligé d'analyser les œuvres, elle s'est, en plus d'une circonstance, inquiétée des tendances.

Après la Révolution de juillet, alors qu'une jeunesse ardente était convaincue que les événements devaient inévitablement exercer une influence décisive sur la direction politique, philosophique, artistique de la société, un journal jeta un coup d'œil sur les essais de réforme tentés en architecture avant et depuis la fin de la Restauration. Il déclara qu'ils étaient tout à fait insuffisants. Suivant lui, le mode d'architecture rapporté de la Villa Médicis par MM. Duban et Labrouste, et adopté avec enthousiasme par beaucoup de jeunes artistes leurs élèves, n'était pas plus neuf que celui dont leurs prédécesseurs avaient, sous l'empire, usé et abusé. Les architectes de la nouvelle école, disait-on, « bien qu'ils mettent en principes la stricte observance des convenances du climat, l'exigence stéréotomique des matériaux du pays et la destination du monument, » ne peuvent pas plus « y satisfaire que leurs devanciers, puisqu'ils se font imitateurs des mêmes peuples, et vont puiser dans les mêmes régions antipathiques à notre France. » On faisait observer que, si « les professeurs du *vieux style* s'en tenaient et s'en tiennent toujours à l'admiration exclusive d'une douzaine de monuments grecs ou romains, que sempiternellement ils mesurent, restaurent et appliquent bon gré mal gré à toute espèce d'édifice moderne, ceux du *jeune style* ne se montrent pas plus amoureux du temple de Vesta ou de la Fortune virile, ou de l'arc des Argentiers, que du propylée et du temple de Neptune, que de l'hémicycle ou de la basilique de Pompeï, » et que « tout leur est bon, tout leur est beau, pourvu que cela soit antique. » On constatait « qu'ils rejettent entièrement l'eurythmie classique, » et que, « prenant des erreurs ou des cas exceptionnels, qu'on peut retrouver dans les ruines italiques, pour modèles de goût et de stéréotomie, ils pratiquent assez volontiers le porte à faux et l'ex-entr'axe » On leur reprochait d'aimer outre mesure « le parallélogramme et le parallélépipède, le carré, le carré long et le cube, une simplicité qui va jusqu'à la misère, les grandes portions lisses, ornées de petits joujoux rouges ou bleus, les petites colonnes sur de gigantesques soubassements, les ornements étriqués, les palmettes, les enroulements découpés comme des cartes, » et d'avoir, eux aussi, « la manie des terrasses et des toits plats » qu'ils cherchent « à dissimuler par des acrotères ou attiques de comble. » Enfin on concluait en disant : « On voit clairement que ce ne seront pas encore ces Messieurs du nouveau style, qui feront marcher l'architecture dans la voie raisonnable, indiquée, depuis si longtemps, par le bon sens public et commun. Au lieu de plaquer si bien des *étrusques* sur du romain, d'être des apographes serviles de ces peuples trépassés, ils devraient prendre la peine de remarquer, et cela est très-facile, que la France n'est pas sous la même latitude que la Grèce et l'Étrurie, que notre ciel demande autre chose que des toits plats, des parallélogrammes, des péristyles à claire-voie où il faut des parapluies ou des ombrelles [1]. »

Les architectes ne tinrent nul compte de ces observations, si justes fussent-elles, ni des observations analogues qui suivirent celles-ci. Ils continuèrent, en très-grande majorité, à imiter les monuments de l'antiquité, ou tout au moins à ne s'inspirer que des œuvres du passé. Les uns le firent lourdement, souvent maladroitement, et s'appliquèrent avant tout à ne pas sortir des règles établies par l'école acadé-

[1] *L'Artiste*, 1833, p. 74.

mique du premier empire. Les autres y mirent plus d'habileté et de goût, mais ils ne purent presque jamais s'élever jusqu'à une conception d'ensemble ; ils se préoccupèrent à l'excès des profils, de la fermeté, de l'élégance de ceux-ci, et ils arrivèrent fréquemment à la maigreur et à la sécheresse. Ceux qui ne prirent pas leurs modèles en Grèce et à Rome en demandèrent aux arts égyptien, assyrien ou indien ; ils ne furent pas, peut-être à cause de cela, chargés de construire des édifices publics, et ils se livrèrent, dans l'élévation et la décoration de certaines maisons particulières, à des fantaisies, à des combinaisons d'une bizarrerie parfois bien étrange. Pas un ne comprit, « que les diverses formes d'art, et d'architecture en particulier, diffèrent entre elles comme les forces sociales auxquelles elles correspondent et que, par conséquent, l'avenir de l'architecture n'est autre que l'avenir de la société [1]. »

Des historiens et des poëtes avaient attiré l'attention sur les monuments du moyen âge. Quelques critiques, quelques jeunes architectes, que les théories et les œuvres des classiques gréco-romains et des classiques néo-grecs ou étrusques enthousiasmaient fort peu, se passionnèrent pour ces monuments. Ils se plaignirent hautement de l'état d'abandon et de délabrement dans lequel on laissait les vieilles cathédrales et les vieilles abbayes. M. Vitet, nommé inspecteur

[1] Gabriel Laviron. Coup d'œil sur l'architecture, son passé et son avenir, *Revue indépendante,* septembre 1847.

des monuments historiques, adressa en 1831 au ministre de l'intérieur un rapport sur les monuments, les bibliothèques, les archives et les musées du Nord-Ouest de la France. Il constatait qu'il avait cherché dans cette région, « terrain tout mérovingien, quelques constructions contemporaines des premiers siècles de la conquête, ou tout au moins antérieures à l'an 1000, » et qu'il n'en avait point rencontré ; il s'étonnait « de n'avoir pas trouvé à se dédommager sur le siècle suivant, » mais il n'essayait pas d'expliquer cette absence d'édifices du onzième siècle au Nord-Ouest de la France, d'autant plus singulière pourtant qu'« à partir de l'an 1000, le besoin de bâtir se répandit dans la chrétienté comme une fièvre ; » il signalait comme curieux et remarquable divers monuments appartenant « à l'époque de la transition du plein-cintre à l'ogive ; » il parlait avec une très-vive admiration de l'architecture du treizième siècle, en particulier de l'intérieur de la cathédrale de Reims, « modèle le plus achevé de la perfection du style à ogive, Parthénon de notre architecture nationale, » et il insistait fortement sur la nécessité de sauver plusieurs monuments qui, « menacés, soit de tomber en ruines, soit d'être démolis, et n'étant d'ailleurs dépourvus ni d'intérêt historique, ni d'une certaine beauté, doivent appeler la sollicitude de l'administration. [1] »

[1] *Étude sur les Beaux-Arts*, II, 37, 72.

Il ne s'agissait dans ce rapport que de la conservation, de la consolidation d'édifices qui, pour une cause ou pour une autre, méritaient de ne pas disparaître. Rien n'était plus simple et plus sensé. Quelques années après, à propos d'un livre relatif à l'architecture du moyen âge en Angleterre, M. Vitet comparaît la ridicule laideur et l'incohérence des édifices publics ou privés de l'Angleterre contemporaine à la majestueuse unité, à l'originalité caractéristique de « ces belles et grandes églises qui rivalisent avec les plus nobles créations de l'art chrétien en Europe ; » il considérait cette supériorité des cathédrales anglaises comme « une preuve nouvelle pour démontrer la toute-puissance de la foi, le magique ascendant, la suprématie souveraine du catholicisme pendant le moyen âge ; » il déclarait que les Anglais avaient un grand avantage sur nous, car « si leurs productions sont maladroites et désordonnées, ils possèdent à un haut degré ce qui vaut peut-être mieux, à l'âge où nous sommes, que le don de produire : le respect et l'intelligence des œuvres du passé, » au lieu que nous laissions Notre-Dame de Paris, la gloire de la Cité, exposée à toutes les détériorations, à toutes les souillures, sans même « donner un ordre pour la protéger ; » et il finissait en disant : « Chaque année, le gouvernement envoie à Rome les élèves lauréats de son école d'architecture ; pourquoi ne leur ferait-il pas aussi parcourir l'Angleterre ? Au retour de Rome tous ces jeunes gens veulent créer des monuments : or, nous ne manquons pas d'architectes producteurs ou soi-disant tels, tandis que nous avons disette d'architectes réparateurs. Si l'on veut en former, il faut élever une école et certes il n'en est pas de meilleure que l'exemple de ceux qui font bien [1]. »

En dépit des paroles de respectueuse admiration pour « la toute-puissance de la foi, » pour « le magique ascendant du catholicisme, » la question, telle qu'elle était posée, était beaucoup plus artistique que religieuse. M. de Montalembert, qui prit, lui aussi, la défense de l'art du moyen âge et s'avoua tout d'abord fort incompétent, ne l'envisagea qu'au point de vue religieux. Il reprochait vertement au clergé et aux catholiques français de s'occuper à peine de « cet art qui constitue une des gloires les plus éclatantes du catholicisme. » Il prétendait que, si l'on avait « décrit les monuments, réhabilité leur beauté, fixé leurs dates, distingué et classifié leurs genres et leurs divers caractères, » on n'avait pas encore déterminé « le profond symbolisme, les lois régulières et harmoniques, la vie spirituelle et mystérieuse de tout ce que les siècles chrétiens nous ont laissé. » Il pensait que c'était « là cependant la clef de l'énigme, » que la science serait « radicalement incomplète » tant qu'on ne l'aurait pas découverte, et il croyait le clergé « spécialement appelé à fournir cette clef. [2] »

Ce qu'espérait, ce que demandait M. de Montalem-

[1] *Études sur les Beaux-Arts*, II, 150, 175.

[2] Du vandalisme en 1838. *Revue des Deux-Mondes*, 15 nov. 1838.

bert ne se réalisa qu'à demi. Le concours du clergé fut apprécié et accepté. Les édifices religieux étant « les plus nombreux et les plus intéressants, » plusieurs ecclésiastiques entrèrent au Comité des arts qui ne tarda pas à être créé au ministère de l'instruction publique. Mais les zélateurs laïques de l'art du moyen âge, devenus membres du Comité des arts, et membres très-actifs, ne consultèrent, n'écoutèrent leurs collègues ecclésiastiques que par déférence et en quelque sorte pour la forme. Ils se souciaient assez peu « de l'idée fondamentale, du sens intime, de ce *mens divinior*, » dont M. de Montalembert déplorait l'absence dans les beaux travaux qui, jusqu'alors avaient paru en France et que, selon lui, le clergé pouvait seul ressusciter. Ils ne perdaient pas leur temps à rêver l'impossible; ils savaient qu'on ne redonne pas la vie à ce qui est à tout jamais disparu, qu'on peut tout au plus en remettre les manifestations matérielles dans leur état primitif; ils se jugeaient plus capables que personne d'expliquer, de définir celles-ci; et, en s'occupant des cathédrales du moyen âge, ils ne songeaient qu'à fonder ce qu'ils appelaient « l'archéologie française nationale. »

L'école des néo-gothiques avait un commencement d'existence officielle. Le Comité des arts, à entendre M. Didron, son secrétaire, avait déjà entrepris de nombreux et importants travaux; il les avait distribués avec une rare intelligence, il était à même de rendre des services de tout genre, seulement il lui manquait « un mode très-efficace d'action pour appliquer la science » qu'il possédait, c'était « celui d'une restauration monumentale. » M. Didron désirait qu'on lui confiât « un édifice important, mais de petite dimension, afin que la restauration fût prompte et ne demandât pas au Comité plus de temps qu'il ne pouvait y donner. » Il trouvait la Sainte-Chapelle, de Paris, « parfaitement appropriée à ce but, » et il regrettait que le ministre de l'intérieur et la ville ne voulussent pas « s'en dessaisir pour un moment au profit de la science et de l'art[1]. » Le Comité eut bientôt en partie gain de cause. La restauration de la Sainte-Chapelle fut résolue. Le gouvernement en confia la direction à M. Duban. De plus, ayant décidé qu'une nouvelle église serait construite au faubourg Saint-Germain, il se montra disposé à la faire construire dans le style du moyen âge. L'Académie des Beaux-Arts prit alors l'alarme. Tant qu'on s'était borné à des publications archéologiques, à des monographies de vieux monuments, avec dessins à l'appui, elle avait gardé le silence ; mais on commençait à passer des paroles aux actes, des théories à la pratique, elle crut urgent de donner officiellement son avis sur la question du gothique, et, après l'avoir « envisagée sous toutes ses faces, » elle chargea son secrétaire perpétuel de rédiger des *observations*, « pour servir d'avertisse-

[1] Du Comité des arts établi au ministère de l'instruction publique. *Revue de Paris*, 1838.

ment et de protestation, dans le cas possible d'une faute du pouvoir ou d'une erreur de l'opinion.

Les admirateurs de l'art des douzième et treizième siècles répondirent au manifeste académique. Il parut divers mémoires, parmi lesquels on distingua ceux de MM. Lassus et Viollet-le-Duc. Puis Gabriel Laviron résuma la discussion. Il examina les assertions contenues dans le manifeste, les raisons mises en avant contre l'application du style gothique aux constructions religieuses du dix-neuvième siècle, et n'eut pas de peine à prouver que les unes n'avaient pas de valeur sérieuse, que les autres pouvaient être également alléguées contre l'emploi du style antique, si préconisé pour toutes espèces d'édifices par les membres de la quatrième classe de l'Institut. Ainsi que la plupart des artistes et critiques « naturalistes, » il avait, sur quelques points, des idées analogues à celles des néo-gothiques. Aussi, en analysant les mémoires de MM. Lassus et Viollet-le-Duc, il trouva à louer plus d'un passage où les doctrines de l'Académie étaient victorieusement combattues. Cependant il était loin de considérer comme juste la thèse soutenue dans ces mémoires, qui, tous deux, concluaient à « l'adoption pure et simple de l'architecture du moyen âge. » Il remarqua que, s'il y avait lieu de s'indigner, à l'exemple de M. Viollet-le-Duc, « de voir tant de fâcheuses copies, qui ont failli éloigner de *l'étude si nécessaire de l'antiquité,* » il serait absurde « de vouloir refaire avec le gothique ce qu'on est fatigué de voir faire avec l'antique, » de vouloir constituer un *néo-gothicisme* académique, dans les formules duquel « on serait aussi garrotté qu'on l'avait été dans les formules gréco-romaines académisées. » Il s'étonna surtout que M. Viollet-le-Duc eût pu demander que l'étude de l'antiquité devînt, « ce qu'elle aurait dû être, *l'archéologie*, et l'étude de l'architecture française au treizième siècle, *l'art*, » car, suivant lui, tout l'art du passé était du domaine de l'archéologie et ne devait être étudié qu'à titre de renseignement. « L'art contemporain, disait-il, le seul art actuellement pratique, est l'art esthétique, celui qui formule le sentiment actuel de la société et qui en est l'expression vivante. MM. Viollet-le-Duc et Lassus sont des hommes de trop de sens et de talent pour s'égarer longtemps dans une voie sans issue. Il suffit de les connaître pour avoir la certitude de les rencontrer bientôt sur le grand chemin de l'avenir[1]. »

Ce qu'annonçait Laviron avec tant d'assurance n'était guère probable, et, en effet, n'arriva pas. Les néo-gothiques, exaltés, enhardis par le succès, redoublèrent d'ardeur, sans s'inquiéter de l'architecture de l'avenir, ni même de l'architecture moderne, ou plutôt, sans admettre que celle-ci pût être autre chose que l'architecture française du treizième siècle.

[1] De l'architecture contemporaine et de la convenance de l'application du style gothique aux constructions religieuses du XIXe siècle. *Revue nouvelle*, I, octobre 1846.

Ils restauraient la Sainte-Chapelle, ils restauraient Notre-Dame, ils allaient demander et obtenir de restaurer une foule d'autres monuments dans les environs de Paris et en province, car, comme le dit un jour Haussard, qui, admirateur passionné de l'Antiquité et de la Renaissance, était très-hostile aux néo-gothiques, l'administration, les conseils municipaux, le Comité des arts, le Conseil des monuments historiques et même la Chambre des députés, se rattachaient « à cette croisade, prêchée d'abord par deux ou trois antiquaires, deux ou trois architectes, croisade qui, en résumé, n'est que contre l'antique et sa tradition, quoique lesdits architectes et antiquaires ne veuillent avoir l'air d'attaquer que Vitruve, l'antique dégénéré et les académies, quitte à être plus faux et plus tyranniques, quand ils auront vaincu leurs adversaires [1]. » Ils ne pouvaient, de longtemps, avoir le loisir de penser aux besoins réels, aux exigences légitimes du présent, et, tout entiers à la joie d'un premier triomphe, ils se consacrèrent exclusivement à leurs travaux de « résurrectionnistes. » Ceux-ci devaient durer bon nombre d'années, pendant lesquelles il s'est formé tout un personnel d'inspecteurs, de sculpteurs, d'ornemanistes, de chefs d'ateliers, connaissant à fond les procédés de construction et les modes de décoration en usage au moyen âge, d'ouvriers, appartenant aux diverses industries du bâti-

[1] De Vitruve et du gothique en 1846. *National*, 24 nov. 1846.

ment, et qui sont, le plus souvent, d'une singulière adresse de main. Si beaucoup de ces travaux sont encore en voie d'exécution, quelques-uns sont à peu près terminés, entre autres ceux de Notre-Dame, et l'on est maintenant à même de savoir à quel résultat ils peuvent aboutir.

La restauration de Notre-Dame a été dirigée avec une habileté, une science, un zèle, un soin des plus remarquables ; pourtant on est, en général, resté assez froid devant la cathédrale de Paris, rétablie dans son intégrité. On y a vu moins une œuvre d'art exprimant une idée vivante, capable d'émouvoir et d'enthousiasmer, qu'une curiosité archéologique, de nature à intéresser quelques érudits ou quelques dilettanti. Bien des gens parmi le public lettré et cultivé trouvent même que la vieille église, dans son état ancien, avait plus de grandeur et de poésie que dans son état actuel. Suivant eux, elle ressemblait autrefois à un être mutilé, qui, malgré cela, existe réellement et conserve d'admirables restes de sa vigueur et de sa beauté premières, tandis qu'aujourd'hui elle rappelle ces corps précieusement embaumés, auxquels on a essayé de redonner, par d'ingénieuses combinaisons artificielles, les apparences de la vie.

Les néo-gothiques n'ont fait, à très-peu d'exceptions près, que de la restauration. La restauration, telle qu'ils la comprennent, c'est-à-dire non l'entretien, la réparation ou la réfection d'un édifice, mais son rétablissement « dans un état complet, qui peut n'avoir jamais existé à un moment donné[1], » n'est pas sans inconvénient ni danger. Néanmoins ils ont, en architecture, définitivement conquis leur droit de cité. Ils ont montré leurs aptitudes comme constructeurs, ils ont prouvé qu'ils avaient une connaissance approfondie de l'histoire de leur art, ils suivent des règles qui, fussent-elles discutables, se déduisent les unes des autres et s'enchaînent logiquement, enfin, ils ont des principes qui leur servent de guide dans toutes les questions d'architecture, soit théoriques, soit pratiques.

Ils sont d'accord avec les classiques de tout genre sur un ou deux points. Ceux-ci reconnaissent qu'un monument doit avoir un caractère indiquant sa destination. Ceux-là déclarent que « le style ne s'obtient qu'à ces conditions, savoir : que, la matière étant donnée, la forme d'art qu'elle revêt ne soit que la conséquence harmonieuse de ses propriétés, adaptées à la destination ; que l'emploi de la matière soit proportionnel à l'objet. » Les uns disent : « Le nécessaire et l'utile sont la première condition qu'on exige des œuvres de l'architecture. C'est de l'utile que doit naître l'agréable : c'est de leur intime union que résulte l'heureuse impression que nous en recevons. L'utile, ou, si l'on veut, le besoin..... [2] » Les autres

[1] Viollet-le-Duc. *Dictionnaire raisonné de l'architecture française du XIe au XVIe siècle*. VIII, 14.

[2] Quatremère de Quincy. *Dictionnaire historique d'architecture*. I, 51.

affirment que, « pour l'architecte, l'art c'est l'expression sensible, l'apparence pour tous d'un besoin satisfait[1]. » Mais sur tout le reste, principalement sur ce qui concerne l'esthétique proprement dite, ils ont des opinions très-différentes.

Deux doctrines, en somme, ou, si on l'aime mieux, deux conceptions de l'architecture, complétement opposées, sont en présence. Que, parmi les artistes qui se conforment aux prescriptions de l'une ou de l'autre, il y en ait d'un réel talent, ce n'est pas douteux. Que tous, dans l'une et l'autre école, aient fait preuve d'une certaine science et d'un certain mérite, c'est possible, mais cela importe peu. Des écrivains d'une compétence incontestée ont exposé les principes générateurs de chacune de ces doctrines, ainsi que les conséquences qui en découlent, et il suffit d'analyser sommairement quelques-uns des principaux passages de leurs ouvrages pour se rendre compte de la valeur relative de toutes deux, pour savoir quelle est celle qui est le moins en contradiction avec les idées modernes, avec l'esprit et les tendances du temps actuel.

Un des érudits les plus estimés des classiques, Quatremère de Quincy, qui, s'il a été dépassé sur beaucoup de détails, demeure une autorité, dans le monde académique, quant au fond des choses, s'est efforcé de déterminer les origines, la nature essentielle, la fin ou le but de l'architecture. Loin de

[1] Viollet-le-Duc. *Entretiens sur l'architecture.* I, 24.

nier que la nécessité d'avoir des abris a donné naissance aux premières constructions, il essaie de prouver que ces constructions ne pouvaient être qu'en bois, et il décrit la cabane grecque, formée d'assemblages « qui devinrent le prototype des combinaisons de l'architecture perfectionnée. » Mais il ne considère comme appartenant véritablement aux arts libéraux que cette partie de l'architecture, « qui repose sur toute autre chose que le besoin physique, c'est-à-dire sur les combinaisons de l'ordre, de l'intelligence et du plaisir moral. » L'architecture tire de la nature et des arts, qui en sont l'imitation sensible, des analogies imitatives, mais elle n'imite aucune réalité ; sa forme n'est autre chose, pour l'esprit, qu'une combinaison de rapports, de proportions et de raisons, qui plaisent d'autant plus qu'ils sont plus simplement exprimés. Elle fait « servir les plans, les élévations, les matériaux, leur disposition, les formes et leurs combinaisons, leurs rapports, leurs proportions, leurs ornements, et l'accord des parties avec le tout, soit aux plaisirs des yeux, soit à celui que produit sur l'âme tout ensemble qui devient une imitation des harmonies de la nature, dans le monde, soit intellectuel, soit matériel. D'où il résulte, ajoute Quatremère de Quincy, que l'architecture pourrait se définir : *un art mixte, enfant du besoin et du plaisir, qui doit nous servir et nous plaire par l'union des formes les plus convenables aux besoins de l'homme et des rapports les mieux assortis aux plaisirs de l'âme et de l'intelligence.* »

Les Grecs sont les seuls qui aient conçu et pratiqué l'art de l'architecture « dans le sens plus ou moins relevé qu'on vient de définir. » La cabane primitive leur avait fourni l'exemple d'un ensemble composé de trois parties : la colonne, l'entablement et le fronton. Ils se convainquirent que cette division ternaire était dictée par « la nature même qui l'a consacrée dans ses ouvrages, » et ils subdivisèrent encore en trois chacune de ces trois parties, parce que cette division est la seule capable de « donner le plus grand nombre de rapports que l'œil puisse bien saisir tout à la fois et observer avec attention, sans trop de fatigue. » En sculpture et en peinture, ils avaient « une mesure déterminée de rapports, une échelle de proportions, » qui était la tête ou le pied de l'homme et servait de modèle ; en architecture, ils créèrent un semblable régulateur, « qui, par exemple, dans le dorique, fut le triglyphe de la frise, dans les autres ordres, le diamètre de la colonne. » Or, comme c'est « à son système de proportions que l'architecture antique a dû la supériorité qu'elle a obtenue, et qu'elle conserve, sur toute autre espèce d'architecture, l'étude et l'imitation de l'antique en architecture passent et doivent passer, avec raison, pour une sorte d'équivalent (relativement à cet art) de ce que sont l'étude et l'imitation de la nature physique à l'égard des autres arts du dessin[1]. »

[1] *Dictionnaire historique d'architecture.* I, 49.

L'architecture grecque, selon Quatremère de Quincy, est tellement le type idéal dont il s'agit, avant tout, de poursuivre la réalisation, tellement la complète manifestation du beau absolu en architecture, qu'il ne faut supprimer ni modifier aucun de ses membres, que même, tout en admettant « les tempéraments que le goût sollicite, » on ne saurait, sans de graves inconvénients, adopter des combinaisons ou dispositions de lignes générales autres que les siennes. Le docte académicien pense, en effet, que « la méthode d'établir des arcades sur les colonnes pour suppléer les plates-bandes des architraves » fut une chose des plus funestes à l'architecture, car elle fit « oublier de plus en plus les divisions originaires de son système constitutif, et, d'abus en abus, on en vint à une confusion d'où devait naître une manière de bâtir et d'orner les bâtiments qu'on appelle improprement, si l'on veut, le *goût gothique*. » Il voit là « un interrègne dans l'art de l'architecture, » lequel dura plusieurs siècles, c'est-à-dire jusqu'à l'époque où Brunelleschi, parcourant les ruines des monuments de l'Antiquité, « reconnut et distingua les ordres grecs, et, après avoir retrouvé les lois et les principes de l'art, en fit à de nouveaux ouvrages de justes et véritables applications[1]. »

Le plus éminent des néo-gothiques, M. Viollet-le-Duc, ne s'est pas contenté de défendre avec infini-

[1] *Dictionnaire historique d'architecture.* I, 101.

ment de science et d'habileté l'art du moyen âge contre les attaques dont il a été et dont il est encore l'objet, de montrer combien les superbes dédains du parti académique sont peu fondés ; il a exposé ses vues propres, celles de l'école à laquelle il appartient, sur l'architecture prise en elle-même, sur l'architecture aux diverses époques de son histoire. Pour lui, l'art est « la forme donnée à une pensée, et l'artiste, celui qui, créant cette forme, parvient à faire pénétrer par elle cette même pensée chez ses semblables. » L'architecture, plus peut-être que tout autre art, doit être « en harmonie avec les mœurs, les institutions et le génie des peuples. » Les mœurs, les institutions et le génie des peuples diffèrent selon les races, les temps, les climats : « donc il n'y a aucune raison de soutenir qu'une forme de l'art soit l'art, et qu'en dehors de cette forme il n'y ait que barbarie. »

Ne touchant qu'incidemment à la question d'origine et expliquant très-succinctement pourquoi il doute fort que les édifices en pierre ou en marbre n'aient été, « comme structure, qu'une tradition d'une construction en bois, » M. Viollet-le-Duc décrit avec soin les diverses parties du temple grec. Il fait ressortir la logique rigoureuse, le tact extrême, le goût exquis de ceux qui l'ont élevé, de ces admirables artistes qui montrent « toujours cet esprit fin, délicat, qui sait tirer parti de toute difficulté, de tout obstacle, au profit de l'art, jusque dans les moindres détails. » Mais, s'il considère l'étude de leurs œuvres comme indispensable à l'architecte, il est loin d'en conseiller l'imitation. Il passe ensuite en revue les modifications successives qu'a subies l'architecture à Rome, à Byzance, dans l'Europe occidentale du moyen âge, il en détermine le caractère et il indique les causes qui les ont amenées.

Les Romains n'étaient pas un peuple artiste comme l'étaient les Grecs, chez lesquels « la forme extérieure de l'architecture n'était que le résultat d'une construction raisonnée, de l'observation particulière des effets produits par la lumière et les ombres, et du sentiment des proportions. » Ils se préoccupaient d'abord de satisfaire à des besoins sociaux. Il leur fallait, principalement sous les empereurs, de vastes espaces couverts, des lieux de réunions pouvant contenir des foules nombreuses, des thermes, des palais, des villas, des théâtres, des cirques, des amphithéâtres, et ils ne pouvaient guère se procurer facilement, et sans grands frais, que des matériaux de petite dimension. Ils inventèrent deux sortes de voûtes, « la voûte hémisphérique et la voûte en berceau semi-cylindrique; faisant pénétrer deux berceaux à angle droit, ils avaient trouvé la voûte d'arête. » Ils construisirent ces voûtes en brique, blocage et béton, bandèrent leurs berceaux sur de robustes piles, et obtinrent ainsi des monuments d'une structure aussi simple que savante, et d'une solidité presque indestructible. Puis, comme ils étaient fastueux, qu'ils voulaient frapper les imaginations, qu'ils voyaient dans les splendeurs de l'art un puissant moyen de gouvernement, sur ces constructions utiles, nécessaires, mais dépourvues d'ornements, ils firent appliquer de riches décorations par des artistes grecs, devenus depuis la conquête de la Grèce leurs dociles et complaisants serviteurs. Ils adoptèrent les ordres grecs dont ils se servirent « sans se soucier de leur destination réelle. » Souvent, par exemple, ils employèrent à l'intérieur des édifices la colonne comme une pile rigide, « sorte d'étai vertical posé d'aplomb sous les naissances des voûtes et destiné à faire un point d'appui compressible et léger en apparence. » Mais ils ne prirent pas seulement la colonne, ils la surmontèrent « de son entablement complet, c'est-à-dire de son architrave, de sa frise et de sa corniche. Or, s'il est raisonnable de poser un entablement sur une colonne portant une construction horizontale, il ne l'est guère de lui laisser ce membre lorsqu'elle sert d'étai vertical à une retombée de voûte, car alors on peut se demander à quoi sert cet entablement, et ce que signifie une corniche, c'est-à-dire un abri, sur une colonne placée dans un intérieur. »

Le siége de l'empire ayant été établi en Orient, les Romains importèrent à Byzance la voûte ou tout au moins leur système de construction : « quant à leur architecture (à laquelle du reste ils attachaient peu d'importance), ils laissèrent les Grecs l'arranger à leur guise. » Ceux-ci, qui jusqu'alors n'avaient été que des ouvriers obéissants, « abandonnèrent les ordres romains composés de colonnes avec leur entablement complet, et n'employèrent plus la colonne que comme un point d'appui rigide pour porter, non plus des plates-bandes, mais des arcs; bientôt ils n'admirent plus le chapiteau corinthien ou composite, qui ne présentait pas une assiette supérieure assez large pour recevoir les sommiers de ces arcs, et qui semblait grêle et trop refouillé sous des masses de constructions dont on les chargeait; ils évasèrent donc le chapiteau, élargirent son tailloir, et ne couvrirent ses faces vues que de fines sculptures peu saillantes, qui ne pouvaient en altérer la solidité. Cherchant les effets surprenants, les tours de force en architecture, ils voulurent poser la voûte hémisphérique romaine sur quatre points d'appui au moyen de pendentifs, et tentèrent, comme dans la construction de Sainte-Sophie, de donner à ces coupoles, ainsi suspendues sur quatre piles seulement, des dimensions jusqu'alors inconnues[1]. » Ils étaient revenus à un principe rationnel, et ils avaient préparé les voies aux architectes romans et aux architectes des écoles laïques des douzième et treizième siècles.

La coutume de poser des arcades sur des colonnes en supprimant les plates-bandes des architraves, que Quatremère de Quincy considérait comme ayant été

[1] *Entretiens sur l'Architecture.* I.

des plus funestes, comme ayant amené « un interrègne de plusieurs siècles dans l'art de l'architecture, » n'est donc, selon M. Viollet-le-Duc, qu'un retour au bon sens grec. La divergence de leurs opinions n'est pas moindre sur toutes les questions architectoniques et architecturales de quelque importance, car ils ont l'un et l'autre un principe plus ou moins défini auquel ils soumettent leurs appréciations et leurs jugements. Mais il serait parfaitement superflu de pousser plus loin le parallèle entre leurs idées en matière d'art et d'esthétique.

Quatremère de Quincy a tout d'abord une conception purement subjective de l'architecture. Il songe à l'idéal. Il cherche quelle a été sa première manifestation sur la terre. Il croit que c'est la cabane en bois, laquelle a offert aux Grecs l'exemple d'un ensemble composé de trois parties, la colonne, l'entablement et le fronton. Vitruve pour lequel il professe respect et admiration, Vitruve dont il invoque volontiers le témoignage, s'est occupé de la cabane primitive en bois, et il n'a rien dit qui puisse faire attribuer à celle-ci des colonnes, un entablement et un fronton. Dans un passage cité par M. Viollet-le-Duc[1], il parle au contraire, pour les toits de ces bâtiments en bois, d'arbres de plus en plus courts posés successivement en gradins, sur chaque face, de manière à arriver au centre en pyramide, puis recouverts de

[1] *Entretiens sur l'architecture*. I, 35.

feuilles et d'argile, et il ajoute : « A Athènes, on montre encore comme une chose curieuse, à cause de son antiquité, les toits de l'Aréopage faits de terre grasse; et dans le Capitole la cabane de Romulus, couverte de chaume, peut faire comprendre cette manière primitive de bâtir. » Quatremère de Quincy ne s'en inquiète nullement. Il lui faut un type. Après l'avoir conçu sous forme embryonnaire dans la cabane primitive en bois, il le trouve à l'état complet et resplendissant de beauté dans le temple grec, où il découvre les divisions ternaires qui déjà lui ont apparu, plus le module qu'il croit invariable, et qui lui semble le mètre sacré. Il n'examine pas, il ne cherche pas à définir, il décrit, il admire, et il refuse de reconnaître une valeur d'art quelconque aux œuvres des architectures qui vinrent après celle de la Grèce, si elles ne rappellent pas, par leurs principales dispositions, l'objet de son admiration et de son culte. Le temple grec, tel est à ses yeux le seul idéal, l'idéal en quelque sorte divin et révélé, l'idéal absolu dont, à n'importe quelle époque, sous n'importe quel climat, un architecte digne de ce nom doit avant tout se proposer la réalisation, et en dehors duquel il ne saurait y avoir qu'erreur et barbarie. Sa doctrine esthétique, en un sens toute métaphysique, est un véritable anachronisme dans un temps comme le nôtre, où la science, la philosophie démontrent chaque jour que la métaphysique est un exercice intellectuel ne pouvant enfanter que des déceptions, que la notion d'absolu est complétement dénuée de consistance. Pourtant les architectes de l'école classique, c'est-à-dire la très-grande majorité des architectes, les classiques purs, les néo-grecs ou étrusques, les éclectiques qui se qualifient de militants, sans doute à cause de la témérité avec laquelle ils associent les éléments les plus hétérogènes dans les édifices qu'ils construisent, n'en ont au fond point d'autre. Ils essayent bien parfois d'accommoder leurs plans aux exigences des services, à la destination des bâtiments; mais leur plus grand souci est toujours, quels que soient ces plans, de combiner des façades dans le goût grec, romain, ou même gréco-romain, car les militants n'ont aucune répugnance pour le mélange des styles.

La doctrine des néo-gothiques, ou du moins de celui qui, parmi eux, a l'esprit le plus net, le plus précis, le plus ouvert, relève, elle, uniquement de l'observation et de l'expérience. M. Viollet-le-Duc, en effet n'a recours à l'hypothèse pas même quand il se demande comment, au début, l'architecte grec a dû procéder, puisqu'il ne s'appuie que sur des données fournies par les temples grecs dont les restes sont parvenus jusqu'à nous. Il explique; il n'imagine pas. Il prend les faits tels qu'ils s'offrent à nous. Il les groupe suivant leur ordre chronologique. Il les étudie en eux-mêmes et dans leur filiation. Quoique, bien entendu, il parle avec admiration des arts du moyen âge, il est loin d'en recommander l'imitation ni « l'étude exclusive ; » mais il considère « comme étroit et insuffisant l'enseignement qui se borne à l'antiquité païenne, comme illogique l'enseignement qui prétend passer sous silence certaines phases de l'histoire des arts, et qui voudrait nous faire sauter du siècle de César au siècle de François Ier, de Jules II, de Léon X et d'Henri II. » Il constate l'existence de principes fondamentaux qu'on n'abandonne point impunément, et il en suit l'application à travers les siècles. C'est parce qu'elle ne s'en était jamais complétement éloignée que l'architecture est restée plus ou moins florissante jusqu'au commencement du dix-septième siècle. A partir du règne de Louis XIV, qui coïncide avec la fondation des académies, on leur a substitué des règles arbitraires qui l'ont détournée de sa véritable voie, et depuis cette époque elle n'a fait que déchoir. On a dès lors sacrifié les principes à des formes convenues ; sous prétexte de poursuivre la réalisation de la beauté, principal objet, a-t-on dit, de l'art architectural, on s'est aveuglément conformé à des prescriptions esthétiques aussi vaines que mal comprises, et, aujourd'hui, on en est venu à dédaigner à ce point la vérité, la sincérité, l'unité dans l'expression des besoins, qu'on voit « élever dans la même ville, au même moment, une église gothique, une seconde inspirée du goût de la Renaissance, une troisième en style pseudo-byzantin ; faire qu'une façade de mairie *simule* la façade d'une église élevée en pendant, qu'un petit théâtre à côté d'un grand paraisse un fragment de celui-ci, qu'un tribunal soit couronné d'une coupole comme une mosquée. » On semble, en un mot, ne pas mieux se rendre compte des moyens à employer que du but à atteindre. Aussi M. Viollet-le-Duc croit-il devoir terminer le chapitre où il parle spécialement de l'architecture au dix-neuvième siècle « en rappelant les conditions qui peuvent former l'architecte : la méthode[1] dans l'étude des arts du passé en soumettant toujours cette étude au creuset de la raison; l'observation de certaines lois quand on vient à la synthèse, à la composition, lois qui sont les unes purement mathématiques, les autres se rattachant à l'art abstrait. Les premières sont corollaires de la statique et se rapportent particulièrement à la construction; les dernières touchent aux proportions, à l'observation des effets, à la décoration, aux convenances déduites des programmes, de l'objet, des moyens dont on dispose[2]. »

[1] Par méthode M. Viollet-le-Duc entend ici la mise en pratique des quatre préceptes de Descartes : « Ne recevoir jamais aucune chose pour vraie qu'on ne la connaisse évidemment être telle, c'est-à-dire éviter soigneusement la précipitation et la prévention, et ne comprendre rien de plus en ses jugements que ce qui se présente si clairement et si distinctement à son esprit qu'on n'ait aucune occasion de le mettre en doute; diviser chacune des difficultés qu'on examine en autant de parcelles qu'il se peut, et qu'il est requis pour les mieux résoudre; conduire par ordre ses pensées, en commençant par les objets les plus simples et les plus aisés à connaître, pour monter peu à peu comme par degrés jusques à la connaissance des plus composés, et supposant même de l'ordre entre ceux qui ne se précèdent point naturellement les uns les autres; faire partout des dénombrements si entiers et des revues si générales qu'on soit assuré de ne rien omettre. »

[2] *Entretiens sur l'architecture.* I, 486, 488.

Cette manière de concevoir l'architecture est évidemment très-supérieure à celle de l'école classique. La doctrine esthétique de M. Viollet-le-Duc n'est pas en contradiction avec les tendances de l'esprit moderne, et ce n'est pas un médiocre mérite. Mais, limitée à un ordre d'idées qui, si vaste qu'il paraisse, est encore trop peu étendu, elle n'est pas complète. Elle ne résout pas toutes les questions qui peuvent intéresser, qui intéressent nécessairement l'art contemporain. A peu près irréprochable au point de vue professionnel, technique, exclusivement artistique, elle en laisse à l'écart, ou peu s'en faut, quelques-unes qui, pourtant, sont à tous égards d'une importance capitale.

Très-expert et très-dépourvu de préjugés en matière d'architectonique et d'architecture, M. Viollet-le-Duc semble hésiter, dès qu'il s'agit de choses générales, philosophiques, sociales, politiques, ou du moins, il garde une réserve extrême. Si, comme il le dit avec raison, l'histoire prouve qu'à toutes les époques il y a eu relation intime entre les mœurs, les habitudes, les lois, la religion des peuples et les arts, pour savoir ce que l'art en France peut être, ce qu'il sera, dans quelle voie il s'engagera sous peine de végéter misérablement ou de tomber en pleine décadence, il est indispensable de chercher à se rendre compte du caractère distinctif, essentiel, inéluctable des mœurs de la société française actuelle, de ses habitudes, de sa religion ou des notions qui lui en tiennent lieu. Et il n'a même pas tenté de le faire. Bien qu'il reconnaisse que nous possédons « des moyens innombrables d'exécution, des ressources industrielles puissantes ; » bien qu'il signale « un certain travail patient, une étude analytique consciencieuse des œuvres laissées par nos devanciers, les bases d'une doctrine fondée sur les principes les plus rigoureux, non plus sur la tradition, » il doute qu'il puisse naître aujourd'hui « un art original, neuf, parfaitement approprié à notre civilisation. » Il remarque que « l'architecture n'a jeté un vif éclat dans l'histoire ancienne et moderne qu'à la suite de certaines secousses sociales dans lesquelles les questions de mélange ou d'antagonisme de races jouaient un rôle important, mélange ou antagonisme qui influent d'ailleurs puissamment sur les travaux de l'intelligence, » et il ne voit pas « que nous nous trouvions dans ces conditions favorables[1]. » Aussi l'on croirait volontiers qu'absorbé par ses savantes et profondes études sur le moyen âge, il a oublié le dix-huitième siècle et sa grande crise révolutionnaire qui, pour n'avoir pas immédiatement exercé une influence salutaire sur l'architecture, n'en a pas moins apporté quelques sérieuses modifications dans la direction des choses humaines et dans l'équilibre des sociétés. Sans cela, il se serait probablement aperçu qu'il existe des éléments de transformation et de progrès,

[1] *Entretiens sur l'architecture.* I, 346.

et, substituant le mot *classes* au mot *races*, il aurait peut-être pensé qu'il n'y a pas lieu de trop désespérer.

L'architecture, l'art social par excellence, ne saurait être florissante et progresser que si elle satisfait à de véritables besoins sociaux, que si elle s'inspire des idées dominantes de la société au milieu de laquelle elle est pratiquée. Religieuse et militaire au temps de la puissance catholico-féodale, elle devrait être aujourd'hui, ainsi que le déclarait Laviron[1] il y a plus de vingt-cinq ans, industrielle et démocratique, car la société actuelle est irrésistiblement entraînée vers l'industrie et la démocratie; industrielle, c'est-à-dire construire des usines, des manufactures, des habitations ouvrières, saines, commodes et élégantes; démocratique, c'est-à-dire élever des édifices destinés à des réunions nombreuses, à des conférences publiques sur les droits et les devoirs civiques, aux discussions des divers groupes de travailleurs, sur l'organisation et les intérêts de leurs corporations, aux délibérations des assemblées nationales, provinciales et communales. Malheureusement la plupart des architectes, imbus d'absurdes préjugés d'école, dédaignent les usines, les manufactures et les habitations ouvrières, qu'ils regardent comme de vulgaires bâtisses impropres au développement de quoi que ce soit d'artistique, et les chefs d'industrie, se

[1] De l'avenir de l'architecture. *Revue indépendante*, septembre 1847.

méfiant à bon droit de leurs inventions presque toujours aussi coûteuses que prétentieuses, leur préfèrent les ingénieurs. Quant aux édifices de nature à faciliter le fonctionnement de la vie collective et démocratique, ils exigent des ressources financières considérables, ils ne peuvent en général être élevés sans le concours et l'autorisation des gouvernements, des grandes administrations publiques, et les gouvernements marchent le plus souvent à l'encontre des idées, des sentiments, des intérêts et des besoins de la masse de la nation. De tout cela, il ressort que, tant que les architectes jugeront au-dessous de leur dignité de mettre leur art au service des forces vives de notre époque, tant qu'on s'appliquera dans le monde officiel à entraver l'expansion légitime du mouvement démocratique, on continuera à édifier des monuments d'une utilité plus ou moins contestable, des églises, des palais, d'après des données conventionnelles et surannées, et l'architecture appartiendra à l'ordre des questions réservées.

Les arts, qui n'ont pas à lutter contre des difficultés matérielles de cette espèce, qui ont plus d'indépendance d'allure, qui ne relèvent que d'eux-mêmes et permettent l'expression de pensées et de sentiments tout individuels, ont-ils définitivement renoncé à poursuivre un idéal vieilli et épuisé? S'appuient-ils sur des principes nouveaux et sûrs? Ces principes émanent-ils d'une doctrine générale précise, systématique et suffisamment compréhensive? Le résumé des faits qui se sont produits en peinture et en sculpture depuis une cinquantaine d'années peut seul répondre d'une façon concluante.

CONCLUSION

Ceux qui, vers la fin du dix-huitième siècle, réagirent contre les théories et les modes d'exécution en honneur à l'Académie royale avaient établi comme dogmes indiscutables : l'obligation pour le grand art de ne traiter que des sujets pris dans la mythologie ou dans l'histoire de l'antiquité ; la prédominance du dessin sur toutes les autres parties de l'art ; la recherche de la forme, même aux dépens de la vérité, de la justesse et de l'énergie du mouvement et du caractère ; la reproduction de la beauté physique ou morale telle qu'elle a été comprise et interprétée par les Anciens. Un ou deux d'entre eux, sous l'influence de la grande crise révolutionnaire, s'étaient un instant inspirés de la réalité actuelle et vivante ; mais ils n'avaient pas rencontré d'imitateurs, et, les conditions extérieures ayant changé, ils n'avaient pas persévéré. Sous le Consulat et sous l'Empire, ils s'étaient conformés le plus strictement qu'il leur avait été possible à cet ensemble de préceptes, unique fondement à leurs yeux de toute doctrine esthétique et artistique sérieuse, si bien qu'ils en étaient arrivés à ne composer que des œuvres où ils agençaient presque machinalement des types ou des groupes de types convenus, d'une monotonie, d'une banalité fastidieuses, et dans lesquels la pensée et le sentiment jouaient un rôle des plus modestes.

Les artistes qui, sous la Restauration, ont tenté de redonner à l'art une vitalité qui lui manquait à peu près complétement, n'ont pas obéi à des principes fixes, précis, déterminés à l'avance. Impatients du joug académique, las de ces œuvres dont la facture d'ordinaire ne valait guère mieux que l'invention, ils ont instinctivement pris tout d'abord le contre-pied de ce que faisait, de ce qu'enseignait l'école dite traditionnelle. Ils ont emprunté les sujets de leurs compositions aux légendes poétiques du Moyen âge et de la Renaissance, aux conceptions de la poésie moderne, aux événements de l'histoire nationale, de l'histoire contemporaine, de l'histoire de tous les temps et de tous les pays, et même de l'histoire de l'Antiquité. Ils se sont efforcés par-dessus tout de mettre en scène des êtres animés de sentiments vrais, de passions humaines, et, pour tâcher d'y parvenir, ils ont usé de toutes les ressources qui étaient à leur disposition, couleur, lumière, effet, clair-obscur, sans en excepter le dessin, que leurs adversaires les ont injustement accusés de dédaigner ; car, s'ils ont souvent négligé celui de la forme au repos et considérée en elle-même, ils ont toujours cherché celui du mouvement et de l'allure générale. Croyant que la notion de la beauté n'est pas le privilége d'un seul peuple, si bien doué soit-il, et qu'elle se modifie suivant les siècles, suivant les civilisations, ils ont consulté tour à tour les chefs-d'œuvre artistiques de la France aux treizième et quatorzième siècles, de l'Italie aux quinzième et seizième, de la Flandre et de la Hollande au dix-septième, de l'Angleterre à la fin du dix-huitième et au commencement du dix-neuvième, et ils se sont appliqués, non sans succès, à tirer profit de l'enseignement qui en découle. Ainsi, l'on ne saurait le nier, ils ont agrandi le champ offert à l'imagination, ils ont relevé de précieux moyens d'expression du discrédit immérité où ils étaient tombés, ils ont montré qu'il y a dans l'art une filiation dont il est impossible de ne pas tenir compte et que l'école traditionnelle, en dépit de son titre, a presque toujours méconnue et méconnaît encore.

Ceux qui, les premiers, rompirent en visière aux règles défendues par le parti académique étaient ou, du moins, aspiraient à être des peintres d'histoire. Pleins d'ardeur, pleins d'enthousiasme pour tout ce qui surgissait autour d'eux dans le monde des lettres, ils ont dû au lyrisme moderne, aux récits pittoresques du passé, des inventions heureuses exécutées souvent d'une manière brillante, sinon très-savante, de nature à satisfaire, à charmer un public de curieux, d'amateurs et de dilettanti. Mais, comme l'a dit excellemment M. Littré, « le coup de juillet vint tout bouleverser, et il fallut passer de la serre chaude au plein vent et aux frimas[1]. » En face de tendances, de préoccupations nouvelles, plus graves, plus générales, de simplement littéraires devenues surtout politiques, il ont été, en quelque sorte, dépaysés et déconcertés. Quand ils ont essayé de suivre le courant, quoiqu'ils partageassent peut-être les opinions, les sentiments de leurs contemporains les plus éclairés et les plus avancés, ils se sont en partie fourvoyés. Leur éducation première, celle qu'ils avaient ensuite reçue à l'atelier, à l'école ou ailleurs, ne leur ayant point appris à distinguer, dans la marche des choses, ce qui est virtuel et organique de ce qui est factice et transitoire, ils se sont laissé séduire, les uns, par des idées vagues, abstraites, souvent arbitraires ou fausses et n'appartenant pas au domaine de l'art, les autres, par des détails secondaires ou des fantaisies rétrospectives, dénuées de signification, et ils ont notablement perdu de la verve, de l'entrain, de l'originalité relative, qui leur avaient valu le meilleur de leurs succès sous la Restauration.

Un seul, parmi eux, Eugène Delacroix, a fait exception. Il a, pendant plus d'un quart de siècle, multiplié les inventions avec une fécondité inépui-

[1] *Conservation, révolution et positivisme*, p. 438.

sable, et il n'a pas eu un instant de défaillance. Qu'il ait interprété les rêves des poëtes, les mythes religieux, les récits de l'histoire ou les types et les mœurs des populations orientales et méridionales, il l'a toujours fait sans la moindre concession à ces règles, à ces préjugés caducs et tyranniques, qui sont la raison d'être des académies, et qui lui inspiraient une pitié dédaigneuse, mêlée d'irritation. Sans souci de ce qu'on appelle communément la beauté, il n'a cessé de poursuivre la réalisation de son idéal, d'un idéal tout moderne, l'expression des sentiments, des passions de l'homme, dans les actions, dans les situations les plus diverses, les plus complexes, les plus dramatiques ou les plus violentes, et cette expression il l'a poussée aussi loin que possible.

Son génie, qui le place au rang des plus illustres maîtres de l'art, l'y a, en quelque sorte, irrésistiblement entraîné. Il a éprouvé autant que personne les angoisses intellectuelles et morales qui ont tourmenté les esprits cultivés de sa génération, et la lutte qu'il soutenait contre le parti académique, défenseur opiniâtre de la beauté, de la régularité absolue, l'a amené à en exagérer les manifestations. Cependant il est plus que douteux que ses goûts, ses manières de voir, ses idées artistiques et esthétiques, se rattachassent à une doctrine générale quelconque. La distance qui le séparait des classiques aurait probablement diminué de beaucoup sur le terrain des questions philosophiques, métaphysiques ou morales, de toutes celles qui ne tiennent pas directement et intimement à l'art et à la poésie. L'effet différent qu'ont produit sur lui la Révolution de 1830 et celle de 1848 semble l'indiquer. La première, purement politique, assez superficielle, qui a changé les gens en place, fort peu les choses, a surexcité son imagination. La seconde, plus profonde, plus radicale, plus sociale, l'a trouvé froid, sinon hostile. C'est peut-être à cela qu'il songeait, lorsque, causant avec un jeune peintre, son ardent admirateur, il a dit avec autant de finesse que de sagacité : Ne vous y trompez pas, je suis un révolté plutôt qu'un révolutionnaire.

Les zélateurs des saines doctrines, les dévots de la forme se sont légèrement amendés. Ils ont élargi quelque peu leur horizon. Au culte de l'Antique ils ont associé celui de la Renaissance italienne des premiers temps. Ils ont même montré pour cette dernière une ferveur plus grande. Convaincus que le progrès, comme on le comprend de nos jours, est une des plus funestes chimères de l'esprit moderne, une notion fausse et vide de sens, ils ont pensé que Raphaël en marquait l'extrême limite, et que la rénovation raphaélesque était le dernier mot de l'art. Ils ont traité principalement des sujets religieux, plus favorables que tout autres à la mise en pratique de leurs théories. Ils ne se sont presque jamais écartés des données catholiques traditionnelles. De crainte de troubler l'harmonie des lignes, ils n'ont guère cherché à exprimer que l'extase, soit dans la souffrance, soit dans la béatitude. Quels qu'aient été leur bon vouloir, leur habileté technique, la sincérité de leur foi en matière d'art ou de religion, ils ne se sont pas élevés au-dessus des conceptions honorables, sages, méthodiquement ordonnées, mais n'ayant pas de caractère qui leur soit propre et se recommandant moins par l'éclat des qualités que par l'absence de défauts choquants. Leur maître lui-même, Ingres, malgré son amour pour le dessin, ses patientes études, ses longues méditations devant les chefs-d'œuvre de l'Antiquité et de la Renaissance italienne, malgré ses constants efforts, lorsqu'il composait, pour se rapprocher de Raphaël, son divin modèle, Ingres n'a été vraiment supérieur que dans la reproduction de la réalité, dans la représentation des types individuels, autrement dit dans le portrait.

Les partisans des idées moyennes, les ennemis de tout ce qui semble excessif, ont essayé de respecter à la fois l'indépendance de l'imagination et l'autorité de la tradition, de faire une juste part à l'une et à l'autre et de les concilier toutes deux. Ils ont créé de toutes pièces, ou à peu près, un genre mixte, dans lequel l'idéal consiste, si l'on peut parler ainsi, à n'avoir point d'idéal. Ils se sont proposé d'être toujours fidèles à la vérité : ils ne sont jamais allés, ils n'ont jamais voulu aller jusqu'à la réalité simplement et franchement acceptée. Désireux de ne pas dépasser la mesure ou incapables de concevoir des personnages animés de passions, de sentiments nettement et fortement accusés, ils sont, en général, restés dans le terre à terre. En garde contre tout ce qui ressemble, de près ou de loin, à de l'exagération, ils ont rendu l'apparence extérieure, superficielle, non le fond des choses. Les figures qu'ils ont mises en scène ont, d'ordinaire, l'aspect d'acteurs posant et jouant un rôle sur un théâtre, plutôt que d'êtres humains participant spontanément, effectivement et à leurs risques et périls, à une action déterminée. Ils ont été ingénieux, raisonnables, consciencieux, mais ils n'ont été que cela. N'ayant abordé volontiers, par tempérament ou par système, ni les grands événements de l'histoire, ni les hautes pensées de la poésie, ils n'ont fait que de la peinture anecdotique, et, de quelque dimension que soit la toile, la peinture anecdotique, telle qu'ils l'ont entendue, séduisante peut-être pour les gens du monde et le gros public, est d'un ordre passablement inférieur.

Les peintres qui ont pris la nature pour guide se sont tout d'abord préoccupés de l'exactitude du dessin, de la justesse, de la vraisemblance et de la nouveauté des effets, de la peinture proprement dite. Ils ont particulièrement étudié les combinaisons de l'ombre et de la lumière, les diversités d'aspect de la figure humaine, placée soit dans un intérieur, soit en plein air, le pittoresque de certains costumes, les rapports intimes qui existent, d'ordinaire, entre ces costumes et l'allure caractéristique de ceux qui les portent, les variétés infinies du ciel, dans les climats tempérés, les différences de vibration de l'atmosphère dans les pays plus ou moins brumeux de l'Occident et sous l'ardent soleil de l'Orient, et ils ont souvent traduit leurs impressions avec beaucoup de force et d'originalité. Ils ont marché d'un pas moins sûr dès qu'il s'est agi d'exprimer des sentiments précis et définis, des passions en lutte, ou de concevoir une scène relevant de la poésie sacrée ou profane, ancienne ou moderne. Ils semblent n'avoir pas su ou n'avoir pas pu se décider entre leur manière personnelle de voir les choses, entre le style, qui lui était en quelque sorte adéquat, et auquel ils devaient des succès incontestés dans une foule de compositions purement pittoresques, et les méthodes traditionnelles d'invention et d'exécution, usitées chez leurs devanciers des grandes écoles, sinon même celles que préconisaient leurs contemporains de l'école académique. Le mieux doué et le plus habile, Decamps luimême, lorsqu'il s'est inspiré des récits bibliques ou évangéliques, n'a pas échappé à ces espèces d'hésitations.

Les paysagistes ont eu au plus haut point l'amour de la nature. Ils ont contemplé celle-ci sans se lasser un seul instant de ses beautés toujours renaissantes et imprévues. Charmés, enthousiasmés, la plupart se sont gardés de la transformer si peu que ce fût. Ils ont été attirés, chacun suivant son goût personnel et son tempérament, tantôt par les solitudes grandioses de la forêt, tantôt par l'aspect plantureux de la prairie émaillée de fleurs ou de la plaine couverte de riches moissons, tantôt par l'animation de la ferme ou la rustique simplicité de la chaumière, et ils n'ont prétendu à rien autre qu'à être exacts et à bien peindre. Ils ont produit des œuvres nombreuses, saines, brillantes, ayant un accent de vérité, de sincérité des plus remarquables. Presque tous ont eu l'instinct de la poésie, quelques-uns en ont eu, pour ainsi dire, l'intelligence et la volonté. Théodore Rousseau l'a cherchée dans la nature prise en elle-même, en tant que force créatrice, indépendante et éternelle; Paul Huet, dans l'ensemble des choses, dans la nature reflétant en quelque sorte les passions, les idées, les actions humaines, passées ou présentes, mais ayant une vie propre, que rien ne saurait arrêter ni troubler : tous deux ont su la trouver, s'en sont pénétrés et l'ont plus d'une fois exprimée avec une incontestable puissance.

Les peintres qui, dans ce qu'on est convenu d'appeler le genre, ont le plus formellement protesté contre les préjugés classiques ou académiques n'ont reproduit que des scènes de la vie moderne et contemporaine. Les circonstances politiques, la direction que semblaient prendre les idées et les choses, le triomphe, au moins momentané, de certains principes, leurs tendances personnelles, les y ont amenés, à peu près irrésistiblement, dès le lendemain de la Révolution de juillet. Ils n'auraient pu, quand même ils l'eussent voulu, discerner le vrai et le faux des doctrines philosophiques, vagues, incohérentes, mal définies, contradictoires, qui étaient en présence, et ils ne s'en sont pas inquiétés. Négligeant sans hésitation ni regret les questions spéculatives et théoriques, ils se sont adressés là où leurs opinions, qui, en général, étaient foncièrement démocratiques, devaient forcément les conduire. Ils ont demandé les éléments de l'invention à la réalité, qu'ils connaissaient, qu'ils aimaient. Ils ont pris pour modèles ceux qu'ils avaient vus, pendant les trois journées, se battre héroïquement, au nom du droit et de la liberté. Ils ont observé les mœurs, les habitudes, les manières d'être des travailleurs dans l'atelier ou au sein de la famille, et ils les ont interprétés avec une énergie parfois un peu rude et brutale. Ils ont craint, c'est probable, de ne pas indiquer suffisamment la signification de ces sujets, qu'on prétendait dénués d'intérêt et de caractère. Mais ils ont rarement commis de pareilles erreurs, du reste très-excusables, quand ils ont pris pour motifs de leurs compositions les usages, les occupations, les coutumes, le genre d'existence des habitants des campagnes. Ils ont rencontré, chez ceux-ci, une franchise d'allure, un calme, une simplicité, dont ils ont tiré le meilleur parti. Ils ne se sont pas toujours bornés à copier tel quel ce que leur offrait la nature, et quelques-uns ont approché du style ou même y ont atteint. J.-F. Millet, en particulier, chaque fois que sa pensée a été en harmonie avec les vues de l'esprit moderne, s'est élevé à des conceptions d'une véritable grandeur, d'une valeur poétique peu commune.

Les sculpteurs qui ont tâché d'éviter les banalités académiques ont pris la réalité pour point de départ. Ils ont contemplé la réalité physique avec un soin, un amour, un respect presque religieux, et ils en ont donné des représentations d'une vérité, d'une naïveté, d'une jeunesse, d'une élégance souvent pleines de charme et de grâce. Ils se sont efforcés de dégager de la réalité physique la réalité morale, de mettre celle-ci en évidence, et ils ont produit des œuvres que distinguent des qualités de premier ordre. David d'Angers a compris, a rendu l'individualité caractéristique de personnages très-dissemblables : savants, poëtes, artistes, hommes d'État, hommes de guerre ; et il l'a fait avec une sagacité, une habileté des plus remarquables, sans sortir des conditions rigoureuses de son art. M. Auguste Préault, dans ses bas-reliefs et ses statues, a su exprimer, de la manière la plus saisissante, les inquiétudes, les angoisses, les aspirations généreuses et passionnées de notre temps. M. Barye a déployé une science, une finesse d'observation, une puissance d'assimilation, qui ne se sont jamais démenties, dans la reproduction des animaux, surtout des carnassiers de grande race, et il les a montrés sous des aspects neufs, imprévus, d'une beauté, d'une grandeur extrêmes. Beaucoup de sculpteurs, à la vérité, ont conservé, au moins théoriquement, le culte des traditions classiques ; mais ils inclinent involontairement, insciemment, vers la réalité toutes les fois qu'ils ont à traiter un sujet les obligeant à penser et à imaginer avant de manier l'ébauchoir ou le ciseau, dont plus d'un se sert, d'ailleurs, avec une notable adresse.

De l'ensemble des faits il résulte que le réel est aujourd'hui le seul principe vivifiant, le seul fondement solide de l'invention artistique. Cependant il s'en faut que tous les artistes en aient franchement, délibérément reconnu la force et l'efficacité. Bon nombre d'entre eux, quoique leur foi en l'absolu soit sensiblement ébranlée, n'ont certes pas la ferme et exclusive croyance au relatif. Ceux qui touchent à l'histoire et prétendent à la haute poésie n'atteignent, ni à la gravité pédantesque, mais sévère et digne des anciens classiques progressistes ; ni aux imaginations un peu désordonnées, mais le plus souvent vivantes et pleines d'intentions originales des révolutionnaires artistiques de la Restauration, lesquels, comme leurs adversaires les classiques progressistes, ont maintenant presque tous disparu. Ceux qui bornent leur ambition à traiter des sujets de genre parviennent bien rarement à éviter l'affectation d'ingéniosité, le maniérisme, les préciosités sentimentales, les puériles subtilités de mise en scène. En tout, les uns et les autres se tiennent dans les régions moyennes, également éloignés de l'idéalisme et du naturalisme, et l'on doit attribuer en partie leur impuissance et leur faux goût à l'indécision de leurs idées, à la double influence à laquelle ils sont soumis, car ils n'obéissent pas à une doctrine esthétique de la nature de celle qui guidait les éclectiques il y a une quarantaine d'années. Ils semblent très-convaincus que l'art, pris dans son sens le plus large et le plus noble, conçu de la manière la plus agréable et la plus piquante, n'est autre chose que l'art académique modernisé, c'est-à-dire dépouillé de sa raideur, mais aussi de ses apparences de correction et de style ; de ses maladresses d'arrangement, mais aussi de ses airs de simplicité et de bonhomie.

Cet art bâtard est né sous l'Empire. L'odieux et inepte régime l'a singulièrement favorisé et encouragé. En ce temps de torpeur intellectuelle, d'affaissement politique et d'abaissement moral, on se félicitait de voir un quasi progrès qui permettait d'affirmer que l'on n'était ni stationnaire ni rétrograde, des souvenirs de classicisme qu'on regardait comme un hommage rendu à l'autorité du passé, à la tradition artistique du premier Empire, une timidité, pour ne pas dire une nullité de pensée, qui n'avait et ne pouvait avoir rien de dangereux. On a prodigué à cet art inoffensif et ambigu les travaux, les récompenses, les honneurs, et l'on a poussé ainsi à s'y adonner les artistes, toujours assez nombreux, qui, par tempérament ou faute d'une éducation suffisante et bien dirigée, ont l'esprit flottant et les idées peu précises. Ceux-ci, malgré les importants événements survenus pendant les trois dernières années, restent fidèles au mode de composition et d'exécution dont ils ont pris l'habitude dans un milieu factice et corrompu ; celui dans lequel ils vivent aujourd'hui ne diffère pas assez de ce milieu pour les décider à changer de méthode et de point de vue ; et ils continueront vraisemblablement à suivre les mêmes errements jusqu'au jour, plus ou moins éloigné, où, par suite d'une modification politique ou sociale, sérieuse et profonde, ils recevront une impulsion nouvelle et d'un tout autre caractère.

Les artistes qui s'inspirent uniquement de la réalité ou, pour les appeler du nom qu'ils se sont eux-mêmes donné, les réalistes sont sur la voie, mais ils ont encore un long chemin à parcourir. Leur notion de l'art n'est pas fausse : elle est incomplète. Ils confondent dans une même réprobation l'idéalisme et l'idéalisation. Là est leur erreur. L'un est un système de philosophie plus que contestable ; l'autre est l'acte de l'esprit par lequel celui-ci conçoit les choses du monde physique et du monde moral sous une forme plus parfaite, plus essentiellement vraie que celle qu'elles ont dans la nature. Une vive répugnance pour toute idéalisation, de quelque genre qu'elle fût, était compréhensible et excusable quand on combattait les adorateurs de la beauté absolue, de l'idéal d'origine divine, et qu'on entrevoyait à peine celui qui pouvait lui être substitué. « Il y a certainement, pour ceux qui sauront l'apprécier, écrivait Auguste Comte, il y a plus de trente ans, une source inépuisable de nouvelle grandeur poétique dans la conception positive de l'homme comme le chef suprême de l'économie naturelle, qu'il modifie sans cesse à son avantage, d'après une sage hardiesse, pleinement affranchie de tout vain scrupule et de toute terreur oppressive, et ne reconnaissant d'autres limites générales que celles relatives à l'ensemble des lois positives dévoilées par notre active intelligence, tandis que jusqu'alors l'humanité restait, au contraire, passivement assujettie, à tous égards, à une arbitraire direction extérieure, d'où devaient toujours dépendre ses entreprises quelconques. L'action de l'homme sur la nature, d'ailleurs si imparfaite encore, n'a pu se manifester suffisamment que chez les modernes, en résultat final d'une pénible évolution sociale, longtemps après que l'essor esthétique correspondant à la philosophie initiale devait être essentiellement épuisé : en sorte qu'elle n'a pu comporter aucune idéalisation. » Mais actuellement il n'en est plus ainsi. L'ancien idéal n'a plus d'adorateurs fervents et exclusifs, et il est déraisonnable de représenter avec une exactitude littérale des scènes vulgaires, dénuées de signification, des êtres animés de sentiments bas ou mesquins, car il est possible de faire mieux et de s'élever plus haut. « C'est à chanter les prodiges de l'homme, sa conquête de la nature, les merveilles de sa sociabilité, que le vrai génie esthétique trouvera surtout désormais, sous l'active impulsion de l'esprit positif, une source féconde d'inspirations neuves et puissantes, susceptibles d'une popularité qui n'eut jamais d'équivalent, parce qu'elles seront en pleine harmonie, soit avec le noble instinct de notre supériorité fondamentale, soit avec l'ensemble de nos convictions rationnelles[1]. »

Les réalistes proprement dits, se figurant en outre qu'on ne saurait rendre que ce que l'on a vu et touché, se gardent bien de choisir des sujets historiques, ou plutôt des sujets empruntés soit au passé, soit aux œuvres des poëtes. Ils pensent qu'il y a une incompatibilité absolue entre le principe qui les guide et l'interprétation de mœurs ou d'actions qu'on n'a pu observer et étudier sur le vif. En cela encore, semble-t-il, ils se trompent grandement. Ils rétrécissent à plaisir, et sans motifs plausibles, le champ ouvert à l'imagination. Le réel n'existe pas seulement au moment actuel, il existe aussi dans le temps, à travers les siècles et même dans certaines créations du génie poétique. A moins de vouloir réduire l'art à un rôle intellectuellement subalterne, il faut chercher ce réel-là dans les récits des chroniqueurs et des historiens, dans les chefs-d'œuvre de la poésie, le découvrir, prendre ses manifestations pour thèmes de compositions artistiques, et, tout en respectant leur caractère particulier, les soumettre à l'épreuve des idées modernes. C'est, en un sens, ce qu'a fait Eu-

[1] *Cours de Philosophie positive*. VI, 761, 762.

gène Delacroix dans ses œuvres les plus importantes et les plus remarquables. Quoiqu'il fût loin de pencher du côté du réalisme, entendu comme on l'entend d'ordinaire, il s'est toujours appuyé sur les données du réel, vu de haut, sainement, largement apprécié, et cela, même alors qu'il s'est montré le plus passionné et le plus dramatique. Delacroix avait, il est vrai, cette espèce d'intuition qui est le privilége du génie, et rares sont les artistes doués d'un véritable génie ; mais on peut, dans une certaine mesure, y suppléer par l'étude et la réflexion.

Les réalistes ne sont, en somme, que des empiriques plus ou moins inconscients. Dégagés, ou peu s'en faut, de tout lien théologique ou métaphysique, ils ne se rattachent à aucune doctrine générale de quelque valeur. Ils n'en sentent nullement le besoin et vivent dans une parfaite quiétude. Ils sont très-soucieux de ne pas être dupes, et, pleins de confiance dans leur théorie qui, à bien prendre, n'en est pas une, ils se croient définitivement à l'abri des appréciations erronées et des vaines illusions. Mais la question est plus complexe qu'ils ne le pensent : elle est posée, elle n'est pas résolue.

Il ne suffit pas en effet de contempler la réalité, de l'aimer, de l'admirer pour en avoir une conception esthétique saine, sérieuse et élevée. Il faut aussi connaître, au moins sommairement, les lois qui la régissent au point de vue tant physique que moral, c'est-à-dire, ne pas ignorer les conditions d'existence des êtres et des choses, les règles qui président aux manifestations spontanées des sentiments et des passions, au développement normal de la vie individuelle et de la vie collective. Les artistes n'auront de pareilles notions, justes et précises, que le jour où une doctrine générale, positive, systématique, sera universellement admise, universellement acceptée, et ce jour n'est pas encore venu. Cependant il y a déjà dans le domaine commun les principaux linéaments d'une doctrine de ce genre avec lesquels ils sont à même de se familiariser et qui leur seraient d'un utile secours chaque fois qu'ils ont à inventer, à imaginer ou simplement à imiter. Ils seraient peut-être obligés d'adopter des modes d'investigations auxquels ils sont peu habitués, ils seraient astreints à une activité intellectuelle continue, persévérante, ils auraient à lutter sur différents points contre d'assez nombreuses difficultés; mais rien ne s'acquiert sans peine et sans labeur. S'il est indispensable d'exercer son œil et sa main, il l'est non moins de cultiver son esprit. Savoir pour pouvoir, telle doit être désormais la devise de l'art : là est le progrès, là est le salut.

TABLE DES MATIÈRES

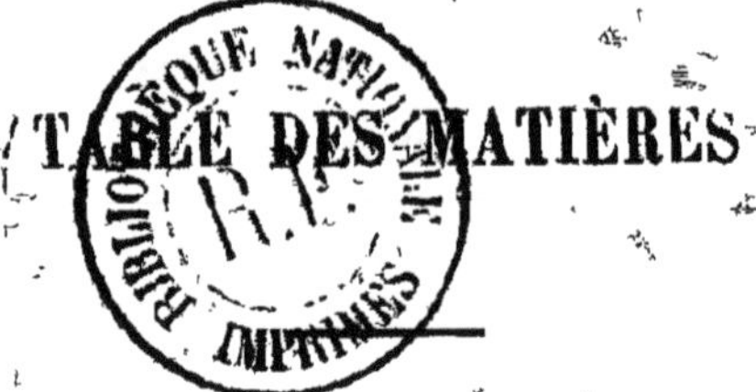

PARIS. — IMP. SIMON RAÇON ET COMP., RUE D'ERFURTH, 1.

LIBRAIRIE GERMER BAILLIÈRE

H. TAINE. Philosophie de l'art. 2e édition. 1 vol. in-18. . . 2 50

—— **Philosophie de l'art en Italie.** 1 vol. in-18. . . . . 2 50

—— **De l'idéal dans l'art.** 1 vol. in-18. . . . . 2 50

—— **Philosophie de l'art dans les Pays-Bas.** 1 vol. in-18. . . . . 2 50

—— **Philosophie de l'art en Grèce.** 1 vol. in-18. . . . 2 50

CH. LÉVÊQUE. Le spiritualisme dans l'art. 1 vol. in-18. . . . . 2 50

A. LAUGEL. L'optique et les arts. 1 vol. in-18. . . . . 2 50

—— **La voix, l'oreille et la musique.** 1 vol. in-18. . . 2 50

MILSAND. L'esthétique anglaise, étude sur John Ruskin. 1 vol. in-18. . . . . 2 50

CAMILLE SELDEN. La musique en Allemagne, étude sur Mendelssohn. 1 vol. in-18. . . . . 2 50

E. BOUTMY. Philosophie de l'architecture en Grèce. 1 vol. in-18. . . . . 2 50

GLAUCKER. Le beau et son histoire. 1 vol. in-18. . . 2 50

SAISSET (Émile). **L'âme et la vie,** suivi d'une étude sur l'esthétique française. 1 vol. in-18. . . . . . . 2 50

EUG. DESPOIS. Le vandalisme révolutionnaire, *histoire des fondations littéraires, scientifiques et artistiques de la Convention.* 1 vol. in-18. . . . . 3 50

E. MONTEGUT. Les Pays-Bas, *impressions de voyage et d'art.* 1 vol. in-18. . . . . 3 50

CH. BÉNARD. L'esthétique de Hégel, traduit de l'allemand. 2 vol. in-8. . . . . 16 »

—— **L'art et la vie.** 2 vol. in-8. . . . . 7 »

—— **L'art et la vie de Stendhal.** 1 vol. in-8. . . . . . 6 »

RAYMOND (William). **Histoire de l'art.** 1 vol. in-8. . . . 5 »

FAU. Anatomie des formes du corps humain à l'usage des peintres et des sculpteurs. 1 vol. in-8, avec atlas in-folio de 25 planches.

Prix : figures noires. . . . . 20 »

— — coloriées. . . . . 35 »

PARIS. — IMP. SIMON RAÇON ET COMP., RUE D'ERFURTH, 1.

www.ingramcontent.com/pod-product-compliance
Ingram Content Group UK Ltd.
Pitfield, Milton Keynes, MK11 3LW, UK
UKHW020158250726
13967UKWH00003B/1140

9 782012 726598